井上達夫・河合幹雄 編

体制改革としての司法改革

日本型意思決定システムの構造転換と司法の役割

信山社

目次

序論　司法改革論議を改革する――「戦後の国体」の改造に向けて……井上達夫…1
一　論議の皮相性――政治改革と行政改革の「夢の後」(1)
二　論議の虚妄性――司法試験制度とロー・スクール化を例として(6)
三　司法改革から体制改革へ――意思決定システムの構造転換(15)
四　本書の構成(20)

第一部　司法改革の背景――日本型意思決定システムの挫折と変革

第一章　日本経済を破綻させた意思決定の欠如……………嶌　信彦…29
一　〝失われた一〇年〟の意味(29)
二　金融界で相次いだ異常事態(34)
三　激変に対応できない日本型裁量行政(44)
四　意思決定の欠如――過信、期待先行、先送り、責任回避(54)
五　方向転換できない自己改革能力(66)

目次

第二章　金融監督庁から金融庁へ——金融行政のルール化と今後の展望　……………加藤敏春…70

一　新しい金融システムへ（70）

二　何のための金融システム改革か？（79）

三　第二期を迎える金融行政——その課題と展望（90）

四　金融の生活者主権の確立と今後の課題（99）

五　「信託」（フィデューシャリー）の意味するもの——金融以外の分野へのインプリケーション（110）

第三章　企業はルール化を望むのか——市場経済における弁護士の役割　…………前田　博…116

一　はじめに——弁護士にとっての一九九〇年代（116）

二　企業は契約書を必要としているのか（118）

三　暗黙の了解の通じない時代の到来（123）

四　ストック・オプションから見た日本企業の近未来（128）

五　新しい秩序を求めて（134）

六　構造改革の一環としての司法制度改革（141）

第四章　国会における意思決定——原案不在の立法過程を問う……大山礼子…144
一　国会は変わったか（144）
二　日本型立法過程のどこが問題か（149）
三　原案不在の政策決定（157）
四　「政治主導」への期待と誤解（162）
五　おわりに（166）
第五章　「失われた一〇年」か「改革の一〇年」か……曽根泰教…169
一　ロスト・デケイド（169）
二　いわゆる「政治主導」とは（174）
三　司法と市場、司法と政治（180）
四　おわりに（185）
第二部　司法改革への視座——〈正鵠を射る改革〉のための構想と提言
第六章　社会のルール化と司法の役割……河合幹雄…189
一　はじめに（189）
二　グローバル化（190）

三 冷戦後の世界の構図 (192)
四 顔見知りの小さな共同体 (194)
五 紛争解決 (196)
六 日本の伝統の利点と崩壊 (200)
七 日本社会の法化 (202)
八 日本統合 (204)
九 司法の役割 (206)
一〇 国家不在の個人主義 (208)
一一 民事訴訟と中間集団 (210)
一二 司法改革論議 (215)
一三 具体策とまとめ (227)
第七章 司法官僚制と裁判官の意思決定……坪井明典…230
一 法曹一元が司法改革の要 (230)
二 忙しすぎる裁判官 (233)
三 事務総局の裁判官統制 (237)

四　法曹一元への期待（240）
五　法曹一元への反論（242）
六　キャリア・システム批判（244）
七　戦前の取り組みを学びたい（248）
八　至難の司法改革（251）
第八章　司法改革のために必要なこと……………………………奥　博司…253
一　はじめに（253）
二　改革論議の危うさ（254）
三　司法制度の基本的価値(1)——手続保障（257）
四　司法制度の基本的価値(2)——法解釈論とその技術性（265）
五　国民の素養（269）
六　息の長い国民的論議（281）
第九章　何のための司法改革か——日本の構造改革における司法の位置…………井上達夫…285
一　冷戦期型二項対立図式の呪縛——「規制緩和論」対「弱者保護論」（285）
二　現代日本社会の病巣——中間集団の専制による個人と国家の無力化（289）

三　「毅然たる法治国家」における政府と司法の役割（292）
四　弱者保護の歪みの是正――「弱者の強者化」から「分配帰結の公正化」へ（295）
五　司法改革と政治改革の統合――批判的民主主義に向けて（298）
六　機能改革としての司法改革（304）
七　まず裁判所から変えよう――裁く者たちの人間的解放のために（315）
あとがき……河合幹雄…323
事項索引

執筆者紹介（五十音順）

井上達夫（いのうえ・たつお）……東京大学大学院法学政治学研究科教授（法哲学）

大山礼子（おおやま・れいこ）……聖学院大学政治経済学部教授（行政学、国会学）

奥　博司（おく・ひろし）……西南学院大学法学部助教授（民事手続法）

加藤敏春（かとう・としはる）……経済産業省関東経済産業局総務企画部長

河合幹雄（かわい・みきお）……桐蔭横浜大学法学部助教授（法社会学）

嶌　信彦（しま・のぶひこ）……フリー・ジャーナリスト

曽根泰教（そね・やすのり）……慶応義塾大学総合政策学部教授（政治学）

坪井明典（つぼい・あきのり）……長崎外国語大学外国語学部教授（社会学、ジャーナリズム論）
（前・毎日新聞論説委員）

前田　博（まえだ・ひろし）……弁護士

序論　司法改革論議を改革する——「戦後の国体」の改造にむけて

井上達夫

一　論議の皮相性——政治改革と行政改革の「夢の後」

日本型システムの危機が叫ばれてきたこの一〇年間、私たちの社会は「改革」について実に多くの論議のエネルギーを費やし、制度の衣替えを試みてきた。そして、何が変わったか。残念ながら、「本質は何も変わっていない」というのが答えである。「政治改革」は五五年体制下で派閥雑居所帯としての自民党が野党をもとりこみつつ実践してきた、責任主体なき談合政治の実態を一層可視的にしただけで終わった。支持率九％の森政権の惨状は森首相個人の無責任性以上に、かかる人物を首相の座に居座り続けさせた政治システムの無責任性を露呈した。「行政改革」の目玉であった省庁再編は、利権分配政治の温床たる建設・郵政二大省庁の解体という所期の目的とは逆に、これらを一層巨大なマンモス官庁に吸収させ、「焼け太り」させるだけで終わった。

かかる事態を見据えるなら、「失われた一〇年」という流行語は危機の深刻さを強調するより、むしろ隠蔽しているとさえ言える。この一〇年間、日本の社会は「何もせず、手をこまねいてきた」から病状が悪化したわけではない。いろいろな健康法を試みてきたにも拘わらず、いずれも抜本的な体質改善につながる効果を発揮できなかったのだ。改革に努めなかったのではなく、いくら改革しようとしても、できなかったのだ。単なる怠慢や不摂生ではなく、自己治癒力の喪失こそが私たちの社会の危機の本質である。

最近、米国の有力格付け会社スタンダード・アンド・プアーズが日本の長期国債を最上ランクから格下げする決定をしたが、ある全国紙はその決定の時点が「日本が先進国から転落した瞬間」であると報じた（朝日新聞二〇〇一年二月二六日）。経済的パフォーマンスの評価に国家の威信をかけるのは経済主義的な俗物根性であるとか、先進国の地位に拘泥するのは剥き出しの大国願望にすぎず、危険なナショナリズムの情念を煽るものだとして、この記事を批判する向きもあろう。しかし、格下げの理由は現在の経済的パフォーマンスの低調さ自体ではなく、それをもたらしている構造的諸要因を除去できない日本の体制の自己変革力の欠如にある。日本は単に「経済大国」の地位から格下げされたのではなく、政治的無能の烙印を押されたのである。さらに問題なのは、一格付け会社のこの宣告がさしたる反発も招かず、むしろ、不可避の審判として受容されるほど、私たちの社会に無力感が瀰漫《びまん》していることである。

このような状況の中で、司法改革がいま、法曹三者や法学者の論議の花園を超えて社会的関心を集め、政治的アジェンダの重要事項として浮上している。政治改革、行政改革が「大山鳴動して鼠一匹」というホラティウス的顛末を迎えた後、行き場を失った改革欲求が司法に向けられてきたかのようである。司法改革は法曹基本問題懇談会の後を受けて一九九一年に法曹養成制度等改革協議会が設立されたときにも「小さなブーム」となったが、五年かけて論議したあげく、司法試験科目に関する若干の修正を加え、司法試験合格者数を五〇〇から一〇〇〇に増やすことでお茶を濁すという、何とも「寒い」結論しか出せなかった。「今度は違う」という期待が強まっているが、「二十日鼠一匹」ではないにしても、何が「産気づいた山々」から最終的に生み出されるかはなお不透明である。アジェンダの広範さと意欲の強さにおいて、司法制度改革審議会は改革協をはるかに上回っており、佐藤幸治会長や中坊公平委員をはじめ、識見と指導力に富むメンバーを含んでいるが、種々の政治的抵抗を排して改革の実をあげるに十分な強い風が、社会から吹き続けると楽観できる状況にはない。

たしかに、今般の司法改革論議は財界や自民党がイニシアチヴをとって「外圧」をかけている点で、法曹業界内部の「お手盛り」の議論に収束しがちであった従来の司法改革論議とは、推進力の強さが違うように見えるかもしれない。しかし、財界・自民党からの外圧には多分に御都合主義的・便宜主義的な面もある。すなわち護送船団行政やメイン・バンク・システムなど、これまでの利害調整やモニタリングのメカニズムが瓦解してしまった結果、不良債権処理や経営破綻企業の整理などバブル後遺症問題を解決する能力を行政も業界も失い、司法の手による法的な紛争処理手続に下駄を預けざるを得なくなったから、やむなく司法の容量の拡充を求めてきたという事情も背景にある。

いわば問題解決責任を司法に「丸投げ」するこの「甘え」の精神は、司法改革が含意する公正なルールに基づいた自己規律の厳格化と両立しないだろう。日本の構造改革のヴィジョンと結び付けて司法改革を積極的に提唱する財界人もたしかにいるが、株主代表訴訟などにより、自らの経営責任を厳格に糾明され、賠償責任追及が私財にも容赦なく及ぶ事態が恒常化するとしてもなお、司法改革の促進を支持し続ける財界人がどれだけいるだろうか。不透明な行政指導や談合による既得権調整システムを切り崩す含意をもつ司法改革の貫徹を、自民党や他党にも跋扈する族議員たちが、自らの票田たる利益集団の不興を買ってでもあえて支持する見識と気概をもつなどと、本当に信じられるだろうか。

政界・財界が腰砕けしても、一般市民が司法改革を支持し、社会的圧力を強めるならまだ展望が開けるかもしれない。しかし、そのような強い支持と圧力の一般社会からの供給が本当に期待できるだろうか。政治改革や行政改革については、まだ一般市民にもその意義や必要性が理解しやすいかもしれない。しかし、司法改革について、それが何を意味し、なぜ必要なのかを十分理解して支持している市井の人々がどれだけいるだろうか。司法改革の貫徹が来るべき参院選ないし総選挙の帰趨を分ける争点の一つとなるほど、日本の有権者はこの問題に本当に関心をもっているだろうか。仮に関心をもっているとしても、司法改革の厳しい帰結をもあえて引き受けて、その促進を求める用意があるだろうか。

司法の容量の拡大や法律扶助の拡充は、市民が自分の権利を守るために訴訟という手段を利用することを容易にする反面、自分が被告として訴訟に巻き込まれる蓋然性も高めるのである。経営責任追及の厳格化は業績不振部門の迅速な整理を促し、失業ないし雇用不安という形でサラリーマンにも付けが回されるだろう。陪審制や参審制は市民の司法参加の道を開く反面、種々の社会的偏見や感情的反応を制御する訓練を十分に積んでいるとは限らない「素人」に自分が裁かれるリスクを引き受けさせられることも意味する。刑事司法における手続保障の強化が求められているが、オウム真理教事件で一〇名以上の国選弁護人から成る麻原彰晃（松本智津夫）弁護団がとってきた裁判引き延ばし戦術に対する反発にも見られるように、被疑者・被告人の人権保障という観点のみからする手続保障強化を被害者の視点から批判する世論も、凶悪事件報道の過熱化を契機に高まりつつある。

このように、司法改革は自己の権利保障の強化と自己への責任追及の厳格化の表裏一体性、司法の「民主化」と人権保障・正義実現との微妙な緊張関係、被疑者・被告人の人権保障と被害者の権利保障との緊張関係など、一般市民の利害関心から見ても、アンビヴァレントな反応を喚起する諸要素を孕んでいる。これらを十分理解した上で、なおその促進に確たる支持を与える市民の声はどれほど強いと言えるだろうか。

皮肉なことだが、司法改革論議が現在ブームになっているのは、私たちの社会の多くの人々がそれを真剣に考えはじめたからではなく、むしろ逆に、その意義と帰結を本当に突き詰めて考えている人々があまりいないからである。政治改革や行政改革が頓挫した後、改革欲求を代償満足させてくれるものとして司法改革がメディアの関心を惹き、「時勢」の権威に弱い私たちの社会に大勢順応主義的な追従を広めているが、それが自分にもたらす痛みや犠牲を覚悟した上で現代日本社会の構造的欠陥の抜本的改善のために司法改革が必要不可欠であることを人々に自覚させるような、真剣な危機感と問題意識をもった改革ヴィジョンが確立されているわけではない。「それでも風が吹いているうちに、やってしまった方がいい」という改革プラグマティズムの立場もあるが、いま吹いているような風は、種々の特殊利害や「国民感情」との軋轢が顕在化する程度に改革が具体化してくると直ちに吹きやみ、さらには逆風に転じるだろう。仮に制度変更ができたとしても、つぎはぎだらけの妥協の産物となり、衣替えしただけで実態は結局大して変わらず、政治改革や行政改革の轍を踏むことになるだろう。

二　論議の虚妄性――司法試験制度とロー・スクール化を例として

このような現在の司法改革論議の貧困を象徴するものとして、司法試験制度とロー・スクール化をめぐる動向をあげることができる。これは既得権の跋扈、抜本的な改革ヴィジョンと戦略の欠如など、現在の改革論議の歪みと虚妄をあまりに見事に例証しているので、あえてここで立ち入っておきたい。

法曹（特に弁護士）の大幅な増員と質の改善が必要なことや、「試験に役立たない」大学の法学教育からの学生の逃避と「試験にしか役立たない」司法試験予備校教育の弊害の問題が改善を要することは論を俟たない。しかし、ことの元凶は司法試験合格者数の大幅な拡充に反対して、狭隘な詰め込み的受験勉強に学生を駆り立てる異様な狭き門としての司法試験の在り方に固執する法曹界、特に弁護士界の態度である。これは弁護士の社会的責任を重視するが故に、その能力・資質の要求水準を高く保持しようとする意識に根差すものであることは理解できるが、合格者数制限という手段によってその目的を追求するところに「ギルド体質」の批判を招く原因がある。合格者数を一〇年かけて二〇〇〇人に、さらにその後三〇〇〇人まで増やすことが検討されているが、こんなことで問題が解決するはずがない。増員数が少なすぎる――一挙に三〇〇〇にしたところで、三〇年かけてもまだ法曹の対国民人口比率は一九九七年の米国の四分の一、英国の六割に届くか届かないくらいだろう――だけでなく、合格者数を制限して先行業者の既得権を守ろうとする態度自体が、排他的な既得権の支配を公正で開かれたルールの支配に転換するという司法改革に託された狙いと矛盾するのである。

この矛盾を解消する方法は、司法試験を限られた定員枠を争う競争試験から一定の適正な水準の能力と資質の証明だけを求める資格試験に純化して、中坊公平氏の言う「現場主義」（『中坊公平・私の事件簿』集英社、二〇〇〇年参照）に見事に体現されているようなオン・ザ・ジョブ・トレーニングにより、創造的・実践的な問題解決能力や多様な法的サーヴィスへの潜在的需要を発掘する職域開発能力の持続的な陶冶に努めない弁護士は失業（転職）せざるをえないような方向に、競争圧力による淘汰の場を転換することである。これは「点からプロセスへ」という法曹養成の理念転換を真に貫徹するものであり、法学教育の正常化にも資する。司法試験改革に関して「弁護士数が多くなりすぎる」か否かが論議されているが、これは的を失している。弁護士業務への潜在的需要が予見可能であるという計画指令経済的誤謬が犯されているだけでなく、一旦試験に合格し、資格をとれば、弁護士は競争的陶汰の圧力から免れて、職が保証されるという固定観念が前提されているからである。「点からプロセスへ」という理念が、能力開発プロセスを資格取得時点までに限定する「点」の発想にすりかえられている。

もちろん、「金にならない」人権救済などに従事する弁護士への支援やインセンティヴ供与は当然必要だし、公設弁護士事務所や法律扶助の拡充もこの文脈で重要性をもつが、これは「点からプロセスへ」の競争圧力の転換を拒否する理由にはならない。ギルド的独占権益を享受することの見返りとして、あるいは弁護士業務の公益性をかかる権益享受の正当化根拠とすることの論理的含意として、「プロ・ボノ」（慈善的公益弁護活動）を要請されている弁護士界が、この独占権益に固執しながらプロ・ボノの負担を軽減するために公設弁護士事務所や弁護士費用を含む法律扶助の拡充を要求するとしたら、これは「虫がいい議論」である。弁護士界はギルド的独占権益を放棄し、「点からプロセスへ」の競争圧力の転換を受け入れたときはじめて、「大きな顔をして」かかる公的支援を要求しうるのである。

「狭き門」を通過してきた人々は、選別性のはるかに弱い資格試験の合格者と同等の地位しか認められないのは不公平だという不満を当然もつだろうから、旧試験合格者には「特選弁護士」など特別の称号を付与してもよい。法的サーヴィスの利用者は有能な弁護士を探す情報費用を節減するための代理変数として、この肩書に注目するだろう。しかし、最終的なテストはあくまで本当に仕事ができると利用者に評価されるかどうかであって、職能の法的格差を旧試験合格者と新しい資格試験合格者の間に設けるべきではない。単に受験秀才であるという理由だけで、仕事ができなくても弁護士としての職能上の特権を享受することを、そのサーヴィスの利用者に対して正当化することはできない。特別称号は旧試験合格者に初発の段階で競争優位性を与えるが、その称号の上にあぐらをかくことを許すものではなく、利用者が納得するだけの力量の証明をやはり要求する。

競争圧力が高まると失業したり、悪徳商売に走る弁護士が増えるという不安をもつ人々も少なくないだろう。しかしこれはあらゆる職業に通じる問題であり、失業保険の整備や職業倫理紀律の強化などで対処すべきであって、「過剰競争の弊害」という常套的な独占合理化論を許すなら、すべての職業のギルド化が許されてしまう。「弁護士には悪知恵が働く者が多く社会的危険性が特に高いから、例外扱いにすべきだ」などという理屈を、まさか弁護士界自体がまじめな顔をして掲げたりはしないだろう。

いずれにせよ、このような不安を抱く人々のために、一つの例をあげたい。ボストン郊外の小さな町ベルモントに住む私の年来の親友である米国人夫婦の息子さんが、フリーター的生活の後、意を決してマサチューセッツ州内の（それほど著名ではない）ロー・スクールに通い、無事、弁護士資格もとって実務を始めたが、しばらくしてベルモント警察の巡査になった。制服を来て町をパトロールする「おまわりさん」である。野球チームで活躍し、人の好さで町の人々から信頼されている彼には、厳しい競争圧力にさらされている弁護士実務を続けるより、「おまわりさん」の方がずっと性に合っているという。聞くところによると、弁護士資格をもった警官は米国では他にも例があるという。住民同志の小さなもめごとを仲裁したり、警官による市民生活への不当な干渉や人権侵害への苦情に対処するために、弁護士資格をもつ警官への需要はあるそうだ。「黒人」に警官が集団リンチを加えるような実態がいまなおある米国の警察の組織改革のために、これは望ましいことだろう。大都会の高層ビルにオフィスをかまえて高額の事件を処理する華麗な実務だけが弁護士の仕事ではないのだ。

日本でも「警官の制服をきた弁護士さん」が現れるのはすばらしいことではないか。悪名高い代用監獄問題など日本の刑事司法の暗黒面を抜本的に解決するには、被疑者の弁護士との接見交通権を保障するだけでなく、警察組織の中に弁護士が入り込んで、内部から改革していくことが必要だろう。これは一例に過ぎないが、市民の人権保障の改善に大いに役立つにも拘わらず、絶対的な弁護士数の少なさのために放置されている未開の弁護士の職域の広大さは、日本では米国の比ではない。弁護士数の大幅な拡充と兼業規制の緩和により、この未開職域を開拓していくことは、弁護士界が社会に負う義務ですらある。（誤解を避けるために付言すれば、弁護士はすべて清貧の聖者たれ、と言っているわけではない。意欲と能力のある弁護士には「華麗な実務」の未開職域もビジネス・ロー分野をはじめ広大に存在する。）

司法試験制度のこのような抜本的改革を棚上げにしたまま、ロー・スクール化に法学教育・法曹養成の改善の切り札を求めようとしている現在の支配的動向は、倒錯しているとしか言いようがない。司法試験を狭き門のままにしている限り、司法試験受験資格をロー・スクール卒業者に限定し、ロー・スクールの教育内容を充実させたとしても、現在の問題はそのまま残るだろう。司法試験の受験圧力を緩和するためと称して、合格率を医師国家試験なみにロー・スクール卒業者の七割ないし八割にすることが提案されているが、司法試験合格者数自体が低く抑えられている以上、これはロー・スクールの定員総枠の著しい制限を意味し、大学間に水面下での定員争奪合戦という醜い利権争いを発生させている。少子化で経営が冬の時代を迎えた私立大学や、ロー・スクールというパイの分配から排除されることを恐れる諸大学からの分配要求は特に強い。文教族の族議員たちも色めき立っている。しかし、まさにこの種の利益分配政治過程を公正で開かれたルールによる統治に転換することが司法改革の背景をなす要請であったはずなのだ。改革さるべき悪弊を改革プロセス自体が再生産するという矛盾がここにも現れている。

この状況はロー・スクール定員総枠というパイの拡大のために司法試験合格率を低く抑える方向へ政治的圧力を高めざるをえない。多くの大学がパイの分配を求めている以上、ゼロ・サム的対立を克服して合意を調達する方法は、合格率引き下げによるパイの拡大しかない。結局、ロー・スクール化後も司法試験受験圧力は低くならず、学生は「予備校への逃走」の誘因をもち続けるだろう。

一群の「有力大学」がパイを寡占的に分け合うことになった場合には、ロー・スクール自体が狭き門になることへの社会的反発が強まり、学歴を問わず受験できる旧来の司法試験の併置への要求が高まることは必至である。実際、旧来の司法試験は新試験制度移行後は経過措置としてのみ暫定的に残し段階的に消滅させると当初されていたのが、司法制度改革審議会中間報告では恒常的な例外ルートとして存続させる方向に議論の趨勢が移ってきている。ロー・スクールの寡占化は旧試験ルートへの合格者数割り当てを「例外」から「二本立て」に格上げする程度に増加させる方向への要求を強めさせるだろう。これは当然ロー・スクール卒業者の合格率の引き下げと新試験の「難関化」をも含意する。予備校は旧試験受験者だけでなく、新試験受験者からも多くの顧客を得て繁盛するだろう。

旧試験を仮に全廃ないし「無視しうる程度の例外」として周縁化できたとしても、今度は司法試験への実質的パスポートとなるロー・スクールの狭き門の通過が、かつての司法試験の狭き門の通過の機能的等価物となり、司法試験予備校に代わってロー・スクール受験予備校が繁盛するだろう。ロー・スクールは、大学受験をやっと通過した後、休む間もなくそれよりさらに厳しい難関を突破するための受験勉強に大学生時代を捧げて息切れした学生たちによって占められ、創造的な思考力と多様な個性をもつ人材を法曹界に供給するという期待された役割を果たせなくなるだろう。

「ダブル・スクール化」の是正をめざすと称する現在のロー・スクール化論議に、予備校経営者は危機感を抱くどころか事業機会拡大の可能性を見ていると言われる。それは彼らが以上に示したような事の成り行きを見抜いているからであろう。

要するに、司法試験合格者数のギルド的総量規制を放置している限り、ロー・スクール化をどのような形で導入しようと、法曹養成・法学教育の現在の歪みを抜本的に是正することは不可能である。逆に、司法試験の適正な資格試験化が実現するなら、それが要求する基本的な法的思考能力と知識は学部の法学教育を小人数講義や補習的授業をもっと取り入れるなどの形で拡充する――そのために当然、教員団も実務経験者からの供給も含めて拡充する――ことで十分錬磨できる。学部教育の履習で弁護士資格がとれるニュージーランドが採用している Professional Legal Studies Course のような短期の実務修習の導入も検討されてよい。ロー・スクールをあえて導入するなら、それは司法試験の前門としてではなく、拡充された法学部教育と適正な資格試験を経て一旦法曹となった者に先端的分野についての知識の習得など、更なる能力開発の機会を与える第二次高等職業教育機関として位置付け、従来の学部・大学院組織と連携しつつも独立した教育機構にするのが望ましい。この方式は「点からプロセス」への法曹養成システムの転換を貫徹すると同時に、米国と異なり専門教育を学部段階で行う日本の大学の基本構造とも整合する。

大学もまた、研究教育体制の改善のために痛みを伴う自己改革をしなければならないのは当然だが、現在要求されているようなロー・スクール化は、問題の元凶を放置することの付けを大学に払わせようとするものである。それは問題の抜本的解決に役立たないだけでなく、米国の大学教育システム全体との連関の中で機能しているロー・スクールを、それだけ取り出して日本の異質な大学制度の中に無理に接ぎ木することを要求するもので、整合的な理念と体系的制度構想に基づく日本の大学の自己改革を阻害する。直接的帰結としては、ロー・スクール化により日本の大学の法学部教育はリンボのような曖昧領域に追いやられ、現在の教養課程での法学教育について指摘されているような「中途半端さ」が学生の学習意欲を殺ぐという問題が法学部専門課程にまで拡大し、ロー・スクールに進学せず法曹以外の分野に活躍の場を求める圧倒的多数の法学部卒業生に一種の「二級市民的」な烙印付け効果を及ぼすことにさえなりかねない。

現在のロー・スクール化騒動は知的次元においても大学に深刻な影響を与えている。それは研究者の批判精神の腐食である。本来なら巨視的・原理的視点に立って現在の司法改革論議の皮相性や歪みを正すべき大学人が、自らの組織に投げ入れられたロー・スクール化という時限爆弾の処理に追われ、与えられた「改革」枠組の中で自己の組織の存続ないし発展を図る組織防衛的改革論に駆り立てられている。いわば、足元に火をつけられて全体を展望し構想する余裕を失ってしまっている。自戒の意味を込め言うが、この状況は悲惨である。大学人は司法改革の目的を曖昧にし優先課題をぼかしつつある現在の司法改革論議を根本的に再検討し、批判的に組み替えていくために、足元の火を一旦は踏み消す勇気をもつべきである。これは「守旧的」姿勢などではなく、真にラディカルな司法改革と本当に建設的な大学の自己改革のための前提条件である。

三　司法改革から体制改革へ——意思決定システムの構造転換

政界、財界、一般市民、法曹界、大学と、日本社会の各層における司法改革論議の現状の皮相性・虚妄性を見て来た。このような現状の根本的原因は、戦後確立されてきた日本の政治経済システムがいま陥っている構造的破綻に対する私たちの社会の認識と危機意識の甘さに、そして、司法改革が単なる紛争処理の効率化といった次元の問題ではなく、構造的破綻から日本を立ち直らせるためにはもはや先送りできないマクロな体制改革の不可欠の一環であることへの自覚の希薄さにある。

体制改革としての司法改革は政治改革や行政改革と不可分に連動している。政治改革や行政改革が挫折しても、司法改革は司法固有の問題に関わるから、これらと切り離して論議し実行できると考えるのは大きな誤りである。三つの改革は現代日本社会の同じ病理の克服に関わっているがゆえに、それらの貫徹を阻む要因も共通している。例えば、司法改革の最大のネックの一つである弁護士業界の独占権益への固執は、政治改革や行政改革を挫折させた政治家や官僚の抵抗の背後にある諸々の利益集団の既得権の跋扈と通底している。この桎梏の同型性は、三つの改革を統合する体制改革の焦点を逆照射している。すなわち、根本的な課題は意思決定システムの構造転換である。

日本型システムの構造破綻は自己改革能力の喪失にあることを冒頭に見た。改革しようとしても改革できない、改革努力が改革さるべき悪弊を再生産してしまうというディレンマは、私たちの社会の意思決定システムが破綻していることを示す。一定程度以上の組織力をもつ様々な中間集団が強固な政治的拒否権をふるい、それら（の利益代表）の間のコンセンサスによる利害調整として事が決せられるというのが、従来の意思決定システムの基本パタンである。このシステムの下では、抜本的な改革をしようとしても、無原則なつぎはぎだらけの妥協により改革が骨抜きにされてしまう。しかも、誰もそれに対して責任をとらない。決定責任はコンセンサスという名の匿名の権威に転嫁される。政治的リーダーの役割はかかるコンセンサスによる利益調整過程の促進にある。一定の理念に依拠した一貫した政治プログラムを決断実行し、それに対して明確な責任をとる政治的リーダーシップは存在しない。

丸山眞男は「抑圧の委譲」と「下克上」のピストン運動により上下を問わず誰もが被規定意識をもつという、階層制的なタテの責任転嫁としての「無責任の体系」を戦前の「国体」の特質とした（『現代政治の思想と行動』増補版、未来社、一九六四年、一二三―一二五、一一一―一一四頁参照）。これを「垂直的な無責任の体系」と呼ぶならば、私たちを支配している「戦後の国体」の特質は、コンセンサス原理の下で政治的拒否権をふるいあう諸集団・諸主体が、どれも被規定意識をもって相互に責任転嫁しあう「水平化された無責任の体系」であると言えるだろう。「戦前の国体」の垂直的な無責任の体系は、関東軍が中国侵略の既成事実を積み重ねて日本を破滅的戦争に追いやることを誰も抑止できないという「大日本帝国」の政治的無能をもたらした。「戦後の国体」の水平的な無責任の体系は、積み込み過ぎた既得権の荷重に耐えかねて船が沈んでゆくのを誰もとめられないという「経済大国日本」の政治的無能をもたらしている。（因みに、本書の書名中の「体制改革」という言葉を「國體改造」にすべきではないかと、共編者河合幹雄が冗談交じりに示唆したが、これは「冗談半分」以上の真理を含む。）

このような意思決定システムを麻痺させる毒は政治的決定だけでなく、企業をはじめとする社会組織にも浸潤している。例えば、奥村宏は法人資本主義体制下で形成された主要な系列企業グループの意思決定機関たる社長会の構成員が、「多数対一の支配・被支配構造」の下で「横への抑圧の委譲」により精神の均衡を求めるがゆえに、被規定意識と無力感に囚われて無責任化し、馴れ合いを旨とする他者志向的人間になる傾向があることを指摘している（『新版　法人資本主義の構造』社会思想社、一九九一年、二二一―二二七、二八九―三〇〇頁参照）。これはコンセンサス原理が異論を抑圧する同調圧力の強化として現れる局面に関わっており、水平化された無責任の体系の別の現象形態と言える。共同体的企業経営のモラル・ハザードを制御するモニタリング機能をメイン・バンクが果たしていると言われていたが、バブル時代、無責任な投機に銀行も企業も狂い、誰もそれをとめられなかったという事実は、メイン・バンクの代表を含む社長会や、メイン・バンクからの派遣重役を含む各企業の取締役会、そしてメイン・バンク自体の内部的意思決定機関が、このような無責任の体系に支配されていたことを実証している。

私たちがいま貫徹すべき体制改革の課題は、日本の政治・経済・社会の隅々に浸透した「無責任の体系」を克服する新たな意思決定システムの構築である。頓挫した政治改革や行政改革をこの目的のために新たに推進するエネルギーを再結集しなければならないと同時に、司法改革を政財界の御都合主義的な要請や法曹業界の「お手盛り」的改革論に封じ込めず、この大きな課題に連接させなければならない。この課題を遂行するためには、立法機構・行政機構から公益法人や企業など社会団体の内部機構に至るまで、意思決定の権限と責任の拡散を排してその所在を限定し明確化するルールを確立し、そのルールの下で意思決定の果断な遂行を可能にすると同時に、決定の批判的再吟味による修正可能性と不当な決定に対する決定主体の「答責性」を保障することが必要である。

アカウンタビリティという言葉が説明義務と訳されて人口に膾炙しているが、説明義務の確保はここで言う「答責性」の保障の必要条件ではあっても十分条件ではない。説明さえすれば許されるというものではない。決定に事実上の規定力をふるい、それがもたらす便益も享受しながら、決定の負の帰結に対しては責任をとらず「食い逃げ」する主体を排除すること、決定権力を行使しうる主体を明確に限定すると同時に、決定が誤った場合にその主体に「首を切られる」責任を帰せしめることが必要である。このような意思決定の権限と責任の明確な「ルール化」による決定主体の答責性と決定内容の再吟味による修正の可能性の保障こそ、単なる予見可能性の保障を超えた権力の批判的統制原理としての「法の支配」の核心をなすものである。

体制改革としての司法改革の目的は、このような意思決定のルール化としての法の支配を日本社会に確立することである。事実上強い拒否権的権力を行使して必要な改革を挫折させながら、自己の権力性を自覚せず、被規定意識、さらには被害者意識や弱者意識さえもって、自己の権力行使の帰結に対する責任を回避している主体・集団に私たちの社会は満ちあふれている。法の支配は危機に対処するための私たちの政治的決断能力を法律の手枷足枷によって麻痺させると心配する向きもあるかもしれないが、これは全くの誤解である。事態は逆である。決定権限の所在を明確に限定し権力行使の答責性を保障する法の支配が確立していないからこそ、様々な主体がインフォーマルな影響力をふるって決定に横槍を入れ、危機に果断に対処するための政治的決断を頓挫させながら、それに対して責任をとらないという、現代日本社会の慢性病となった事態が出来するのである。法の支配は権力の答責性と批判的統制を保障するというまさにそのことによって、真に責任をもって政治的決断を敢行しうる権力をつくりだすのである。

このような法の支配を確立するためには、まず立法過程・行政過程の答責性を保障するような意思決定のルールを確立しなければならず、そのために政治改革・行政改革を持続的に推進する必要がある。かかるルールが確立されなければ、司法の容量を増やしても法の支配を保障する司法の機能を強化できない。この意味で体制改革としての司法改革は政治改革・行政改革と不可分である。司法改革を日本のマクロなシステム改革に接合するために「事前規制から事後規制へ」という常套文句や規制緩和論的視点が持ち出されることが多いが、これは本書の最終章をなす拙稿でも示すように、的を失している。規制の時点や規制の総量規制が問題なのではない。むしろ、規制を生み出す権力の答責性と批判的統制可能性を保障することにより、反公共的特殊権益の温床たる規制は廃棄する一方、普遍主義的公平性をもった公共的規制は断固として貫徹する毅然たる法治国家を確立することこそが私たちの急務であり、そのための体制改革の一環として司法改革を位置づけなければならない。

四　本書の構成

本書は以上のような視点から司法改革を体制改革に接合する試みである。もちろん、寄稿者全員がこの序論で示した私見の全部に同意しているというわけではない。しかし、答責性を保障するための意思決定のルール化こそ日本が必要とする体制改革の基本課題であり、司法改革もこの課題遂行の一環として促進さるべきであるという問題意識は共有されている。本書はこの問題意識を共有する多様な分野の論客が数年にわたって行ってきた「学際的」のみならず「業界横断的」な共同討議の産物である。

第一部では政治改革・行政改革・司法改革を統合した体制改革を要請する現代日本の意思決定システムの構造的破綻を明らかにし、それに対処するための改革の指針を政治改革・行政改革を中心に提示する。最初の三つの章は、それぞれ経済ジャーナリズム、金融行政、渉外弁護士事務所という現場の第一線で活躍してきた方々からの鋭い現実感覚に富む問題提起論文から成る。

嶌論文はバブル経済の過熱を招いた大蔵省の願望思考による対応の甘さだけでなく、バブル破綻後の処理の過程において日本の政・官・財の意思決定システムがさらけ出した危機管理能力の欠如を鮮明に描いている。意思決定の破綻を通り越して意思決定の不在をもたらした金融行政当局の威信喪失と自信喪失の描写は、読者に背筋の寒くなるような危機感を喚起するだろう。日本型裁量行政の実態は「事前行政」などではなく、「後追い」、「問題の先送り」、「保身と責任回避」であったという指摘は、意思決定のルール化による答責性の確保の急務性を自覚させる。

これに対し、加藤論文は金融庁への移行により、金融行政の準司法化・審判者化という形で金融行政における意思決定のルール化が進捗する状況を示し、若干の希望を我々に与えてくれると同時に、自己責任を一般市民にも要求する以上、生活者主権の視点を重視し、信託原理を市民と専門家の間に確立する必要があることを、世界恐慌以来の米国の金融体制変革の経験に学びつつ明らかにする。他方、前田論文は「暗黙の了解」に代わる意思決定のルール化を企業や経済社会が必要とする問題状況を、そごう倒産などを例に具体的に描くと同時に、かかるルール化がもつ新しい可能性と厳しい含意をストック・オプションや株主利益本位のコーポレート・ガバナンスの帰結に即して明示することにより、企業と一般社会に生半可ではない覚悟を求める。

第一部の続く二章は政治学者による論稿であり、現代日本の政治的意思決定システムの機能不全を解明し、改革の方途を示す。大山論文は与党審査の慣行が内閣の法案提出責任を曖昧にし、国会の審議を形骸化している現状の歪みを明らかにし、法案作成における内閣の主導性と責任を確保して与党審査のインフォーマルな調整過程を国会（委員会）の公開の審議過程に転換し民主的答責性を高める方向への改革を提言する。曽根論文は多くの制度改革を遂行した「改革の一〇年」が結局実態の変わらない「失われた一〇年」となったことが含意する問題の深刻性を示し、実効的な改革を遂行する政治的意思決定システムの確立のために、政治主導の概念の混乱を整理した上で、内閣主導と同時に与党の中における党首の政治的リーダーシップの確立の必要を説く。

第二部は司法改革自体に焦点をあて、それが体制改革の一環として貫徹されるために取り組むべき優先課題と論議深化の条件を示す。河合論文は法社会学的観点から、現代日本社会におけるインフォーマルな共同体的紛争処理システムの衰退による中間集団の内部的自治能力の低下が、外部社会に対する中間集団の専横を自制する能力の低下も招いた結果、フォーマルな法的ルールに基づいた紛争処理と意思決定が必要になったとし、普遍主義的な法的ルールの制約の下で、個人を社会的公共性へと媒介する中間集団の積極的機能を再生させる「方法論的共同体主義」の視点を提示する。その上で、必要とされる法の支配の確立と司法改革の促進の最大の障害は、医師会・マスコミ・法曹三者など法的統制の難しい強い社会的権力をふるう中間集団と化した専門的職能集団の抵抗であることを鋭く指摘する。

坪井論文は永年にわたり日本の裁判所の実態を批判的に観察してきた司法記者としての経験に基づき、最高裁事務総局の統制に示されるような裁判官の意思決定を支配する司法官僚制の克服と、そのための法曹一元の導入とが司法改革の優先課題であるとし、現在の法曹一元時期尚早論が無期限先送りの合理化にすぎない点を批判するとともに、官僚絶対の時代において法曹一元案の二度の衆院可決を果したような戦前のより積極的な取り組みの歴史から学びつつ、抜本的な改革に向けて世論圧力を結集させることを提言する。

次いで、奥論文は民事訴訟法学者としての視点から、現在の司法改革論議が法曹内部の議論を超えて広がっている現状を歓迎しつつも、その結果、実定法制や司法的紛争処理の在り方に関する基礎的な理解や知識を欠いた司法批判や改革論が、真に必要な司法改革の方向を見失わせる危険性も生じていることを指摘し、紛争処理の迅速化に還元されない手続保障の重要性や、民主制下における法律による裁判の意義など、司法制度の基本価値に関する国民の理解を深めるためにメディアの報道や法学教育を改善し、一過性のブームを超えた息の長い骨太の国民的司法改革論議を遂行する必要を説く。
最終章で、第一部と第二部の諸議論の法哲学的な総括と再構成を試みる井上論文は、現在の司法改革論議の支配的枠組をなす規制緩和論と弱者保護論の二項対立が、中間集団の専制による個人と国家の無力化という現代日本社会の病理を的確に捉えていないことを指摘する。そして、この病理を克服するには、正義や人権という普遍主義的原理に立脚した法の支配が含意する公共性の規律を、市場経済に対してだけでなく政治過程を壟断する弱者意識をもった既得権集団にも貫徹するような「毅然たる法治国家」の確立が必要であるとし、既得権の壟断を排して民主的政治過程の公共性形成機能を回復させるような政治的意思決定システムの改革と、司法的人権保障や行政に対する司法的統制の強化のための司法改革とが密接不可分な相互依存性と相補性をもつことを明らかにし、政治改革・行政改革・司法改革を統合する体制改革の全体構想への一つの視角を提示する。

最後に、一つのパラドックスに触れてこの序論を結ぶことにしよう。現代日本社会の歪んだ意思決定システムを、まさにその歪んだ意思決定システムによって改革しようとするのは原理的に不可能ではないか。この背理は哲学者の思弁の産物ではなく、政治的現実である。この現実はゴルディウスの結び目を剣で断ち切ったアレクサンダー大王に倣い、独裁者にこの背理の解消を求めたくなる誘惑を生む。しかし、この誘惑に屈しないためには、この歪んだ意思決定システムを再生産している私たち自身が、その歪みを自覚し、自己改革を通じて体制改革の道を開くしかない。本書はそのような批判的自己省察による変革への誘いである。

四　本書の構成

第一部　司法改革の背景

――日本型意思決定システムの挫折と変革

第一章　日本経済を破綻させた意思決定の欠如……………………嶌　信彦
第二章　金融監督庁から金融庁へ——金融行政のルール化と今後の展望……加藤敏春
第三章　企業はルール化を望むのか——市場経済における弁護士の役割……前田　博
第四章　国会における意志決定——原案不在の立法過程を問う……大山礼子
第五章　「失われた一〇」年か「改革の一〇年」か……………………曽根泰教

第一章　日本経済を破綻させた意思決定の欠如

嶌　信彦

一　〃失われた一〇年〃の意味

日本の九〇年代は、〃失われた一〇年〃と呼ばれるようになった。バブル経済の崩壊によって、株価は半値、土地は約七割も値下がりし、バブル期の資産の多くは不良債権、紙クズと化してまさに〃失われる〃どころか、負の遺産となってしまったケースも多い。八〇年代末のバブル絶頂期に、筆者は「〃金融〃とはおカネを融通するという字をあてるが、現代の金融は、〃金遊〃、つまりおカネが投機を求めてジャブジャブと遊んでいる状況にある。しかしこんな経済は決して長続きはしない。いずれ〃金遊〃は、憂うつな〃金憂〃状況に陥るし、さらにひどくなると幽霊のように実体のない〃金幽〃経済に突っ込むかもしれない」と書いた。上場企業やゴルフ場の倒産は、有価証券の紙クズ化であり、土地の暴落などで、至るところに〃金幽〃現象を引きおこしたとみることができる。

〝失われた〟ものは、資産だけではなかった。本来なら、あの豊富な資金で整備を行うべきだったインフラ（公共基盤）整備は、依然、貧困で〝得べかりし豊かさ〟をむざむざと失ってしまったとみることができる。また、日本の国債格付けはＡａ１と絶頂期の最高ランクから二ランクも落とされ（ムーディーズの格付け）、トヨタ自動車や東京ガス、大日本印刷といった民間六社の格付けより下回ってしまった。日本の国際的信用度も失われたのであった。

さらに、もっとも大きく〝失われた〟ものは日本人の「自信」だろう。勤勉と努力、工夫などによって戦後復興をなしとげ、経済大国になったことで大きな自信をつけた日本人は、バブル経済の崩壊とその蟻地獄から抜けられなくなった長期の不況、低迷経済のために「自信」まで失ってしまった。戦後の日本は、ひたすら「経済」だけに重点をおいて、突っ走り、その経済的拡大を遂げたことで「自信」を獲得してきたため、基盤となっていた経済回復の出口が見えにくくなった途端、自らのアイデンティティーを失い、自信喪失に陥ってしまったのである。経済以外の文化、歴史、自立した平和外交、美意識など、様々な価値に基礎をおいた「自信」であれば、経済が一時的に弱体化しても、別の拠り所に立って国際的存在感をもつことができたと思われるが、経済第一主義だけの思想で走ってきたために、その反動も大きかったわけだ。

しかも、自信を失ったのは国の存在感だけではない。かつての世界のブランド企業も次々と倒産したり、合併再編、外資の傘下などに入ったため、サラリーマンなど企業人の精神的な柱だった肩書き、つまりブランド神話まで崩壊し始めた。肩書きや権力、地位、企業ブランドを取り除いた一人の人間になると、個としての能力や主張、哲学、個性などをもちあわせない会社人間が多いため、個々人までが先行きに不安をもつようになってしまったのではなかろうか。

そうした視点からとらえると、バブル経済の崩壊で〝失った一〇年〟は、たんに資産や経済的価値だけでなく、国際社会における日本の位置づけや、日本社会、個人の精神のあり方にまで影響を及ぼしているのではないかと思われる。それだけに、この一〇年の低迷要因を分析することの意味は大きい。きちんとした分析や要因をみつけることなく、循環的な景気回復を期待して、問題の先送りを続けても解決ができないことは、すでに十分に知ったはずである。また、日本的な〝汗と涙と根性〟で頑張れば、乗り切れるほど事態は単純でないことも理解し始めた。

要は、従来の日本的解決手法では、事態の打開がはかれないほど、事は国際的な広がりや複雑さをもっており、パラダイムの変化がおこっているという認識からスタートすべきだったということだ。最近、各分野でおこっている司法改革論議は、まさにそうしたパラダイムの変化を感じとり、従来の日本的手法から制度、システム、法体系などを二一世紀の新国際秩序、新しい日本社会の方向に見合ったものへ変えていこうとする動きのひとつなのだろう。

ただ、現在の司法改革論議が、金融破綻にみる行政指導の失敗などから端を発し、ルールにのっとった使いやすい司法解決、弁護士や裁判官の増員、陪審、参審制度といった幅広いが、しかし個別の議論に片寄り勝ちな点は気になる。実は司法改革論がうねりとなって起きてきた背景には、長く続いてきた密室的な根回し、時の雰囲気（空気・ムード）、全員一致型の決定、現実を直視しない情勢分析など、期待予測に基づく物事の方針策定や進め方など、いわゆる〝日本的な意思決定のメカニズム〟そのものに問題点が隠されていることをうかがわせる。急速なグローバル化の進展、市場メカニズムのパワー、透明性・公開性を求める市場や社会の要求などと、日本型システムが完全にズレはじめ、もはや通用し得なくなったという大きなパラダイムの変化に気づいて戦略を立てるべきだったし、これからの改革論議もそうした変化を視野に入れて行なって欲しいものだ。

経済分野に限ってみると、バブルが始まる以前の日本経済は、大きな構造転換期を迎え、政府を中心に今後の日本が進むべき戦略的方向について様々な議論や基本方針をたてつつあった。その最大の課題は、日本が高度成長をはたしたものの、国際社会からみると、日本経済の基本は依然、輸出中心型であり、貿易黒字をため込んだまま貿易不均衡の改善が遅々として進まない。したがって、日本経済は今後、内需拡大型の経済構造に転換、輸入を拡大して貿易不均衡を解消し、世界経済に貢献すべきだというものであった。そして、そのためには、内需拡大構造をはばみ、外資の参入をむずかしくしている各分野のぼう大な「規制」を緩和する。と同時に、タテマエは国際ルールにのっとっているように見えながら、内実は民間同士の談合や政府の行政指導などが幅を効かしている。実際的には

「日本は国際社会からみると異質の国」と映り、公開性や透明性に欠けて真の市場経済ルールが機能しにくく、国際的な法・ルールと日本的な法律・制度などが、かなりかけ離れているのではないか、――という問題だった。そしてそのことは、各界のリーダーたちが十分に認識していながら、実行しなかったのである。

いわば、経済大国になり、国際社会で大きな役割をはたすべき日本は、もっと「国際化」「自由化」「規制緩和」「公開性・透明性」をもち、法と市場ルールにのっとった経済運営を主体とし、行政の通達などによる内輪だけの裁量行政に対し、強い〝異議申し立て〟をされていたとみることができる。

これを受けて、日米間では一九八三年に「日米円ドル委員会」がスタート、日本の金融市場の開放への議論が始まった。その後、八五年のドル高是正への「プラザ合意（五か国蔵相会議）」、八七年の「ルーブル合意（ドル安定と日本の内需拡大）」、国際決済銀行（ＢＩＳ）による銀行の自己資本比率規制基準の公表――といった日本をめぐる国際的な〝外圧〟が続いてゆく。そして日本側も、こうした国際的要請に応えるため、前川春雄・元日銀総裁を座長とした「前川リポート」や「新前川リポート」、平岩外四・元経団連会長を軸とする「平岩リポート」など各種の金融、経済構造改革案を示し、ついに九六年には橋本龍太郎内閣の下で〝金融ビッグバン〟の本格的取組をスタートさせる。これは八〇年代前半から指摘され続けた金融、資本、為替市場などをめぐる規制や制度をいわゆる国際ルール（グローバル・スタンダード）にあわせようとする方針だった。しかし、方針を示したものの、バブル経済にほんろうされ出すと、大きな戦略方向を見失い、個別問題に左右されるだけだったのだ。
九六年の金融ビッグバン改革は、もはや金融市場の急速なグローバル化に立ち遅れないようにするためには、問題の〝先送り〟が許されなくなったという追い詰められた結果だった。と同時に、すでに金融機関の破綻がはじまり、バブル崩壊の軟着陸をめざしていた金融・行政当局が自信を喪失してしまったため、むしろ金融ビッグバンによる市場原理、マーケットルールによって破綻したと申し開きの理由にする側面があったことも否めないだろう。その意味で、バブル崩壊後の不良債権処理と日本版金融ビッグバンが重なったこととの意味あいも複雑なのである。

本章では、以下のような大きな流れを見据えたうえで、〝失われた一〇年〟の象徴ともいうべき数々の金融破綻事件の具体例の中から、過去の日本型システムがいかに破壊し、機能しなくなっていったか、そしてそれに代わって司法と市場がどのように力を発揮してきたかを追ってみたい。

二　金融界で相次いだ異常事態

日本経済のバブル化とその崩壊のすさまじさは、バブル経済の根幹をなした株価と土地価格の動きをみれば、一目瞭然である。

八五年九月のプラザ合意後の円高不況時における日本の株価時価総額は一九六兆円、当時のGDPの六〇％であり、同年末の土地資産総額は一〇〇四兆円と推計されていた。

ところが、八九年末の株価は、八五年以降ほぼ一本調子に上昇し、ついに最高値の三万八九一五円（八五年九月比で三倍強）に達し、その時価総額は六三〇兆円で同年GDPの一・六倍に達した。また土地価格は九〇年代に入って上昇し続け、九〇年末の土地資産総額は、八五年の二・四倍にあたる実に二三八九兆円となり、この間の増加額一三八五兆円だけをとっても、名目GDPの約三倍にあたる急騰ぶりを示したのである。六大都市の商業地ではさらに高騰しており、ピークの九〇年代には、八五年の約四倍となっている。

それが、二〇〇一年二月現在で、株価はピーク時の半値以下、八五年水準の一万二〇〇〇円台（東証平均株価）まで下落しており、地価は八年続いて低落し、平均七割強の下落率となっている。しかもなお、株価、土地価格とも先行きの展望が不透明で、とくに土地価格についてはなお下落する可能性が高いとする見方の方が有力なのだ。

こうした株価と土地価格の暴落は、含み資産益を積み上げることで企業価値の上昇を求めてきた日本企業の伝統的システムを直撃した。株と土地が不良資産と化し、これを処理し切れず債務超過に陥って破綻したり、買収されたり、再編合併に追い込まれた企業は枚挙にいとまがない。

ゼネコン、流通、商社、自動車、造船、機械、不動産、証券、金融等々、業種はあらゆる分野に及び、企業規模の大小とも関係なく激変の渦に巻き込まれた。

本章の対象である金融分野でいえば、証券では三洋証券、山一証券が倒産したのをはじめ、中堅、中小証券の経営破綻、外資による買収、合併再編は数知れない。また金融機関は、大手の北海道拓殖銀行、日本長期信用銀行、日本債券信用銀行が破綻したほか、地銀、信用金庫、信用組合、生保、損保を入れた金融機関の破綻数は、ゆうに一〇〇を超える状況である。

つい、四～五年前まで大蔵省・日銀は「銀行は絶対つぶさない」と、その行政指導力を豪語していたが、あっけなく大量の倒壊を招いた。かつては十数行あった都銀、興長銀の大手行も、いまや東京三菱、住友・さくら（三井住友）、みずほ、三和・東海のほぼ四行（グループ）に集約されてしまい、この四つでとどまるかどうかさえ、いまだ定かではないのである。その実情からみても、バブル崩壊がもっとも深刻な形で企業を直撃したのは金融分野であり、いまや一〇年前の金融業界の原形をとどめないといっても過言ではない。

とくに金融界では、これまでの常識では考えられない異常事態がいくつかおこり、激震が何度も走った。その典型例をみることで日本型システムの崩壊過程をみてみよう。

そのひとつは、三洋証券の〝突然死〟である。九七年一一月四日、短期資金を銀行間で融通しあうコール市場で、群馬中央信用金庫が三洋証券に提供した無担保の一〇億円が、債務不履行（デフォルト）に陥ったことだ。コール市場は、毎日、金融機関同士が無担保で資金の貸借をしている市場だが、その前提条件として、「金融機関は絶対つぶれない。だから無担保で互いに信用しあって資金融通を行う」という暗黙の了解があるわけだ。だから、毎日二〇兆円を超える資金がコール市場で飛びかっているのである。

しかし、三洋証券がデフォルトに陥ったということは、その前提条件、暗黙の了解が崩れ、今後の各銀行間取引きにも信用がおけなくなることを意味する。二〇兆円の中の一〇億円といえば、市場取引高のわずか〇・〇〇五％にしかあたらないものの、三洋以外にも金融不安をささやかれていた金融機関が沢山あったため、三洋の突然死を境に短期金融市場は大混乱に陥り、疑心暗鬼がつのって、急速に市場が縮小してしまったのだ。「絶対安全」と思っていた道路や橋が阪神大震災でもろくも崩れて、〝安全神話〟が崩壊したように、金融市場にも「絶対神話」に不安が出始め、その後の金融システム危機へとつながる大きなきっかけのひとつとなったのである。

実際、その直後から三洋に続いて北海道拓殖銀、山一証券、徳陽シティ銀行（九七年）、さらに日本長期信用銀行、日本債券信用銀行（九八年）、そして国民銀行、幸福銀行、東邦生命、東京相和銀行、なみはや銀行（九九年）などが次々と破綻する。そして、九八年以降に金融システム不安対策として大手二一行への公的資金（約一兆八〇〇〇億円）注入や金融監督庁、金融再生委員会の設立が決定。九九年に入るとさらに大手一五行に公的資金七兆五〇〇〇億円を再投入したほか、国内大手、中小金融機関の再編合併、外資系による破綻金融機関の買収などが津波のように続き、ペイオフ解禁の一年延期まで決定することになったのだ。まさに、大蔵・日銀の権威と行政指導力は、市場の力の前になす術がなく、〝日本型信用システム〟の完全なる崩壊劇が続いたのだった。

過去には考えられなかったもうひとつの異常事態ケースは、「銀行をつぶさない」と公言してきてやまなかった大蔵省自らが、阪和銀行に「業務停止」命令を出し、銀行破綻を宣告したことだ。三洋証券が倒産する一年前の九六年一一月二一日のことで、戦後初めてのケースだった。これまでは、銀行が経営危機に陥ると、大蔵省・日銀は、受け皿となる買収銀行などを探し、行政指導によって危機の銀行などを救済してきた。「絶対つぶさない」とは、実は経営危機の金融機関を他の健全金融機関にそっくりそのまま営業譲渡したり、分割して引き受けてもらうことで「つぶさない」ようにしてきたのである。九二年、大阪の料亭おカミに乱脈融資をして破綻した東洋信用金庫の場合も、大手銀行はその引き受けをしぶったが、大蔵省が強引に説得し、結局、東洋信金を分割して数行に営業譲渡することでしのいだのである。

そうした過去のやり方からすれば、大蔵省が第二地銀とはいえ、業務停止命令を出し、自らが〝つぶし〟を宣告するとは、異例の事態だった。しかし、実はこの大蔵省の行動も好んで行われたわけではなく、市場原理や法的ルールの浸透によって、もはや大蔵省の行政指導力をもってしても、従来のやり方を貫けなくなったことを意味していたといえる。

それは「決算承認制度」の廃止と大きく関係していた。「決算承認」とは、大蔵省が銀行を管理するうえで、銀行決算を審査し配当などを指導するきわめて強い「行政指導権限」だった。しかし、九六年秋、大蔵省は銀行の自己資本比率によって、銀行に対し「早期是正措置」を命ずる方針へと転換し始めていたため、この決算承認制度を廃止した。この結果、銀行決算の承認の可否は、大蔵省の手を離れ、監査法人の判断へと移っていたのだ。監査法人とすれば、銀行に甘い判断を下し、後の検査などで不良債権を見逃していたと判定を下されれば、癒着疑惑にさらされるため、厳正な会計処理の基準に従って阪和銀行の監査を行ったのである。その結果は「債務超過に陥っており、中間決算は承認できない」というものだった。となれば、当然、大蔵省は「業務停止命令」ということにならざるを得ないわけだ。

こうした一連の動きは、一見、大蔵省が恣意的な行政指導をやめ、ルールや法に沿った行政に変えたようにみえる。しかし、実情はそんなきれい事ではなく、決算承認制度の廃止もひっそりと決めたもので、本当のところはもはや不良債権処理を先送りさせせながら倒産を防ぐやり方が行き詰まってきたためだった。となれば、決算内容や市場ルールが「生き残りを認めなかった」と指摘してくれた方が、大蔵省にとって都合よく責任回避ができることとなる。とくに、実態が複雑で不良債権の額も巨額な日本債券信用銀行などのケースになると、大蔵省といえども手に負えなくなる。その時に大蔵省が立ち往生することを避ける、いわば日債銀破綻の責任回避のために事前に考え出した術ともみられた。実際、この阪和銀行の決算不承認から、市場の注目は日債銀など巨額不良債権を抱える銀行の決算に注目が集まり、不信と疑惑の高まった銀行は、マーケットから一斉に株を売りたたかれる現象が相次ぐのである。

異常事態は、これらのケース以外にもまだまだいくつもみられたが、金融関係者ばかりでなく、世界の経済学者やエコノミストたちが仰天したのは、大蔵省・日銀の〝ゼロ金利政策〟である。不良債権にあえぐ銀行や企業を救済する目的もあって、超低金利政策は九一年九月の公定歩合引き下げ以来、六・〇％から〇・五％へと一貫して金利引き下げを続け、とくに九五年からは超低金利時代といわれてきた。

それが、九九年二月、経済学の理論としてはあり得ても、現実には政策当局が採用し得る政策ではないとされていたゼロ金利を実施してしまったのである。ゼロ金利とは、日銀が銀行に貸し出すときの金利で、通常は低いながらもゼロ以上で貸出し、金融機関は、日銀から借りた資金をそれ以上の金利で企業などに貸出して利ザヤを稼ぐ仕組みとなっている。したがって、ゼロ金利になれば、銀行がコストゼロで資金を借り、利ザヤを確保できることになるわけで、まさに理論上は考えられるにしても、普通ではあり得ないし、あってはならない政策ともいえた。コストゼロといえばそれは、もはや資本主義経済の原理を越えた異常事態だからだ。

しかし、日銀はこれを実に二〇〇〇年九月まで何と一年七か月も継続したのである。タテマエは長期不況を回復するため、貸出金利を引き下げ、景気を刺激するということだが、実際には銀行救済といって過言ではあるまい。この超低金利政策によって、一般個人の預金金利も数次にわたって引き下げられ、二〇〇〇年九月現在の普通預金金利は、わずかに〇・一%、ほぼゼロといってよい。一回の銀行振込手数料が最低一〇五円だから、一〇万円預けても、一年の金利が一回の手数料で消えてなくなるという計算である。

この超低金利によって、金融機関が労せずして得た利ザヤは、実に年間平均五兆円といわれ、このほかにも公的資金約七〇兆円が用意されているのだから、日本の金融機関の不良債権と救済策はまさに異常政策といってよかろう。この間、一般預金者が逸失した預金の利益は数十兆円にのぼるだろう。

こうした市場経済や金融ルール、経済理論ではあり得ないことが、この一〇年間に次々と続出していたのである。そして、さらに衝撃的な事態が、次々と大蔵省の組織自体にふりかかる。大蔵省の解体、縮小化である。大蔵省による証券行政監視への不透明性に対する批判から証券監視委員会が設立されたほか、一連の金融不祥事と不良債権処理を適切に処理、指導できず、かえって癒着疑惑なども浮上したことから九八年六月に金融監督庁、同年一二月に金融再生委員会が発足。大蔵省に属していた証券局と銀行局の大半の権限、業務は移管されてしまったのである。いわば、大蔵省の専管事項だった証券、銀行、保険といった金融行政と監督権限をもぎとられたわけだ。

しかも二〇〇一年の「省庁再編」では、「内閣府」の下に、新たに「金融庁」がスタート、その庁内に総務企画局、検査局、監督局がもうけられ、銀行、保険、証券の政策と検査、監督を一元化することになった。これによって、完全に大蔵省から金融行政部門は取り除かれたのである。さらに明治以降、一貫して誇りをもって名乗ってきた「大蔵省」という名称も「財務省」と改められ、かつて権限の中心となっていた予算編成権も、内閣府の「経済財政諮問会議」に移されようとしている。

大蔵省はこれまで「ザ・官庁」と呼ばれ、官庁の中の官庁といわれるほど絶大な権限をもち、中央官庁の中にあって君臨していた。その権限の源泉は、予算編成権を握り、全官庁の予算を牛耳っていたほか、産業の血液ともいうべき金融分野、さらには企業利益や国民生活にかかわる税制とその調査、摘発機関である主税局、国税庁を掌握していたためだった。しかし、この一〇年間で、大蔵省の権力の源泉であった各部門がバラバラに解体され、新機関などにその権限が移管されてしまったことになる。まさに大蔵省の解体、縮小が実現したわけだ。

こうした経緯の背景をたぐってみると、結局は、大蔵省が「法」をタテマエにしながらも、実際はその裏で「行政指導」「裁量行政」で政策を動かしてきたという実態がみえる。「法」や誰にでもわかり、透明な「ルール」を基本とせず、大蔵省自らの行政判断、場合によっては大蔵省の組織全体というより、「局」や「課」、あるいは「担当者個人」の裁量によって行政が推進されたケースもみられたのが実情だったのではなかろうか。

むろん、大蔵省はつねに「法」と「ルール」をタテマエにし、審議会などの答申に依拠することで、裁量行政の正当化をはかっていた。しかし、監督下にある業界は、局や課、担当官の意向が強く働くとみたからこそ、わざわざ「MOF担」と呼ばれる大蔵省担当のエリート部隊を常設し、毎日のように大蔵省の担当部局に通わせ、時には接待、飲食のつけ回しなども黙って請け負っていたといえる。

ところがこの一〇年余の大蔵行政、とくに金融行政は、もはや大蔵省の「行政指導」「裁量行政」などでは及ばないほど、事態が深刻化、複雑化し、市場ルールとグローバル化の急速な進展に対応できなくなっていたのが実情だった。にもかかわらず、大蔵省は過去の栄光や行政実績から、日本の金融不安を乗り切れると過信し、相変わらず行政指導や裁量行政で事を運ぼうとしたのだ。しかし、実態はもはや大蔵省の描いたシナリオ通りに進むほど甘くはなく、大蔵省自身が市場の怒濤のようなグローバル化の動きとスピードについていけず、結局、途中から「分析力のなさ」「先送り」「責任回避」「改革・方針の遅れ」「大胆な実行力、指導力不足」などの方が目立った。その結果、不良債権処理が遅れ、当初からみれば必要以上のコストをかけながら、いまだに金融不安状態から完全には抜け出せない状況に陥っているといえる。

以下の項では、どこに「甘さ」や「先送り」「責任回避」などの実態があったのかを追いながら、「法」や「ルール」を軽視した行政指導、裁量行政などの日本的行政の風土が崩壊する中で、それをきっかけとして同時併行的に経済を中心とする司法改革論議が進んできた動きを探ってみたい。

三　激変に対応できない日本型裁量行政

大蔵省の金融行政は、銀行法、証券取引法、保険に関する法律などで運営することになっている。しかし、実態は局長や、時には課長の出す「通達」と呼ばれる指針によって日々の運営が行われているといってよい。欧米では「原則自由」だが、日本の場合は原則的に「許認可」行政であり、大蔵省の行政指導で動いていた。大蔵官僚の「裁量」が大きく物を言う世界だったといえる。その大蔵省の金融行政の根幹、基本精神をなしていたのは、「金融機関は絶対つぶさない（金融不安はおこさない）」というものであり、その基本方針が世にいう「護送船団行政」だった。つまり、もっとも弱体な金融機関がつぶれないように、一番弱い金融機関でも利益を出せるような方策をとることで、金融界全体を〝護送〟して落後者を防ぐという方針だった。

しかし、このために大蔵省は、金融界に対し、それこそハシの上げ下げのひとつひとつに注文をつけ、もし指示に背くようなことがあれば、許認可を遅らせるなど様々な形で〝嫌がらせ〟を行ってきた。

たとえば、銀行商品の預金種類について、金利はむろんのこと商品内容に関しても細かく注文をつけたし、新しく開発した商品は、最初に考案した銀行に半年ぐらいの先行利益を与えるものの、必ずその後は他の金融機関にも認めて、〝護送船団〟を守るといった具合だ。商品ばかりでない。国内店舗や海外支店についても、すべて大蔵省の認可を必要とし、ある種の〝公平〟をはかった。A銀行が人口急増地帯に目をつけ、新店舗を出店したいと考えた場合、多くのケースでは他の店舗の廃止を要求し、A銀行だけが店舗を急増しないようにしたり、許認可の時期を長引かせることで、他行の動きを促すといった具合だ。また、海外支店の申請も結局、横並びになることが多く、八一年の海外拠点は邦銀全体で三三七か所だったが、「国際化」が流行になると、国際金融業務のノウハウをもたない地方銀行までが競って海外進出し、九一年三月には七五二か所と二倍以上にふえるといった案配だった。

こうした大蔵省の金融行政は、八〇年代半ばまではほぼ成功し、日本の高度成長を金融面から支えてきたと評価されたし、国民の間で金融不安への懸念をおこすことはなかった。時に、特殊な原因で経営危機に陥る銀行が出現した場合も、大銀行や健全銀行に丸ごと引きとらせることで、安定化をはかってきた。一方、銀行側も、そんな大蔵省の行政指導、裁量行政をほぼ全面的に受け入れ、各行は「MOF担」と呼ぶ大蔵省担当チームをつくって、大蔵省と水面下で「あ・うん」の呼吸で情報交換を行い、共存をはかってきたのである。と同時に、その見返りとして大銀行から信用金庫に至るまで、大蔵省の〝天下り〟を受け入れたり、過剰の接待、大蔵省役人の飲食のつけ回しなども当然のごとく受け入れてきたのが実態だった。これが日本型の金融行政システムの根幹をなしていたといって過言ではなかった。

戦後の大蔵・金融行政にカゲリがみえてきたのは八〇年代後半のバブル経済の時代からだった。バブル経済の隆盛は、一見、日本経済の繁栄そのものにみえたが、その裏で政策の遅れや甘い楽観的見通しなどが重なって、その後に続く長い低迷経済への墓穴を掘っていたのだ。とくに、金融業界のあまりにも派出で突出した動きを制することができなかったことは、大きな禍根を残すことになる。

日本経済は、八五年の「プラザ合意」で円高構造不況に陥ったものの、懸命の合理化や海外への生産拠点の移行などで、不況を克服する。その円高構造不況を乗り切った日本経済は、再び驚異的な成長軌道に入る。しかし、それはかつてのようなモノづくり、製造業の成長に導かれた発展というより、金融主導型の株、土地、商品などへのマネー投機によるバブル的な成長だったのである。

八〇年代までの日本の金融業界は、集めた預金を企業に貸付けて利益を確保する企業貸付け金融によって成長してきた。だが、八〇年代に入り、証券、金融市場の自由化や整備が徐々に進み、日本企業が国際金融市場でもかなり自由に資金調達できる環境が整うにしたがって、日本の金融界の企業貸付比率が減少、集まった預金の貸付先を探すことで苦心するようになる。日本企業がこれまでの間接金融主体の資金調達から、コストが安く多様に資金を集めることができる債券・株式市場に重点をおいた直接金融を志向するようになったためだ。

このため、金融機関がとった行動は、株や土地に融資の重点を置くという方針だった。時代はちょうどバブル経済期に入り、これまで以上に株や土地こそが「ストック資産」として注目され始めていた時期だっただけに余った資金は、流れを打ったように土地、株融資へと向かった。世間は、土地、株は上昇し続けるものと信じ込み、銀行も土地と株の担保さえあれば、次々と資金を貸し込んだ。株、土地が上昇すれば、それをまた担保に資金を貸し込むという循環をくり返し、八〇年代末には、ゴルフ会員権融資で「元本は一五年後に一括返済。それまでは年間に十数万円の利子だけ払い込めばOK」といった個人融資まで横行した。一五年後には、会員券が数倍の値になっているから、それまでは元本分の返済はいらないというわけだ。すると個人は三人分の会員券を買い、一五年後に一人分を売り払えば、元本を返しても二人分の会員券が手元に残り、資産がふえると考え、多くの企業、サラリーマンが同じ論理思考で会員券だけでなく株や土地、別荘、マンション、はては絵画、金などにまで手を出したのである。その典型が、産業資金融資の雄だった興銀が、大阪の料亭のおカミに株などを担保としてグループ全体で何と二四〇〇億円にものぼる融資をしていたケースだった。一料理屋のおカミに二〇〇〇億円も貸付けることなど、七〇年代までには考えられないことだった。

しかし、こうしたバブル経済には、当然ながら問題もつきまとった。土地の値上がりは、一部の企業や資産家、銀行と組んだ組織などには恩恵をもたらしたものの、多くの国民にとっては、土地価格の上昇が住宅価格の上昇へとつながり、適正な価格による住宅取得が困難となったうえ、土地を持つ者と持たざる者の格差を急激に拡大させ、社会的不満や不公正を増大させることになっていたことだ。と同時に、モノづくりを軽視した風潮が生まれ、優秀な技術者、人材が高い給与の出る銀行に集中し、製造業側からの銀行批判も高まった。

さすがに、大蔵省・日銀もこうした過熱経済、社会的批判を黙視するわけにいかず、まず八九年五月、公定歩合を二・五％から三・二五％に引き上げ、引き締め姿勢をみせる。円高構造不況の到来した八六年一月、日銀は三年二か月ぶりに公定歩合を年五・〇％から四・五％に引き下げ、以後数度にわたり二・五％まで引き下げてきたが、ようやく引き締めへと転換したわけだ。

この間の八〇年代後半には、その後大きな問題としてのしかかる国際決済銀行（ＢＩＳ）による「銀行の自己資本比率の規制基準の決定」（ＢＩＳ規制）が国際ルールとして決まった（八七年一二月）ほか、リクルート事件の発覚（八八年一〇月）とこれに伴う宮沢蔵相の辞任、竹下内閣の退陣、国土庁の地価公示で東京の地価が前年比で七六％も上昇するなどの事態が次々とおこり、株価は八九年一二月に史上最高値の三万八九一五円まで上昇していた。しかし、こうしたバブル経済は、財政赤字の解消を至上命題としていた大蔵省にとっては、土地税収、株式取引税、個人・法人税収の増大につながったため、決して不都合とは思っていなかっただろう。

ただ、バブルで過熱した経済、社会は、一％弱の公定歩合引上げで沈静化するものではなかった。大蔵省を中心とする政府の土地政策、とりわけ銀行融資への批判が一斉に噴出したのである。大蔵省は、八六年に「不動産、建設業者向け土地関連融資の実行状況を半年ごとに報告し、投機的取引に十分配慮すること」「土地関連融資は厳正に審査し、転売融資は厳に慎む」（銀行局長通達）を出しているが、これらはたんに注意を喚起しただけで、規制に乗り出したものではなかった。

その後▽「投機的取引への融資を排除するため、土地利用計画の確認、融資実行後の監視、貸金業を行う関連会社への通達徹底――などを行う」（八七年一〇月閣議決定）▽「大阪、名古屋など不動産融資の伸びが大きい八五金融機関への特別ヒアリングを行う」（八九年二月、銀行局長通達）▽「金融機関の投機的取引やノンバンク向け融資の投機的利用に関する厳密審査」（八九年一〇月、銀行局長通達）――などを出すが、やはり〝警告〟の域を出ないものであった。土地利用計画がズサンなものであったり、融資実行後の監視、特別ヒアリングの実態、ノンバンク向け融資の厳密審査などが、いかにいい加減なものだったかは、バブル崩壊後に次々と判明した。利用不可能な山林への融資、ペーパーカンパニーへの資金貸出し、ノンバンクの不良貸出しに対する看過――など、次々と刑事事件となって摘発されていったことが、当時の調査のズサンさを如実に物語っているといえよう。

大蔵省は、こうした通達を出したことで、タテマエ上は地価の沈静、バブル経済の軟着陸に努力を示したといいたいのかもしれないが、それはまさにタテマエにすぎず、依然、バブルを煽る土地融資などを見逃してきたのが現実だった。日銀の全国銀行預貸金調査によると、八九年末の都銀、地銀、第二地銀、信託、興長銀の土地関連融資は前年比末一四・一％増の四六兆九〇〇〇億円。とくに不動産業者への貸出残高は八六年から三〇％台、八七年三月末には都銀が五〇％近くまでふやしていることがわかっている。八五年の土地関連融資総額（貸出残高）は二二兆円だったから、五年間で二倍以上にふくれ上がった計算になる。また銀行全体の融資に占める不動産向け融資は着実に上昇し、八九年末では一一％にまで達しているし、不動産を担保とした融資だけに絞り込んで点検してみると、九〇年三月末の残高は都銀だけで五七兆三〇〇〇億円と一年間で一〇兆円増大、融資残高全体に占める不動産担保融資の比率は五年前の一五・七％から実に二二・七％へ拡大しており、北海道拓殖銀行、埼玉銀行などは三〇％を超していた。

まさに、この間の銀行は〝土地ころがし〟の融資で〝成長〟していたわけで、大蔵省・日銀は、各種「通達」を出して「警告」をしていたといいながら、実際は何もしていなかったか、その審査、検査、ヒアリングはいい加減なフシ穴同然だったといって過言ではあるまい。こうした経緯について、日銀は、九〇年五月に「地価高騰の原因は①金融緩和②オフィスビルなどの需要増加③土地投機④節税目的の不動産投資——などにあった」としたうえで、「八五年以降、円高不況からの景気回復が経済の最優先課題だったとはいえ、金融緩和によって地価上昇を招いた」と自らの金融政策を珍しく自己批判したのだった。

さらに国土庁も九〇年六月、初の「土地白書」で、「八〇年代の土地購入では四〇－五五％の企業が土地の全部を転売し、初めから転売目的で買っているケースが目立つ」としたうえで、土地取得の資金は「自己資金よりも金融機関の借入金によってまかなっていることがはっきりしている」と分析、その土地資金も銀行側が余ったカネの貸出先をみつけるため、節税対策、資産運用、信託方式などと称して知恵をつけ、低金利で積極的に押し込んだことが目立つと指摘しているのだ。

逆にいうと、銀行などを〝護送船団〟方式で行政指導してきた大蔵省が、金融機関の土地ころがしの実態について、目をつぶったまま、手をこまねいていたことが手にとるようにわかるといえる。この結果、大蔵省はついに重い腰をあげ、九〇年三月、世に言う「総量規制」に踏切る。「金融機関の不動産業向け融資は、前年・前期比伸び率を総貸出残高の伸び率以下にする」（銀行局長通達）というもので、不動産向け貸出しの伸び率を規制したわけだ。

しかし、この総量規制にも大きな抜け穴があった。たしかに銀行の貸出しには規制の枠をはめたものの、銀行などの系列下にあるノンバンクは規制対象外にあったからだ。このため、銀行は土地融資が規制されると、系列会社を中心とするリース会社（ノンバンク）に資金を〝卸売り〟し、そのノンバンクを通じて土地への迂回融資を行ったのである。またノンバンク以外にも、銀行は土地融資への抜け穴をいろいろ編み出した。たとえば、インパクト・ローンと呼ばれる〝使途制限のない外貨建て貸付け〟などで、実態は海外の土地開発などに使われた。こうして銀行の大口貸出先には、新日本製鉄、シャープといった製造業と並ぶか、それ以上のランクに、どの銀行も各種リース会社や住宅金融会社の名前が並んだのだ。そしてリース会社が貸した資金の貸付先の多くは、その後不良債権となったり、悪質の場合はヤミ社会との結びつきを深め、〝マフィア資本主義〟をはびこらせる要因ともなっていくのである。九〇年代に入り、何人もの銀行の頭取、幹部が自殺したり、射殺されたり、脅迫されたりしたのは、こうした土地融資とヤミ社会とのつながりを感じさせるが、そのほとんどの原因究明ができていないし、犯人も見つかっていないのが実情なのである。

こうした土地騰貴を放置したのも、明確なルール、法的制度に伴う施策、罰則の伴う公明な行政で問題処理にあたらず、通達や行政指導といったあいまいな方法で、銀行行政をつかさどれるという過剰な自信、奢りが情勢を見誤らせ、銀行の放漫な行動を許すことになったのではあるまいか。日本的行政システムへの過信から、時代の大きな変化、大局観を見失っていたといえる。

日本の金融行政の中で、もうひとつ大きな失態は〝ＢＩＳ規制を甘くみた〟ことだろう。「銀行の自己資本比率を八％以上にしなければならない」とするＢＩＳ規制が出来た八八年末は、バブル経済期で、ＢＩＳ規制の恐さなど日本の大蔵省、銀行は歯牙にもかけなかったに違いない。なぜなら、株や土地資産も自己資本の中に組み入れることができるようになっていたから、土地、株価が上昇の一途を辿っている時期なら、自己資本比率が悪化して、銀行の経営に注文をつけられる〝国際ルール〟などはまったく眼中になかったからだ。

しかし、バブルが崩壊し、株価と土地が暴落、これに伴って自己資本比率が低下し始めた途端、このＢＩＳ規制の恐さを知ることになる。自己資本比率が八％を割れば、国際業務から撤退しなければならないし、四％を下回ると国内業務においても様々な制限を加えられ、一人立ちがむずかしくなる。株と土地の上昇に支えられ高い自己資本を誇っていた日本の金融機関は、いったん株と土地が逆に作用し始めると、ルールの非情さを身にしみて感じたのだ。これが国内ルールならタテマエとは別に、特別措置を講じて一時避難を行うこともできるが、国際ルールとあっては日本の行政の裁量によって動かすことはできない。そこに、行政指導では動かせないルールのきびしさを知ることになるのである。

こうして、大蔵省と金融業界は、大きな金融・産業構造の変化や国際ルール変更の重大性をしっかりと認識することのないまま、目先のバブル現象や利益に追われて、いたずらに不良貸出しを続けていたことになる。しかも金融行政を預かる大蔵省もまた、金融構造の変化に対応した政策転換を行い得ず、過去の栄光にしがみついた行政指導と「銀行は絶対につぶれない、つぶさせない」という神話を守る目先の対策だけに必死となってゆく。そこにも、バブル経済に対する認識や分析の甘さ、ルールに依拠しない過去の行政指導の積み重ねとその伝統を重んずる手法が大手をふって方向を誤らせていたとみることができる。

四　意思決定の欠如――過信、期待先行、先送り、責任回避

バブル崩壊後、大蔵省や金融業界は、さらに大きな間違いを犯した。それは、ひと言でいえば、不良債権の実態を直視せず、これを関連会社や架空のペーパーカンパニーにつけ回したり、隠したりして「先送り」で処理し続けたことだ。そのうえ、九一年半ばから証券、金融不祥事が続出し、大蔵省や金融界に対する世間の不信感が高まり出していた時期と重なったこともあって、思い切った手が打てなかった事情が多少は関係していただろう。

大蔵省が不良債権に対し、「明確に意識して具体的な取り組みを始めたのは、東証の株価が一万五〇〇〇円を割った九二年八月以降の頃だろう」（西村吉正・大蔵省元銀行局長）と述懐している。ただ、この当時の不良債権対策とは、株価低迷への対応策や会計的に不良債権処理を促進するための税制上の弾力策を打ち出すことが中心であり、弥縫策でしかなかったというのが実情だろう。

実は当時、政府は、〝九〇年代に入ってからのバブル崩壊があっても景気回復は可能で九〇年前半に三～五％の成長が期待できる〟といった見通しをたてていた。金利引き下げや財政支援、株価を支える公的資金注入のＰＫＯ（Price Keeping Operation）政策、税制対策などを打てば、安定成長に戻れると踏んでいたのである。

もし政府見通しがあたり、本当に三～五％の成長軌道に戻るなら、企業が当面の不良債権を抱え込むか、関連会社やペーパーカンパニーなどに一時的に〝飛ばし〟て、会計上は損失が出ないようにしておいても、数年で不良債権の多くも値上がりすることが望めるので、直ちに損失償却しなくてもすむと考えたに違いない。実際、多くの企業は、政府の経済見通しを根拠に、不良債権の処理を〝先送り〟したのだ。また、大蔵省も余裕のある銀行などが不良債権の損失償却をすることに消極的だった。当時、無税償却については、大蔵省の償却証明手続を必要としたが、余裕のある銀行が税金を支払って有税償却をするかどうかは、原則として銀行自身の判断にまかされていた。もし余裕のあるうちに損失の有税償却による引当処理を行っておけば、たとえ関連リース会社などが破綻し、損失が出ても収益への打撃は少ないし、早目に処理しておけば損失額も少なくすむ場合が多いのだ。

ところが、大蔵省は九三年の住宅金融専門会社（いわゆる住専）の破綻処理策の検討中で、大手都銀が住専破綻に備えて貸出債権の有税償却（引当金計上）を行おうとしたが、これを認めなかったのである。大手都銀が住専への不良債権の有税償却を行えば、ほかの銀行と比較される。とくに住専向けの貸出しが大きく、それだけ不良債権も巨額だった長期信用銀行と信託銀行は、住専がつぶれた場合、経営危機に陥る懸念が強かった。そんな時、都市銀行が住専破綻を想定して有税償却を行うと、長期信用銀行と信託銀行に影響を与えると考え、大蔵省は「現在、損失が発生しないことを想定した住専の再建築を検討している時に勝手な有税償却は困る」と止めたのである。

本来なら銀行の主体的判断で行えるはずの有税償却が、ここでも大蔵省の〝護送船団〟行政のため、却下されたわけだ。大蔵省としてみれば、体力の弱い銀行と強い銀行の格差が広がり、再建築のイメージが悪化することを恐れて強引に償却の〝先送り〟を求めたといえる。この結果、各銀行は住専の不良債権処理を自らの判断で行うことができず、毎年、会計処理の上で先送りする形がとられることになる。しかし、大蔵省は結局、二年半後の九五年九月に住専七社の不良債権は八兆四〇〇〇億円にのぼると公表し、同年末に財政資金六八五〇億円を投入することで住専を処理することを決める。再建を模索して二年半にわたり、大蔵省はあれこれと対策を打ち出したが、市場が当初から予想したように破綻に陥ったわけだ。

大蔵省の再建方針は、住専に資金を貸出していた銀行（母体行）による金利減免と住専への運転資金の新規融資などが柱で、母体行が大蔵省に再建計画を実行する文書を出すことも要求したとされる。しかも、住専には農林系金融機関も五兆円の貸出しがあったが、農水族議員の政治的圧力もあり、大蔵省と農水省の間で、農水系金融機関、農協の負担はできる限り軽減するという〝密約〟のあることが漏れてしまう。

こうした経緯は、まさに大蔵省が自らの行政指導や政治力などを過信し、市場経済原理とマーケットの信用、法的な根拠などを軽視して自分たちのシナリオ、構想で強引に事を進めれば、〝先送り〟は成功し、金融不安も乗り切れると判断した〝おごり行政〟の失敗だったといってよいだろう。九三年頃までは、許認可行政の威光が効いていたため、母体行側はシブシブながら大蔵省の再建策を呑んだものの、この住専処理が最終的に財政資金の投入という結末を迎えるにあたって、大蔵省の〝護送船団〟方式や行政指導も完全に力を失うことになる。母体行にとってみれば、体力のある間に有償引当を行っておけば、損失は少なくてすんだし、その時期に市場原理が働いて弱い不良銀行は早くつぶれていれば、結果としてみると、金融界全体の不良債権処理のスピードも早くなり、景気回復は早まったとみたに違いない。

と同時に、国民の側からすると、大蔵省は農水省との間で〝密約〟をかわし、住専処理を先延ばしした結果、税金六八五〇億円を投入する失敗を犯したということになる。大蔵省の市場経済や公正、透明なルールを無視した密室的裁量行政に対し、一挙に不信を強めたのである。こうして、この時期を境にして大蔵省がいう「金融機関はつぶさない」「護送船団方式」「行政指導による裁量行政」「大蔵省〝神話〟」――などが、ほぼ完全に崩壊してゆくのである。

住専処理以後、阪和銀行の業務停止（九六年）、三洋証券、北拓、山一証券、徳陽シティ銀行の破綻（九七年）、日本長期信用銀行、日本債券信用銀行の破綻（九八年）と続き、同年に大手二一行に一兆八〇〇〇億円の公的資金が投入されるものの、この公的資金投入は一年後に再び七兆五〇〇〇億円へと拡大することになる。さらにその後も地銀、第二地銀、信用金庫、信用組合、生保、損保などの破綻は日常茶飯事のように続き、ほぼ一段落がついたとみられた二〇〇〇年一〇月に入って、千代田生命がまた二兆円の負債を抱えて破綻、依然、泥沼を脱していないことを浮き彫りにした。

しかも政府・与党は、二〇〇一年四月からペイオフを解禁すると言っておきながら、九九年末にペイオフ解禁の一年延期を発表し、またも先延ばしと不良債権処理に対する自信のなさをみせつけたのである。

大蔵省の弱体ぶりと信頼感の欠如、政策の一貫性に対する自信のなさをみせつけたもうひとつの大きな事例として日本長期信用銀行の再建築とその失敗がある。長銀もまた関連ノンバンクや企業への不良債権融資で九八年一〇月に破綻するのだが、同年夏に住友信託銀行が受け皿銀行となって長銀を救済する案が最後の切り札として検討されていた。すでにマーケットでは「長銀は債務超過に陥っている」とみており、株価は一〇〇円台にまで買いたたかれていた。そんな中で、小渕首相、宮沢蔵相、速水日銀総裁が、住友信託社長を官邸に呼んで長銀の受け皿銀行となり、合併してくれるよう要請したのに対し、住信側は独自の試算で長銀の不良債権額を想定し「二兆円の公的資金を注入してくれるなら応ずる」と述べたという。しかし、当時の政府・大蔵省には長銀一行の処理に二兆円を出す決断ができず、この話は流産となった。ただ、その後長銀破綻に伴う政府資金の投入額が四兆円に達したことを考えると、そこでも債務超過の分析見通しの甘さや決断力のなさが浮かび上がり、結果的には長銀処理に二倍のコスト（国民負担）をかけたことになってしまったのである。

首相、蔵相、日銀総裁がそろい踏みで依頼した案件を一信託銀行が断るといった例は、史上初めてのケースだった。銀行側も冷静に不良債権の実情を把握し、マーケットの出方をみてからでないと、たとえ天下の大蔵省が要請しても、自らの生き残りのためには決して唯唯諾諾と言いなりになる状況にはなかった。大蔵省の行政手法と威信は、ここでも完全に地におちていたといえる。

四　意思決定の欠如

大蔵省が、バブル経済期に事態を甘くみて、土地高騰を招いたうえ、その対応が後手にまわったことは、前述した。多分、その背景には、税収がふえ、財政構造が改善するという大蔵省の財政至上主義に対する魅力に抗しきれなかった点も大いに作用したのだろう。

しかし、大蔵省が政策を誤ったのは、バブル崩壊後の処理について、さらに甘い認識と自らの政策指導力を過信したためだったといえよう。

まず第一は、九〇年代の経済成長率を三%以上と見込み、バブル崩壊に伴う経済の落ち込みと不良債権処理のきびしさに気がつかなかったことだ。経済不況の落ち込みをできる限り小さいものとし、日本経済を安定成長に軟着陸させようとした意図は、決して予想外のものではない。西村元銀行局長は「バブルについては金融機関の責任も大きいが、やはりマクロ経済政策の戦略不足は否定しがたい」（文春新書『金融行政の敗因』）と率直に政策の失敗を認めているが、バブル崩壊後もまた対策が手遅れとなる。

これについて西村元局長は、同書の中で「九一年春以降、経済情勢を総合的にみていた上司からは総量規制をどうするか、解除するタイミングを計るよう指示をうけた。しかし、当時の世界の雰囲気ではとてもそのようなことができる状況ではなかった」と指摘、当時の新聞の社説論調をあげてそんな中で地価抑制対策などを打ったら「世論の袋だたきにあって政治のプロセスは通らない」とみていたことを明らかにしている。そして、そのうえでなお「後になって振り返ると、たしかに総量規制の副作用は大きかった。もう少し工夫の仕様があったかもしれない。バブルの発生が問題の根源であるにしても、その崩壊過程における認識や対処の仕方には大きな反省点がある」と、やはり九〇年代以降のバブル崩壊後の対策にも誤りがあったとみているようだ。

ただ、この甘い認識は大蔵省だけではなく、経済企画庁の経済白書（九二年）においても「バブルの崩壊自体は設備投資の回復を緩やかにする要因ではあるが、回復に深刻な影響を与えるものではない」「過度にその困難や不透明さを強調し、悲観的になることは賢明でない」と断じているのである。

むろん、当時の雰囲気からすると、そうした論調が出てくることはやむを得ないかもしれないが、分析や政策方針がマスコミなど世間の〝雰囲気〟に左右されている点は気にかかる。そして、企業側はこうした政府見通しに立って、不良債権処理の〝先送り〟や〝飛ばし〟を行うことになるのである。

後に山一証券の破綻に関連して、山一側は不良債権の〝飛ばし〟は、大蔵省の諒解の下で行ったと主張。これに対し、大蔵省側は「そんな不法行為を黙認するはずがない」と否定し、水かけ論になった。おそらく大蔵省側があきらかに違法であるようなことを指示することはないと思うが、三%以上の成長が続くと仮定するなら、〝いま直ちに損失引当をしないでもよい〟程度の示唆をしていただろうことは想像できる。

本来ならば、毎期毎期、損失が出たら会計法規にのっとって、きちんと処理すべきものを、〝赤字を出して金融不安をおこしてはならない〟といった心理が働いたせいなのか、行政指導などによって〝先送り〟を大目にみたケースは数多くあったに違いない。そこでは法律や市場のルールよりも、大蔵省の行政指導や権威の方がまだ大手をふって歩いていたとみることができよう。

第二は、法や市場ルールの大原則ともいうべき公開性や透明性を軽視、あるいは無視した行政と行政指導のあり方である。

九〇年代初期にウワサにのぼった信用組合、第二地銀だけでなく、それ以後も債務超過の疑いを強くもたれた都銀クラスの大手銀行についても、大蔵省・日銀は、「債務超過に陥っている事実はない」というのが通例だった。金融機関が破綻した場合の受け皿システムを想定していない段階で、うかつに債務超過の実態が明らかになれば、金融不安がおこると懸念していたためだろう。

不良債権かどうかを認定するには、貸出先（金額）の健全、不健全度をはかるモノサシがある。銀行検査によって、正常な債権（第一分類）、多少の懸念があるものの融資を継続して差しつかえない債権（第二分類）、回収に重大な懸念がある債権（第三分類）、債務超過や破綻の懸念、実質的に破綻している債権（第四分類）――と分類、その後銀行の自己資本比率の点からも健全銀行（八％以上）、過小資本銀行（四％以上八％未満）、著しい過小資本銀行（二％以上四％未満）、特に著しい過小資本銀行（〇％以上二％未満）と分けて、これらの基準をみて銀行に是正措置などをとる枠組みをつくることになる（九八年金融健全化法案）。

本来なら第三、第四分類に入れるべき不良債権を第二分類などに査定しておけば、当然ながら不良債権の見かけ上の総額は減り、債務超過にならないですむ。大蔵省や日銀の検査がすべて恣意的に行われたとは思わないが、少なくとも九五―九六年頃までは、銀行自体が甘い分類の結果を報告し、これを政府・日銀が黙認していた疑いが濃厚だ。

実は、九五―九六年になると、市場はそうした現実を直視し始め、株式市場などで株価が売り浴びせられる事態が発生し始めていた。また、九五年以降、銀行が破綻してみると、実際の債務超過額、負債総額は、当初の主張の二～三倍にふくれ上がっている実態が次々に明らかになっていたのだ。

第三は、政府は銀行が破綻した場合の受け皿機構、信用不安をおこさないための預金者保護の安全ネットづくりに早くから手をつけるべきだったのに、大蔵省は過去の行政指導の実績と許認可権限をバックにした権威で、思うような再編、救済が可能だと過信した失敗も大きい。これらもまた司法、会計基準、市場ルールを軽視し、大蔵省が金融不安を対症療法的に処理できると構想し、実現し得ると勘違いしてしまったのだ。

その失敗例はいくつもみることができる。九二年の東洋信金のケースでは、当初、関西の大手都銀に救済、吸収を要請するが、すでにこの時点でも不良債権を抱えることを嫌って都銀は拒否。仕方なく大蔵省は、東洋信金を解体、支店ごとに数銀行へ引きとってもらう形で何とか急場をしのいだのが実情だった。

しかし、九四年の東京協和、安全信組の破綻ケースではもはや引き取り手はなく、九五年にスタートさせた受け皿銀行の「東京共同銀行」に資産を継承させなければならなかった。

さらに九五年八月に破綻した兵庫銀行の場合は、破綻を防ぐために大蔵省が元銀行局長を頭取に派遣した銀行だった。兵庫銀行は第二地銀最大手で、九二年末から不安説が流れており、日銀から六〇〇億円、住友銀行など三行から各二〇〇億円の計一二〇〇億円の信用供与枠の設定を受けていた。しかも、その後九三年に日銀考査が入り、実質的に債務超過状況にあることが判明していたが、何とか大蔵省のトップを送り込むことで再編合併による救済策を模索したものの、ついにメドがたたず破綻に立ち至ったのである。後に判明することだが、すでに九三年の時点で大蔵省・日銀は、兵庫銀行はいったん消滅させ、その後に地元の金融機関の協力などによって〝受け皿銀行〟を作るしかないと考えていたらしい。それは、もはや秘密裏に事を進める密室行政は通用せず、下手に密室行政を続けるとむしろ市場に攻撃されて〝突然死〟する懸念を覚えたからと言ってよいだろう。

大蔵省にとって後味の悪い痛恨の〝失敗〟は日債銀の破綻と処理方針の誤りだっただろう。日債銀は九〇年代に入って間もなく経営悪化が表面化している。九二年五月にクラウンリーシングなど系列のノンバンク三社に対する借入金利の減免を取引銀行に要請していたからだ。親銀行の日債銀が面倒をみきれないことを表明したようなものだった。

さらに大蔵省が二〇〇一年三月から「ペイオフの凍結解除」を方針としていたから、九六年になると日債銀の五年もの債券は、市場から危険視されて売れなくなっていく。さらに九七年一一月、格付け機関が追い打ちをかけるように日債銀の格付けを「引き下げる方向で見直す」と発表したため、株価は一挙に急落した。それでも大蔵省は「大蔵省と日銀を信じて欲しい」（三塚博蔵相）と会見、沈静化に努めた。「大手銀行はつぶさない」というのが、市場原理などを越えた大蔵省の信念だったし、大蔵省の権威そのものにもかかわるとみていたわけだ。

当時の日債銀の不良債権額は、日銀考査によると「直ちに償却すべき不良債権は五〇〇〇億円（第四分類）」と見積もられていた。ただ、回収に心配のある不良債権もまだ相当あったものの、大蔵省・日銀は「第三分類の灰色（不良）債権は、直ちに償却する必要はなく、日債銀が債務超過に陥っていることはない」と強く主張していた。しかし、これらの灰色債権は九八年、東京地検によって「粉飾決算」として摘発されることになるのだ。このことは、〝日債銀救済〟という至上命題のために、会社基準や決算の遵法精神まで無視して、行政当局が手心を加えたということを意味しよう。

大蔵省・日銀は、日債銀救済のため、九七年三月に日銀が八〇〇億円を出資し、大手金融機関四〇社に計二二〇〇億円の増資協力を要請する。各金融機関は「日債銀の不良債権は五〇〇〇億円の二倍以上あるのではないか」と消極的だったが、大蔵省幹部は「日銀が増資を引受け、大蔵省が保証するのだから」と〝奉加帳〟を回すようにして七月末までに強引に日債銀支援をとりつけるのだ。

この時の日債銀会長は大蔵省出身の窪田弘元国税庁長官、頭取は日銀出身の東郷重興理事、行政側で担当していたのは山口公正銀行局長と後に破綻後の日債銀の頭取となり、二〇〇〇年九月に自殺した本間忠世・日銀理事だった。まさに大蔵・日銀の威信を賭けた日債銀救済劇だったのである。

それでも日債銀の再建策はマーケットから信用されなかった。実際、九七年秋になると大蔵省検査部自身が、もはや甘い査定をできなくなり、日債銀のペーパー子会社に不信をぶつけ、日債銀が債務超過状態にあることはマーケットの常識と化して行き、市場から見放されることによって、ついに九八年一二月に破綻、長銀とともに国有化が決まるのである。

さらに悲劇的だったのは、再建のため大蔵省・日銀から送り込まれた窪田、東郷両氏は粉飾決算容疑で逮捕されてしまったことだ。この裁判は、現在も継続中だが、大蔵省ら当時の関係者の証言は、自らの保身に走り、粉飾は窪田会長らの独断で行われたものであり、官庁は〝預り知らない〟というものがほとんどだという。大蔵省・日銀が組織を賭け、OBを送り込んで、あらゆる行政の手法、権威をふりかざして救済を試みたものの、結局は司法と市場のルール、力によって敗れ去ったわけだ。

しかも、敗れた途端、自らの責任をも回避してＯＢたちまで犠牲者にしてしまったといえよう。

五　方向転換できない自己改革能力

八〇年代後半のバブル経済期から九〇年代の〝失われた一〇年〟に至る一〇余年間の日本経済の運営は、従来型の中央官庁や日銀中心の経済・財政・金融政策で「安定成長」軌道に乗せようとしたものの、失敗の連続だったとみることができる。

この失敗の現実については、依然、長期不況から脱出できず、経済構造改革も遅々として進んでいない状況が雄弁に物語っている。それればかりでなく、日銀は「資産価格バブルと金融政策」「日本におけるバブル崩壊後の調整に対応する政策対応」（二〇〇〇年五月三〇日）の二つの論文、大蔵省は西村吉正元銀行局長による『金融行政の敗因』（文春新書）、そして経済企画庁も数々の白書、論文で政策運営の失敗を認めているのである。

これまでに、これらの失敗を「情勢分析の見通しの甘さ」「問題の先送り」「保身と責任回避」「法や市場ルール、マーケットの力に対する軽視と行政指導力に対する過信」「法によらない通達、裁量行政の弊害」「密室の取引き、行政」――といった側面から、具体的にみてきた。これらと同様の失敗は、金融行政に限らず、様々の行政分野で数多くの事例をみることができるが、この一〇年余の日本経済の流れの中では、バブルとその崩壊過程、金融ビッグバンの動きを追うことで、もっとも典型的に浮き彫りになったといえよう。

日本経済は一九七〇―八〇年代前半までの高度成長期にニクソン・ショック（円切上げ）、二度にわたる石油危機に直面したが、いずれも短期間でこの混乱期を克服した。この成功体験が、おそらく行政指導を軸として裁量行政的な政策運営に過剰な自信をつけさせたのだろう。

しかし、一九八三年の「日米円ドル委員会」の設置と翌八四年の「日本の金融市場開放」に関する報告書が出てから、時代のうねりは大きくカジを切りつつあった。それを決定的にしたのは、八五年の円高・ドル安誘導を五か国秘密蔵相会議で決めた「プラザ合意」だった。

この時代から、国際社会の対日要請と日本経済自身がめざすべき方向は、一段と「自由化」「国際化」「規制緩和（政府介入の縮小と市場経済ルールの重視）」などとされ、日米間のみならず、国内においても基本的合意が形成されていたのだ。とくにプラザ合意以降の〝円高構造〟不況期には、日本経済の構造改革が主要課題となり、三～五％程度の安定成長をめざす経済戦略方針が政府の基本政策となりつつあった。

本来ならば、こうした内外の時代潮流を大きくみつめ、戦略方針を遂行してゆくべきはずだったのに、バブル経済の到来とともに、八〇年代半ばの基本方針はすっかり忘れ去られてしまったのが実情といえよう。

結局、この一〇年余の動きは、日本が進むべき方向をある程度見定めていながら、バブルの到来とその崩壊にふりまわされ、大きな戦略を見失ったまま、その時々の対症療法に追われ、しかもそれらが「後追い」「問題の先送り」となったうえ、最終的には行政当局の責任回避へと逃げ腰になったこともあって事態の悪化を長引かせたとみることができる。

しかも、バブルの後始末にあたっては、新しい難題を解決すべき法体系や制度、機構なども準備されておらず、ほとんどが事態の悪化を後追いしながら欧米の実例などを参考にして対処する有様だった。他方で、海外に進出した日本の金融機関などが日本の制度・法とは異なる現地国の法制度の下で、違法行為に対してきびしく処罰されたり、国内においても巨額の株主代表訴訟の判決が下りて企業経営者を震撼させるケースが相次いできた。また、バブル期に入り込んだ暴力団系の企業が多くの不良債権にからみ、民間企業では手に負えなくなって司法権力の手を借りざるを得ない事態も数多く表れたし、その解決ができず自殺などをはかる経営トップが続出したことも記憶に新しい。

現在の司法改革論議は、少年法や裁判制度、弁護士制度のあり方などに焦点が移っているが、もともとはこの一〇年余のバブル経済とその崩壊後の不良債権処理をめぐる法的不備と、法や市場ルールを軽視した日本的な行政指導、裁量行政の行き過ぎ、失敗、そして公開性や透明性、ルールに基づいた公正で公平な処理を求める声が、司法改革論議の大きなきっかけになったことも銘記しておくべきではなかろうか。

第二章　金融監督庁から金融庁へ——金融行政のルール化と今後の展望

加藤敏春

一　新しい金融システムへ

金融監督庁設立準備室での経験

私は、九六年末から九八年六月金融監督庁設立にいたるまでの一年半、内閣に設けられた金融監督庁設立準備室に出向し、金融監督庁の設立に携わった。当時は、住宅金融専門機関（住専）から始まり、北海道拓殖銀行（北拓）、山一證券（山一）の破綻にいたる不良債権処理問題（その後、日本長期信用銀行（長銀）、日本債券信用銀行（日債銀）などの破綻処理が加わった）、九八年四月の外国為替管理法の自由化に始まる「日本版金融ビッグバン」の実施、九七年夏から起こったアジア金融危機とその後のロシア、中南米、最終的には九八年九月のアメリカのヘッジファンドＬＴＣＭの破綻にいたる世界的な金融不安に対する対応という「三正面作戦」を日本が強いられ、まさに「金融の大動乱期」であった。

この間、金融監督庁の設立準備に携わった私は、この「金融の大動乱期」の中で「通貨とはなにか?」という根本的な問いに直面し、そもそも投機化する怖れのない、かつ、環境、福祉、教育、文化などの分野でのNPO・NGOや一般市民の交流活動を促進する〝互酬〟のお金としての「エコマネー」を構想して、それを個人の立場で普及することになるが（二〇〇一年四月現在で一〇〇程度の地域で取り組みが開始されている。世界では類似のものが二五〇〇程度ある。詳しくは拙著『エコマネー』や「エコマネー・ネットワーク」のホームページ（http://www.ecomoney.net/）を参照いただきたい）、別途、その時以来、新しい金融システムに向けての検討の枠組みについて、私なりに考察するようになった。

九八年六月二二日、金融監督庁の設立とともに通商産業省（二〇〇一年一月より経済産業省）に戻ってきた私は、サービス産業課長に就任したが、このサービス産業課長の職務の一つに「WTOサービス交渉」があった。この「WTOサービス交渉」はウルグアイ・ラウンド時に決められた「ビルト・イン・アジェンダ」（交渉開始合意済み事項）として、二〇〇〇年三月より交渉が開始されているが、その交渉の中においても金融は、昨今関心が高まっている「電子商取引」（EC）と並んで大きなテーマとなっている。

二〇〇〇年七月、金融監督庁は大蔵省から金融企画の機能も引き継いで金融庁に衣更えした。期を接して「日本版金融サービス法」とも称される「金融商品の販売等に関する法律」が国会を通過し、二〇〇一年四月一日より施行されている。九八年六月以降の金融行政の軌跡を振り返ってみると、この金融監督庁設立から金融庁への移行、「日本版金融サービス法」の施行を境として、金融行政のあり方は、第一期と第二期に分けられるのではないかと考えられる。一言でいえば、第一期は、従前の護送船団方式から決別すべく、事前行政から事後行政への転換を急ピッチで行なった時期、第二期は、そうした転換を基礎としてポスト・ビッグバン戦略を展開し、金融への真の信頼を構築していく時期である。「日本版金融サービス法」は第二期の大きなツールとなる。

この第二期はようやくスタートしたばかりであるが、実は、この第二期の課題を解決しても次の課題が控えている。いわば、第二期を開始するときにすでに第三期の課題が見えているのであるが、その第三期の課題とは、一言でいえば「金融の生活者主権の確立」である。

金融行政のルール化といった場合、護送船団方式からの決別の視点からその意義が論じられがちであるが、そのような視点のみから金融行政のルール化を論ずることは、金融行政のあり方について将来展望を開くことにはならない。「金融の生活者主権の確立」が金融行政のルール化の最終目的であり、このようなパースペクティブと目標感覚に基づいて今後の金融行政が発展すべく、新しい金融の枠組みについて論ずることとしたい。

図表1　新しい金融の枠組み

環境変化に対応した制度（スタジアム）

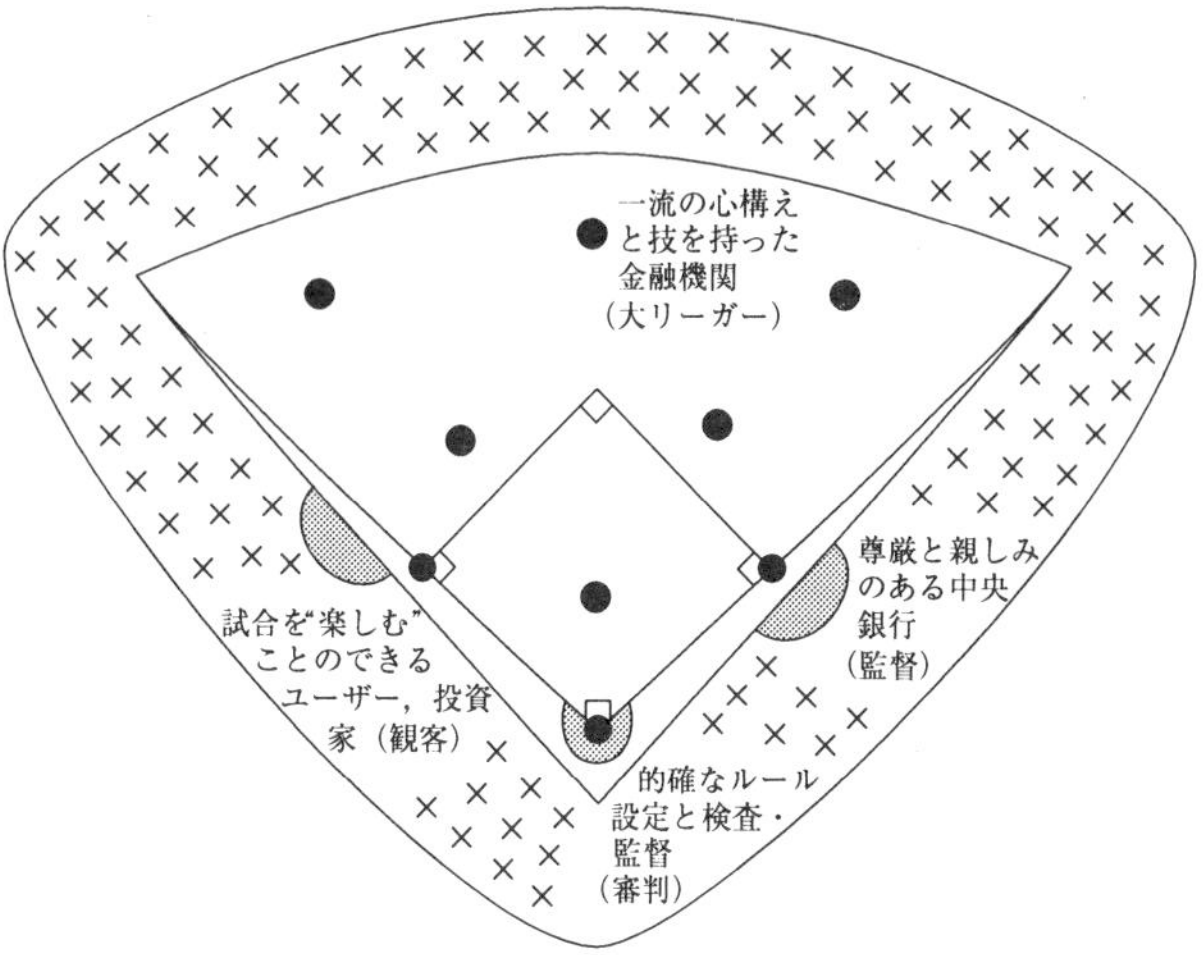

新しい金融の枠組み

新しい金融の枠組みは、本書のテーマである「意思決定とルール化」のモデルケースとしても捉えることができると思われるので、まず、プロ野球にたとえて、その枠組みを構成する要素を紹介してみよう。今や金融の世界は世界単一市場となっており、そのプロ野球は、世界単一のメジャーリーグを勝ち抜くレベルであることが必要である（図表1）。

〈環境変化に対応した制度――「スタジアム」〉

まず、われわれがプロ野球のゲームを観戦するときに行くのが「スタジアム」であり、新しい金融の枠組みでもこの「スタジアム」が必要である。

わが国の金融の場合、この「スタジアム」に相当するのが、九八年四月の外国為替管理法の自由化を皮切りに、九八年六月に成立した「金融システム改革法」に基づいて進められている各種の金融自由化（株式手数料の自由化など）である。これが「日本版金融ビッグバン」の実施である。この「日本版金融ビッグバン」により、規制が緩和され、多くの観客が「スタジアム」に集まることが可能となった。

二〇〇一年四月から施行されている「日本版金融サービス法」は、入場チケットの販売等において、ダフ屋などが横行し観客の信頼を傷つけることのないよう「スタジアム」に関する商行為のルールを取り決めるもので、「スタジアム」の質を向上させることをねらっている。

〈一流の心構えと技を持った金融機関──「大リーガー」〉

次に必要なのが、新しい会計基準に適合し、「資本効率化経営」（Capital Efficiency Management）にも精通したプレーヤー＝「大リーガー」である。この「大リーガー」は、観客を魅了する技量を持っていることが要求され、そのため、戦略的決定のできる経営者と戦略家（ストラティージスト）、社外取締役制度などによる新しいコーポレート・ガバナンスなどが必要とされる。

現在日本の銀行は、日本興業銀行＋富士銀行＋第一勧業銀行（みずほフィナンシャル・グループ）、住友銀行＋さくら銀行、三和銀行＋東海銀行、東京三菱銀行＋三菱信託銀行、その他のあさひ銀行、大和銀行の五グループに再編されようとしているが、これは今までの日本的なプロ野球選手から「大リーガー」に脱皮するための試みである。また、損害保険においても三井海上保険と住友海上保険が合併することとなっている。しかも、この「大リーガー」は入団後ずっとその球団だけで育ってきた選手ばかりでなく、他球団からトレードで移籍してきた選手や外国人選手などから多様に構成される。イトーヨーカ堂やソニーが銀行業に参入することは前者にあたり、メリルリンチなどの外資系金融機関の日本への参入は後者にあたる。こうした異業種からの参入は、今後とも大いに拡大するであろう。「大リーガー」の技量は年俸により客観的に評価されるが、金融機関の場合、その客観的評価を行うのがムーディーズ、S&Pなどの格付け機関による格付けである。

このように九八年六月の「金融システム改革法」以来、「スタジアム」を整備し「大リーガー」の育成を始めてきているが、その方向に〝迷い〟があったことは否めない。それは、九九年末に決められたペイオフ（預金の払い戻しを元本一〇〇〇万円までしか保証しない）の延期である。当初は二〇〇一年四月から実施する予定であったが一年延期された。これにより金融機関の改革のペースがスロー・ダウンしたのではないかと懸念されている。

〈〝尊厳〟と〝親しみ〟のある中央銀行――「監督」〉

選手を指揮し監督するのが、プレーイング・マネージャーである「監督」である。日本の場合、九七年に日本銀行法が改正され中央銀行である日本銀行の独立性が高められるとともに、政策委員会における政策決定と情報公開によるその透明性の確保などにより、国民に対する説明責任が課せられることとなった。

当面日本銀行は、超低金利政策など難しい金融運営を強いられているが、この独立性と説明責任の履行のバランスの確保がまさに問われている。

〈的確なルール設定と検査と監督――「審判」〉

観客が「大リーガー」の試合を本当に堪能するためには、試合が決められたルールの下で的確に進行するよう、「審判」が有効に機能しなければならない。こうした「審判」として、九八年六月金融監督庁が設立された。

従来の金融行政は、護送船団方式の下で行政指導による事前行政が進められていたが、金融監督庁設立以来は、「情報開示」＋「ルール」＋「検査・監督」＋「罰則」の組合わせによる事後行政に転換された。

「審判」が有効に機能するためには、「大リーガー」や「監督」のみならず、観客からその判定についての信頼感を得ることが必要である。「審判」の判定をめぐって抗議や紛争が続くようでは、試合の醍醐味は大きく減殺されてしまう。この点、設立以来の金融監督庁の、長銀・日債銀（九八年における両銀行の破綻認定と特別公的管理への移行）、地銀・第二地銀（九九年の国民銀行、幸福銀行、東京相和銀行、なみはや銀行、新潟中央銀行の破綻認定)、外資系金融機関(スイス系金融コングロマリット、クレディ・スイス・ファースト・ボストン・グループに対する免許取り消し、一部営業停止などの処分)、生命保険(二〇〇〇年の第百生命、東邦生命に対する破綻認定)への対応の実績は、国民の信頼感を確保するために(完璧とは言えないまでも)十分なものであったと言えるであろう。この点は、金融再生研究会[一九九九]に詳しいので、参照していただきたい。

なお、「審判」の機能は、警察のそれとは異なることに注意しておかなければならない。金融の検査・監督と言うと、取り締まりの局面のみが強調されがちであるが、本来の金融の検査・監督は、市場での競争原理と規律を増進することを基本として、可否の判定と違反者に対する命令などの監督を行うものでなければならない。プロ野球の試合において、「審判」が行うことの基本が、「大リーガー」や「監督」のルールの遵守を前提とした判定であることと同様である。したがって、金融の検査・監督に必要な人員の確保はもちろん必要なことではあるが、それに偏することなく、市場での競争原理と規律を尊重した「コンプライアンス・プログラム」(Compliance Program)や「ピア・レビュー」(Peer Review)などの手法が導入されなければならない。

〈試合を〝楽しむ〟ことができるユーザー、投資家――「観客」〉

以上のような形で金融という市場の試合を楽しめる環境が整備されると、リスクの比較的高い金融サービスに対しては、ユーザーはこれまで以上にリスクを負担することになる。このため、ユーザーにはリスク管理能力と自己責任が求められる。他方、金融サービスはもともと専門性が高い上に、ますます専門化し高度の知識が必要となる傾向にある。その中で、投資家の資金を集合してファンドを運用することでリスクを分散し、スペシャリストが管理・運営する「集団投資スキーム」が注目されている。

このようなユーザーや投資家の裾野を拡大していくためには、そのリスク管理能力の向上と自己責任を基礎としつつも、金融サービス提供者の一定の範囲での説明義務、損害賠償責任、損害賠償額の推定、「コンプライアンス・プログラム」の策定義務などを明示したルールが必要である。これが二〇〇一年四月から施行されている「日本版金融サービス法」である。

「日本版金融サービス法」の施行は大きな意義を有するものであるが、全体のプロセスはそれで完了したわけではない。ユーザーや投資家と専門家との関係をいかに構築するか（アメリカでは、後述する「信託」（フィデューシャリー）の関係が確立している）などの課題が依然として解決されていないからである。これが完了してはじめて「金融の生活者主権の確立」が達成される。

二　何のための金融システム改革か？

「たかが金融、されど金融」

以上、新しい金融システムの枠組みを見てきたが、ここで改めて気づくのは、金融は確かに経済活動の基礎でありそれを補完するものであるが、一、二〇〇兆円もの個人金融資産を有する経済構造の下では、単に補完的な役割を果たすのではなく、ユーザーや投資家などとなる生活者の生活そのものと密接不可分の関係にあるものに変貌してきているという事実である。

住専問題のときの大蔵省銀行局長を務めた西村吉正［一九九九］は、「バブル期の金融が陥った最大の問題点は、長い間、経済・社会システムのインフラストラクチャーとして世のため人のために脇役として働くべきものとされてきた金融が、それ自体目的化したところにあったのではないか」と指摘している。この指摘は、確かにバブル期の金融の金融のあり方に対する反省としては正鵠を射ていると思われるが、二一世紀の金融のあり方を正確に捉えたものとは言えない。西村は「脇役として働く存在」としての金融が本来のあり方であるという伝統的な考え方に傾斜している。しかし、二一世紀における金融は、経済活動のみならずわれわれの生活そのものの〝血液〟としての役割を果たすところまでその位置づけを変貌させてきている。

現にわれわれは、日々金融と向き合っている。金融機関の不良債権問題、預金者保護や金融システムの安定化のための公的資金の投入、銀行・損害保険会社をはじめとする金融機関の再編成、生命保険会社の破綻などとともに、外国為替制度が完全自由化により実現されたドルなどの外国通貨の流通、インターネット・バンキングの実用化、コンビニにおけるＡＴＭの設置、イトーヨーカ堂やソニーなどの銀行業への参入など、われわれの生活を便利にするような変革も起こっている。これらは、すべて九八年から二〇〇一年にかけて行われている「日本版金融ビッグバン」の効果である。

「日本版金融ビッグバン」とは、九六年一一月、当時の橋本首相が発表した「我が国金融システムの改革：二〇〇一年東京市場の再生に向けて」で謳われたフリー（市場原理が働く自由な市場：参入商品、価格等の自由化）、フェアー（透明で信頼できる市場：ルールの明確化・透明化・投資家保護）、グローバル（国際的で時代を先取りする市場：グローバル化に対応した法制度、会計制度、監督体制の整備）の三原則に基づき実施される金融自由化の包括的なパッケージのことであり、九八年四月の外国為替の完全自由化を皮切りに二〇〇一年まで金融分野の自由化・規制緩和を推進しようとするものである。

このため、九八年六月には金融システム改革法が成立した。この金融システム改革法は、証券業の参入規制の見直し（免許制から登録制へ）、取引所集中義務の撤廃、株式売買手数料の自由化、証券業に関する投資家保護のための投資者保護基金の創設、保険に関する保険契約者保護機構の創設等を行うものである。

護送船団方式の機能不全

「日本版金融ビッグバン」は何のために行うのか？　この問いに対する私の回答は、簡単にいえば「二一世紀に向けて〝リスク〟という新しい条件が社会に本格的に登場し、従来の護送船団方式ではリスクをとりながら新しい価値を創造することができなくなったからである」というものである。二一世紀において新しい価値を創造するのは、新しい機能を持ったアントレプレナーであり、アントレプレナーがつくる企業である。二一世紀におけるアントレプレナーや企業は、生産性の向上によって経済価値を高めるだけではなく、多様化した顧客価値にこたえ、独創性を発揮した知的価値を創出する主体として捉えられる。

このような新しいアントレプレナーや企業が従来の護送船団方式の下では生み出せなくなった。護送船団方式の社会は、成熟化するにつれてリスクをとりにくい社会、とりたがらない社会への傾向を強めていくため、従来の護送船団方式で船団を仕立てて、二一世紀というリスクに満ちた海に漕ぎ出すことはできなくなった。

「日本版金融ビッグバン」は社会の底辺である金融インフラの面から日本型システムの変革を行うものであり、金融にとどまらず経済行動、さらに社会全体にわたる行動原理や価値観まで転換させるインパクトを持っている。

具体的に述べてみよう。そもそも護送船団方式の原型は、戦時中の一九四〇年前後に形成された。

野口悠紀夫［一九九五］は、護送船団方式の仕組みは一九四〇年前後に総力戦を遂行するために導入されたものであり、それが戦後の日本経済の基本的骨格を形成したと指摘している。このような「一九四〇年体制」は、①年功序列、終身雇用、企業別の労働組合を軸とした企業の仕組み、②産業資金の供給が銀行を中心とする金融機関を仲介してなされる間接金融システム、③経済の広範な分野に見られる政府規制、の三つを基本的特徴としている。「一九四〇年体制」は、戦後復興期である五〇年代に再生され、七〇年代に完成されたものと考えることができるが、よく指摘されるように、それはメインバンクからの間接金融、長期的雇用慣行、系列といわれる閉鎖的なグループ形成等を特色とするものであった。

この護送船団方式は、第二次世界大戦後の大量生産・大量消費型の技術体系の下で先進国からの技術導入に依存したことから、技術開発やそれに伴うビジネスのリスクが最小限に抑えられることを前提としたものであった。しかも製品やサービスのマーケティングにおいては、アブソーバー（吸収役）としてのアメリカ市場が巨大な市場として控えていたことから、販売のリスクも比較的限られていた。要するにリスクをとらずに経済成長を享受できるシステムが日本型護送船団方式であり、そのシステムの中で、企業のみならず家計も〝リスク・フリー〟で行動できるという特殊事情にあった。

このような特殊事情の下で、護送船団方式は、希少な資本を制約条件として雇用を最大化することを存立目的（レーゾン・デートル）とするものとして形成された。戦後日本が展開した経済発展戦略を、日本を企業体にたとえてみると、その目的関数はまさに日本人の雇用の最大化であったといえよう。天然資源がほとんどなく資本蓄積も基礎的技術も乏しい経済を復興し発展させることを考えたとき、日本が唯一有する良質な経済資源は同質で勤勉な労働力（人的資源）であり、雇用の最大化こそが社会の存立目的（レーゾン・デートル）として支持された。

新しい価値を創造する日本型システムへ

このような護送船団方式は、八〇年代後半から機能不全に陥ることになった。まず、自動車、家電、半導体のうちのメモリー等大量生産・大量消費型の技術的パラダイムが終わり、八〇年代後半から九〇年代初めにかけて、情報通信、ネットワーク、遺伝子工学等の新しい技術的パラダイムに転換し、技術開発やそれに伴うビジネスのリスクが顕在化した。しかも製品やサービスのマーケティングにおいては、「大競争（メガ・コンペティション）」の到来によりハイテク関連のみならずそれ以外の製品やサービスについても世界市場において競争を強いられるようになり、販売のリスクも大きなものとなった。これにより、リスクをとらずに経済成長を享受できる護送船団方式が機能不全に陥ったのである。

しかも、ほぼ同じ時期に、護送船団方式はその存立目的（レーゾン・デートル）を喪失することとなった。日本型システムの存立目的（レーゾン・デートル）は、前述したように、ずっと一貫して日本人の雇用の最大化であったが、すでに生産年齢人口（一五―六四歳）は九五年をピークとして低下しており、また厚生省（現・厚生労働省）の人口推計によると総人口も二〇〇五年頃を境に減少に転じると予想されている。しかも資本不足の時代から資本余剰時代を迎え、一三〇〇兆円にもおよぶ国民の金融資産の効率的かつ有効な活用が必要となってきている。すでに希少な資本を制約条件として日本人の雇用を最大化するという戦後の資源配分方式は、その歴史的使命を終えたのである。

現在日本は、二一世紀を目前にして重大な構造転換期を迎えている。転換にあって最も関心を払わなければならないのは、次の時代の革新の芽を育て上げられるかどうかである。戦後の日本は極めて恵まれた特殊事情にあった。リスクをとらずに経済成長を享受することができたからである。しかし日本はすでにキャッチアップ段階を終え、リスクをとりつつフロントランナーとして新しい時代を切り開いていかなければならない立場にある。しかも、社会が成熟すればするほど、リスクをとりたがらない傾向は強まる方向にある。実際、本来リスクをとるべき若年層が相当保守化していると指摘されることが多い。

このような状況下で今後の日本に求められる基本的スタンスは、太田弘子［一九九五］が指摘するように、以下の三点であろう。

①　経済活動はもともとリスクに満ちていることを正当に認める

図表2　資本主義の下における価値創造プロセス

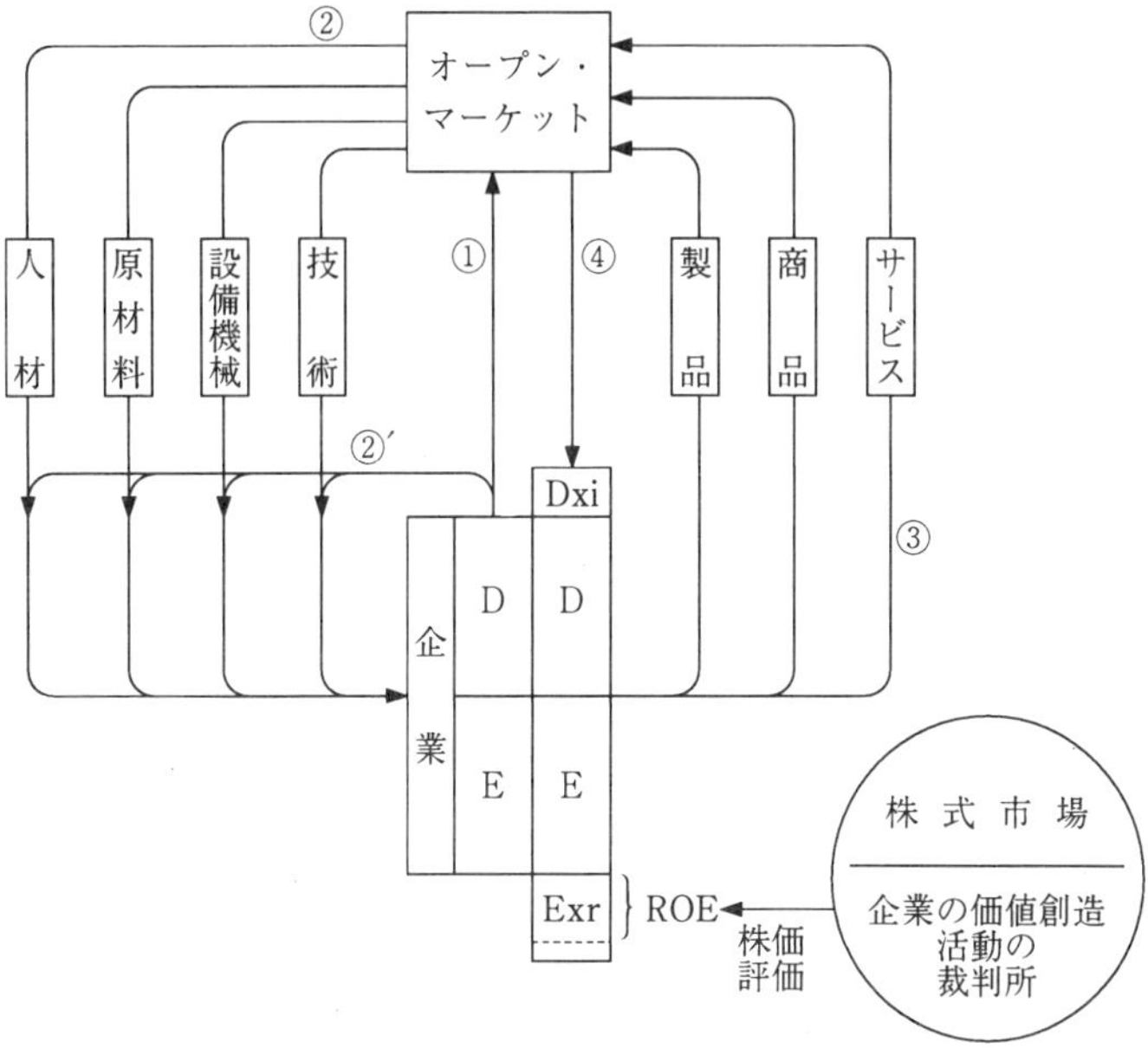

D：負債資本（Debt）　E：株主資本（Equity）

企業の価値創造サイクルは，①インプットの市場での購入→②付加価値の創造→③アウトプットの市場での販売→④資本の回収より成り立っているが，競争者との差別化を図るため，新技術・新素材の開発，ユニークな生産システムの導入等により②′の活動を行う。こうした企業活動を評価するのが株式市場であり，その指標がROE（株主資本利益率）である。

（資料）　井出正介・大場昭義『資産運用ビッグバン』東洋経済新報社，1977年，84ページに加藤加筆。

② リスクに挑戦し、成功した人々を適切に報いる
③ 失敗は不可避であることを認め、セイフティ・ネットを用意する

このような基本スタンスを前提に、二一世紀における日本型システムの存立目的（レーゾン・デートル）を考えると、二一世紀の日本が有する最大の経営資源といえる金融資産を最大限活用して、新しい時代を切り開く価値をつくりだすことであろう。従来の護送船団方式はその存立目的（レーゾン・デートル）を喪失したが、その遺産として、戦後の経済成長を通じて着実に蓄積された一三〇〇兆円にものぼる個人金融資産と総額一〇〇兆円強の対外純資産を残した。しかも、個別の産業、企業レベルにおいては、製造業はグローバル化され、世界に冠たる国際競争力を有するものが多い。われわれはこのような基盤に立って、金融資産を最大限有効に活用しつつ、リスクを組み入れた体制をうまく構築していかなければならない。そのためには、図表2で示したように、企業による価値創造過程とその過程を適切な株式価格の形成という価格づけによって常に評価する市場の二つの要素を二一世紀における日本型システムに組み込むことが必要不可欠である。

金融資産の特性を踏まえて株式市場の改革を！

その際重要なことは、金融資産がリスクを内在した資産であるという特性を踏まえた改革を行うこ

とである。金融資産はリスクを内在した資産であり、その収益率は、確定利回りの利子率と同じではなく、リスクを考慮した分だけ高くなければならない。これをリスク・プレミアムという。したがって金融資産の価格は、次の式を満たすように決定される。

金融資産の価格＝収益／（利子率＋リスク・プレミアム）

ここで重要なことは、金融資産の価格は将来収益だけでは決まらず、一定の期間までの収益を考える場合には、キャピタルゲインを考慮して決定されるということである。キャピタルゲインの期待値を「来期価格（期待値）－今期価格」とすると、キャピタルゲインの期待収益率は「（期待来期価格－今期価格）／今期価格」として表される。全体の収益は、キャピタルゲインとインカムゲインである収益の和であることから、これを考慮して式を書きかえると、次のようになる。

今期価格＝（収益＋期待来期価格）／（1＋利子率＋リスク・プレミアム）

この式が示すように、金融資産の価格決定においては、将来の予想が極めて重要な役割を果たし、特にキャピタルゲインの予想が価格水準を動かすため価格変動のリスクが大きい。このことは家計の立場からみた場合は、アメリカにおける株式市場の変貌に関してみたように、投資信託、確定給付型の企業年金等の拡充により、専門家である金融機関が介在することでリスクを遮断することが必要となる。

リスクが増大している状況の下では、リスクの固定化ではなく、リスクの流動化によりリスクを管理し、価値を創造していくことが肝要である。市場では、事業への参入・退出が自由であり、再挑戦の機会が何度でも提供される。しかも市場の重要な特性は、ハイリスク・ハイリターン、ミドルリスク・ミドルリターン、ローリスク・ローリターンなどの多様な選択が自由に行われることである。このように市場は、①価値の創造、②リスクの流動化、とともに③モラルハザードを防止し市場関係者に規律を与える、との三大機能を有したものであり、価格変動のリスクが大きい金融資産の活用にあたっては、株式市場の機能が最大限発揮されることが必要である。

このためには、情報の開示が極めて重要であり、金融機関や企業のディスクロージャーの徹底、中立的な格付け機関による評価情報の提供等を推進していかなければならない。また、適正な証券取引に対する監視、インサイダー取引等に対する厳正な対処、金融検査の充実等金融行政の準司法的機能を拡充することも必要である。預金保険制度のように、一定の範囲内で市場のリスクに対して保険機能を提供するセイフティ・ネット機能の充実も重要な要素である。

二一世紀の日本は、一方で、新しい製品やサービスを提供するとともに魅力的な雇用機会を提供する企業をどんどん生み出すとともに、他方で、急速に進展する少子高齢化社会へと対応する体制を整えていかなければならない。特に後者に関しては、日本の年金財政の収支が急速に悪化しており、いかに高齢者の老後の生活設計の展望を開くかが重要な課題である。このためには、次の構造が経済社会の中に早急に構築される必要がある。

①　家計からの資金供給が株式市場を通じて将来の成長力のある分野に対してなされ、産業構造の転換が図られること
②　これにより魅力ある雇用機会が社会の構成メンバーに対して提供されること
③　これと同時に、家計が効率的な資産運用を行うことが可能となり、老後の生活設計への展望を開くこと

このためわれわれは、効率的な株式市場の構築を急がなければならないが、最近ようやく日本の株式市場の価格形成に変化の兆しが見られるようになっている。九八年四月より早期是正措置が導入されたが、これは国際業務を行う金融機関については八％、行わない金融機関に対しては四％の自己資本比率の確保を要求するものであり、これにより金融機関の株式の安定保有に大きなディスインセンティブが働くこととなった。また、近年欧米の機関投資家が日本の株式を本格的にポートフォリオに

組み込むようになっており、日本の株式市場にファンダメンタル価値に照らして株式価格を評価する投資家の視点が持ち込まれている。このように変化の兆しはすでに現れている。われわれに求められているのは、このモーメンタムを拡大していくことである。

三　第二期を迎える金融行政――その課題と展望

「ポスト・ビッグバン戦略」へ

二〇〇〇年六月、「日本版金融サービス法」とも称される「金融商品の販売等に関する法律」が国会を通過し、二〇〇一年四月一日より施行された。九八年六月の金融監督庁設立からの第一期の金融行政は、従前の護送船団方式から決別すべく、事前行政から事後行政への転換を急ピッチで行なった時期であった。その間で展開された「日本版金融ビッグバン」は、金融のみならず、経済、はては社会全体が新しい価値を創造する日本型システムへと転換することを目的として、多くの〝痛み〟を甘受しながらも進められたものであった。

では、「日本版金融ビッグバン」で新しい日本型システムへの転換のすべてのプロセスが完結するのであろうか？　そうではない。残念なことに、われわれは金融、特に金融業者に対していまだ完全なる信頼を寄せていない。「たかが金融、されど金融」と前述したように、今や金融はわれわれ一人一人の生活にとって極めて重要な役割を持っている。それは、生命の血液の流れに匹敵すると言っても過言ではないだろう。そうした重要な役割を有する金融に生活者が信頼を寄せていないということは、非常に重大なこととして受け止めなければならない。

このことを「バブル崩壊の後遺症」という一言で片づけることはできないだろう。われわれの金融への信頼を何が損ねているかといえば、私は「金融サービスのセールスの仕方」にあるのではないかと考えている。例えば、目の前に金融サービスのセールスマンがいたとしよう。そのセールスマンは熱心に説明してくれるのだが、話の内容は難しくてよくわからない。セールスマン自身は信頼できるように見える。しかし、本当に信頼できるのであろうか、その保証はない。

近年、家計や企業の金融サービスに対するニーズが急速かつ大きく変化している。すなわち、個人金融資産のアセット・マネージメントが金融サービスの重要な機能として期待されるようになっている。他方、一般の商品・サービスとは異なり、金融サービスの売り手である金融業者は、情報、専門的知識、交渉力などの点で買い手に対して圧倒的に優位に立つことが多い。ましてや、「日本版金融ビッグバン」において実施された各種の自由化により多様な金融サービスが登場し、その専門性がますます高まっている。特に、今後金融サービスで主役になるであろう貯蓄・投資性の高い生命保険や投資信託などの「パッケージ商品」は、生活者にとって複雑でわかりにくいという側面を多分に持つ。

ここで必要となるのは、「金融サービスのセールスの仕方」に対する信頼を醸成することを目的とした「ポスト・ビッグバン戦略」である。「日本版金融サービス法」はその大きなツールとなる。

「日本版金融サービス法」の法制化

金融サービス法の発想は、八〇年代後半イギリスにおいてビッグバンが行なわれたときとほぼ同じに制定された。マーケットの自由化と投資家保護を理念とする画期的なものである。「日本版金融サービス法」は、そのイギリスの金融サービス法を大いに参考にしたものである。

前述のように、「日本版金融ビッグバン」が進行する中、金融サービスはますます専門性が高まり、複雑でわかりにくくなっているため、情報や知識などの点で業者に比して弱い立場にある一般の消費者に対して金融サービスを提供する場合には、一定の重要な情報を提供する説明義務を業者が負うとともに、それに違反した場合の損害賠償責任が生じる要件等をあらかじめ明確にしておくことが必要である。その要件が明確にされないと、金融サービスやマーケットの透明性・信頼性が確保されない。

このため「日本版金融サービス法」は、金融商品販売業者等に対して、「元本欠損が生ずるおそれ」があるときを中心として、一定の「重要事項」について説明する義務を課している。これとともに、それに違反した場合の顧客に対する損害賠償責任を金融商品販売業者等に負わせるとともに、顧客の保護の観点から、損害賠償額の推定規定を設けている。ただし、このような説明義務に関する規定は、ホールセールなどのプロ同士の取引などには適用されないとされている。

また「日本版金融サービス法」は、「金融商品販売業者等は、業として金融商品の販売等に係る勧誘をするに際し、その適正の確保に努めなければならない」とし、「金融商品販売業者等は、業として行う金融商品の販売等に係る勧誘をしようとするときは、あらかじめ、当該勧誘に関する方針（勧誘方針）を定めなければならない」としている。この勧誘方針が「コンプライアンス」と呼ばれるもので、①勧誘の対象となる者の知識、経験及び財産の状況に照らして配慮すべき事項、②勧誘の方法及び時間帯に関し勧誘の対象となる者に対し配慮すべき事項などが盛り込まれ、制定したときは公表しなければならないとされている。

この「コンプライアンス」は、マーケット・メカニズムの自浄機能を活用したもので、金融サービス法の中核をなすものである。「法令遵守」と訳されることが多いが、単なる「法令遵守」ではなく、社会的信用、レピュテーション（評判）などを通じてマーケットの信頼を得るためのルールや体制を整備していこうという考え方である。民事責任や刑事罰を伴う法令等は、即効性・実効性は高いものの、他方、効率性の抑制という副作用も生じさせる。「コンプライアンス」の考え方は、できる限り副作用を起こさないように「法令遵守」を拡大していこうというものであり、イギリスなどでは、このことが金融機関の競争力の重要な要素になりつつある。

牛越博文［二〇〇〇］によると、イギリスの「コンプライアンス」は「ベスト・アドバイス業務」がコアになっている。ベスト・アドバイスのためには、まず顧客のことをよく知る。次に、それに基づいて、顧客にとってベストであると考えられるアドバイスを行う。そのための手続きとして、イギリスでは「ファクト・ファインド・フォーム」のような事前確認書が用意されている。

「ファクト・ファインド・フォーム」の項目は、氏名、住所、家族構成などの基本的な顧客の属性のほか、収入、資産、負債、生命保険・年金の既契約、公的年金、投資家のニーズ、推奨内容、合意された内容、バイヤーズガイドを受け取ったかどうかの確認、投資家の宣誓、企業代表者の宣誓など、かなり範囲が広い。投資家についてのファクトを発見し、そのファクトばかりでなく、それに基づいて結論にいたった経緯なども記載する。既契約のコンバージョン（転換）やキャンセル（解約）を伴うような推奨を行う場合は、一定の条件が課せられているが、そうしたファクトも「ファクト・ファインド・フォーム」に記載されなければならない。「ファクト・ファインド・フォーム」は、最終的には企業代表者と投資家の双方がサインをするため、両者が契約時にファクトについて共通の認識を持っていたことの確認・証明になる。

このようなイギリスの「ベスト・アドバイス業務」の考え方や「ファクト・ファインド・フォーム」の運用は、日本における「コンプライアンス」においても参考にする必要があろう。

金融庁は何を目指すか？

二〇〇〇年七月大蔵省の金融企画局の機能を金融監督庁（五三五人）に移管し、金融庁（七三三人）

が発足した。従来の検査部、監督部に加えて総務企画部の三部が設けられている（付属機関としては、証券取引等監視委員会がある）。現在総理府の下におかれている金融再生委員会の下で活動を展開しているが、二〇〇一年一月からは金融再生委員会の廃止と中央省庁再編に伴い、新しく設けられる内閣府の下の外局としてさらに組織・人員が拡充された（七六六人）。

金融庁の機能は大きく言って三つある。①民間金融機関等に対する検査・監督、②民間金融に関する制度の企画・立案、③民間金融機関等の国際業務に関する制度の企画・立案である。これにより、金融行政が金融庁に一元化されたと言えよう（図表３）。

この金融庁の発足は、くしくも「日本版金融サービス法」の成立・施行とタイミングが重なることとなった。したがって、まず金融庁が取り組まなければならないことは、「日本版金融サービス法」の施行と運用により「金融サービスのセールスの仕方」に対する信頼を醸成することである。イギリスの「コンプライアンス」でコアを占める「ベスト・アドバイス業務」についても、日本で定着を図っていかなければならないであろう。

さらに金融庁は、日本の金融システムの大変革の中で微妙な舵取りを要求される。現在日本の金融システムは、同時に二つの変化を乗り切らなければならないという大変革期にある。

第一の変化は、世界中でほぼ同時期に起こっている「ＩＴ革命」に関連するものである。金融、流通、運輸などネットワーク部門に属する産業は、とりわけ「ＩＴ革命」によって抜本的な変化を迫ら

図表３　金融行政機構の推移

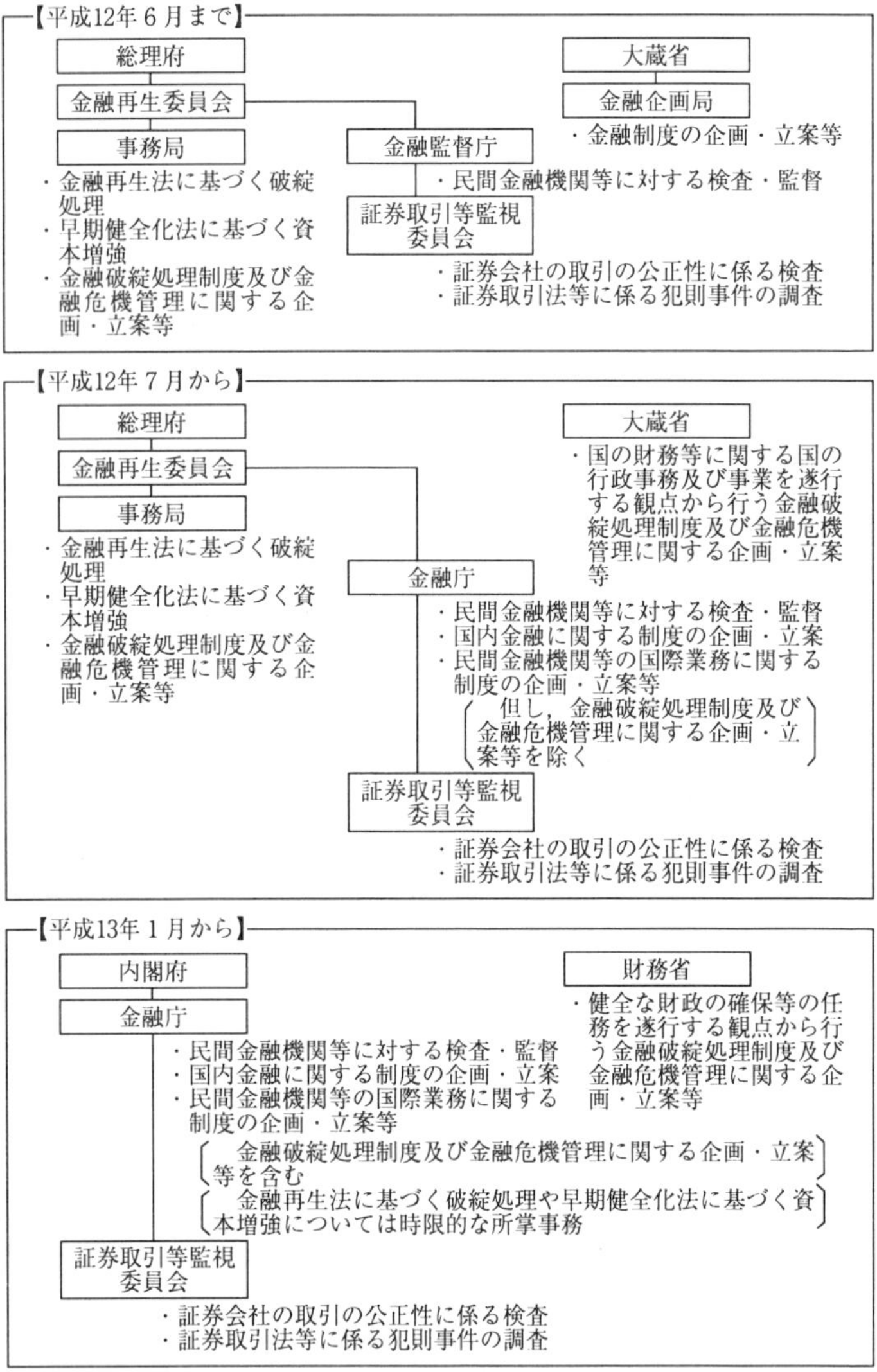
【平成12年６月まで】
総理府
金融再生委員会
事務局
・金融再生法に基づく破綻処理
・早期健全化法に基づく資本増強
・金融破綻処理制度及び金融危機管理に関する企画・立案等
金融監督庁
・民間金融機関等に対する検査・監督
証券取引等監視委員会
・証券会社の取引の公正性に係る検査
・証券取引法等に係る犯則事件の調査
大蔵省
金融企画局
・金融制度の企画・立案等
【平成12年７月から】
総理府
金融再生委員会
事務局
・金融再生法に基づく破綻処理
・早期健全化法に基づく資本増強
・金融破綻処理制度及び金融危機管理に関する企画・立案等
金融庁
・民間金融機関等に対する検査・監督
・国内金融に関する制度の企画・立案
・民間金融機関等の国際業務に関する制度の企画・立案等
（但し，金融破綻処理制度及び金融危機管理に関する企画・立案等を除く）
証券取引等監視委員会
・証券会社の取引の公正性に係る検査
・証券取引法等に係る犯則事件の調査
大蔵省
・国の財務等に関する国の行政事務及び事業を遂行する観点から行う金融破綻処理制度及び金融危機管理に関する企画・立案等
【平成13年１月から】
内閣府
金融庁
・民間金融機関等に対する検査・監督
・国内金融に関する制度の企画・立案
・民間金融機関等の国際業務に関する制度の企画・立案等
（金融破綻処理制度及び金融危機管理に関する企画・立案等を含む）
（金融再生法に基づく破綻処理や早期健全化法に基づく資本増強については時限的な所掌事務）
証券取引等監視委員会
・証券会社の取引の公正性に係る検査
・証券取引法等に係る犯則事件の調査
財務省
・健全な財政の確保等の任務を遂行する観点から行う金融破綻処理制度及び金融危機管理に関する企画・立案等

れている。その中で、これらネットワーク部門に属する産業の連携や統合も起ころうとしている。第二の変化は、銀行中心のシステムから資本市場中心のシステムへと変化していることである。これは、第二節で触れたように、日本経済が、その発展段階の転換から迫られている市場型システムへの変化の一環である。

このどちらか一つだけでも大変な変化であるが、日本の金融システムは両方を同時に乗り切らなければならない状況にある。第一節中「新しい金融の枠組み」で述べたように、この一、二年ようやく金融再編の気運が高まってきているが、量のみならずオーバー・バンキングの解消など質の向上につながるにはいまだ多くの課題が残されている。

言ってみれば、日本の金融界はムラ社会から都会型社会への移行期に突入している。ここで都会と言っているのは、出入り自由で、隣人の顔もわからない社会を言っている。このような社会で秩序を保つのは容易ではない。このため、金融庁の機能のうち①の機能を今後とも大幅に拡充する必要がある。そのためのコストを国民が負担する覚悟ができているかが本当に問われる時代となるであろう。

ただしこの点に関し、秩序の確保は〝金融警察〟の強化だけで行うことの限界も認識しておく必要がある。秩序確保の最終的な手段で、かつ、最も強力なものは、利用者である顧客の金融に対する〝信頼〟である。〝信頼〟の確保のためには、「コンプライアンス・プログラム」や「ピア・レビュー」などのソフトな手段の併用を考えていくべきであろう。

また、金融庁の機能のうち、②と③を遂行するためにおかれている総務企画局の機能をフルに発揮することが求められるであろう。総務企画局には、以下の七つのセクションがおかれている。

総務課：総合調整、総務、人事など
政策課：基本的かつ総合的な政策の策定、政策評価、広報など
国際課：国際関係事務
企画課：金融制度の企画・立案の総括など
市場課：証券市場その他の金融市場に関する制度の企画・立案など
企業開示参事官：企業会計基準及び監査基準の設定、証券取引にかかる開示制度及び公認会計士制度の企画・立案など
信用課：銀行業、保険等に関する制度の企画・立案など

「ＩＴ革命」の中で金融システムの変革は加速度的にそのスピードを増している。これら七つのセクションに対しては、金融システムの大変革の中でスピード感のある絶妙な舵取りを期待したい。

四　金融の生活者主権の確立と今後の課題

究極の目的は何か？

こうして九八年六月に始まった金融システム改革は、①環境変化に対応した制度、②一流の心構えと技を持った金融機関、③〝尊厳〟と〝親しみ〟のある中央銀行、④的確なルール設定と検査と監督、⑤試合を〝楽しむ〟ことができるユーザー、投資家、という五つの構成要素からなる新しい金融の枠組みへと変貌しつつある。その中で二〇〇一年四月からの「日本版金融サービス法」の施行は大きな意義を有するものであるが、全体のプロセスはそれで完了したわけではない。「金融の生活者主権の確立」が達成されて初めて、全体のプロセスが完了する。

どんなに「金融の自由化」が行なわれても、「資源の最適配分」を阻害する要因が取り除かれなければ、「資源の最適配分」は実現しない。「資源の最適配分」を阻害する要因とは、消費者や生活者のニーズが正確にマーケットに反映されないことである。消費者や生活者のニーズが正確にマーケットに反映され、マーケット・メカニズムが正常に機能するためには、マーケットが透明で信頼されるものでなくてはならない。そのためには、ディスクロージャー、公正取引ルール、価格形成機能に関するルールなどが必要になる。また、金融サービスのマーケット、特にリテイル・マーケットでの透明性・信頼性が重要で、販売・勧誘におけるディスクロージャーや説明義務、「コンプライアンス」などが求められる。

このように考えてくると、金融サービス法の究極の目的は、消費者や生活者のため、金融サービスのマーケットの透明性・信頼性を確保することであることが明らかになってくる。すなわち、金融サービス法の究極の理念としては、「金融の民主化」ないし「金融の生活者主権の確立」が掲げられなければならない。平たく言えば、「消費者や生活者の利益があってこそ、業界の利益もある」というスタンスである。

アメリカの経験に学ぶ

この「金融の生活者主権の確立」のためには、消費者や生活者に対する教育の充実などをはじめとして各種のプログラムが実施される必要があるが、日本でまだ手付かずの状態で残されているのが、ユーザーや投資家と専門家との法的関係をいかに構築するかという問題である。

前述のように、「日本版金融ビッグバン」が進行する中、金融サービスはますます専門性が高まり、複雑でわかりにくくなっているため、「金融の生活者主権の確立」といっても、情報や知識などの点で業者に比して弱い立場にある一般の消費者や生活者を主役としてシステムを構築することは、非常に難しい課題である。金融サービス法で、一定の重要な情報を提供する説明義務を業者に課すとともに、それに違反した場合の損害賠償責任が生じる要件等をあらかじめ明確にしておくことは、大きな前進であるが、これはユーザーや投資家と専門家とのすべての法的関係を規律するものではない。

この点アメリカでは、三〇年代ルーズベルト大統領が行った「体制の変革」や、その後の七四年に制定された「従業員退職所得保障法」（ＥＲＩＳＡ法）や判例法上確立されたいわゆる「プルーデントマン・ルール」（prudent man rule）に基づく「信託」（フィデューシャリー）の関係が確立している。

アメリカにおいては、二九年一〇月ウォール街の金融恐慌が発生し、世界大恐慌へと拡大していったが、アメリカにおいて金融システムの再編に取り組んだのは、ルーズベルト大統領である。ルーズベルト大統領は、三三年大統領に就任すると、いわゆる〝最初の一〇〇日間〟に銀行法を定めて長短金融の分離を行い、ついで三三年証券取引法の制定、三四年証券取引所法の制定、連邦証券取引委員会（ＳＥＣ）の設置、三五年電力持ち株会社規制のためのパブリック・ユーティリティ・ホールディング・カンパニー法の制定、三八年会社更生計画等を対象としたチャンドラー法の制定、三九年社債信託法の制定、四〇年投資会社法、投資顧問法の制定など、金融法規を矢継ぎ早に成立させた。

これが「体制の変革」と呼ばれる金融の制度改革であるが、その基本理念は金融を一部の投資家やバンカーが参加する〝投機（スペキュレーション）の場〟ではなく、一般市民全員が参加する〝ファンダメンタル投資の場〟につくりかえようとするものであった。

「体制の変革」の中核は三三年に制定された証券取引法であるが、この法律は連邦政府がなすべきことは「市民が自分のリスクにおいて健全な判断ができるのに必要にして十分な情報が提供される体制を確立することである」(ルーズベルト)との考え方で立法されたものであり、同法は別名〝ディスクロージャー法〟と呼ばれている。株式市場を国民全員が参加する〝ファンダメンタル投資の場〟とするとの前提の上で、ルーズベルト大統領は証券会社等の役割を位置づけた。証券取引法の制定を議会に要請した要請文の中で、彼は以下のように述べている。

「われわれが求めているもの、それは古来からの真理に戻ろうということです。その真理とはなにか。要するに、他人のお金、国民のお金を扱ったり利用する立場にある人、バンカーや企業の経営者は、基本的には他人のために行動している『トラスティー』(受託者)の立場にあるということを確認しよう」

この「トラスティー」は「フィデューシャリー」ともいわれ、後述するように、その後受託者の義務内容が成文法や判例法によって具体化されることになるが、このような①ディスクロージャー、②一般市民全員の参加、③市民からお金を預かる受託者の受託義務、の組み合わせにより、市場を健全なものに育てていこうというのが、ルーズベルトの「体制の変革」の基本的考え方であり、アメリカの市場経済化の基盤をつくった。

「効率的市場」構築への努力

その後のアメリカ市場の動向をみると、〝健全な市場〟の育成という課題が長期間にわたり不断の努力を要する難しい課題であることがわかる。第二次世界大戦後、西側諸国をリードする覇権国となったアメリカは、七〇年代以降、経済的繁栄に伴う調整が本格化した。七一年のニクソンショックに象徴されるドル危機、八〇年代の中南米に対する累積債務問題、八〇年代から九〇年代初めにかけてのS&L(アメリカの中小預金貸付け機関)の経営破綻、九〇年代初めにおけるコンチネンタル・イリノイやシティ・コープなどの大銀行の経営悪化を経て、調整が終了したのは九〇年代に入ってからである。

このような調整を経て登場してきたアメリカの株式市場は、〝投機(スペキュレーション)の場〟ではなく、一般市民全員が受託義務を負った投資専門家の支援の下に自由に参加する〝ファンダメンタル投資の場〟に変貌してきている。

本来資本主義的市場経済の下では、いかなる事業も結果についての保証はなく、新製品・新サービスの提供という新しい価値創造活動は何らかのリスクを伴う。企業の新しい価値創造プロセスは、まずリスク資本の投入をもって始まるのである。そして何がしかのリスク資本の調達ができてはじめて、借り入れすなわち負債資本も正常な形で調達でき大規模な事業活動が可能となる。この場合において貴重な資本を浪費したり投機的に乱用したりするのを防止するためには、有限の資本を極力効率的に活用し、付加価値を最大化する努力を企業家に対して不断に迫る仕組みが必要になる。それがディシプリン（節度）を持った市場である。

このディシプリンを持った市場を成立させるためには、透明なルールと企業のディスクロージャー、ルール違反に対する厳しい制裁、当局による市場の監督等が必要である。図表2はこのような資本主義の下における価値創造プロセスを示している。この図表2が示すように、資本主義がディシプリンをもってその本来の機能である価値創造を果たすためには、企業による価値創造過程とその過程を適切な株式価格の形成という価格づけによって常に評価する市場の二つの要素が必要不可欠である。

このように株式市場は、個々の企業に経済的価値の創造を委ねる資本主義的市場経済における価値創造に関する裁判所としての機能を有している。いわば、投資家全員が裁判官となって、毎日全員で企業のパフォーマンスを評価し、企業の価値創造能力に関する判決を下しているのである。

歴史的にみれば、アメリカの株式市場における価格形成に関しては、相異なる二つの考え方があった。一つの考え方は、株式も債券と同様に株主に帰属する期待キャッシュフローがあり、債券ほど確実性はなく満期がないために不確実性は高いが、やはり何らかの適正な推定価値（ファンダメンタル価値）があるとするものである。もう一つの考え方は、株価はもっぱら市場参加者のその時々の群集心理の反映と考えるものであり、その典型はケインズの「美人投票」の考え方である。「美人投票」というのは、もっぱら他人が誰を美人として投票するかを予測して自らの行動を決定するというものである。

これら二つの立場は現在でもそれぞれ根強い支持者があり、アメリカの株式市場は、まさにこの二つの考え方の攻めぎ合いの中で発展してきた。そして三〇年代におけるルーズベルトの「体制の変革」以降市場環境が整備されるに伴って、ファンダメンタル価値にもとづく株価形成が主流になってきた。そして、「現代ポートフォリオ理論」によれば、株価がおおむねファンダメンタル価値を反映して形成されるような市場こそ望ましい市場であり、そのような市場は「効率的市場」(Efficient Market)と呼ばれている。

「効率的市場」においては、すべての株式の価格はその投資価値に収斂する。仮に一時的に市場で価格が投資価値からかい離する事態が発生しても、無数の証券アナリストや投資家が絶えず市場を観察しているために速やかに裁定行為がおこり、非効率を解消してしまう。このように「効率的市場」の実現のためには、専門的知識を持ち市場の一時的非効率を発見して裁定行為をおこす専門家の登場が必要である。

アメリカの株式市場においては、六〇年代以降、一般市民からお金を預かり投資する機関投資家がこうした専門家としての役割を果たしている。アメリカにおいては、六〇年代以降、株式市場の質的変容が進んだ。五〇年代に登場した投資信託が六〇年代に入って本格的な伸びを示すとともに、六〇年代を通じて企業年金が着実に拡大を続け、投資信託と企業年金を中心とする機関投資家が株価形成の中心となり、株式売買シェアは六〇年代末には三分の二を占めるにいたった。これらの機関投資家は投資家である一般市民の代理人としての受託義務を負い、職業的にその資産の効率的な運用を請け負っている専門家である。

「プルーデントマン・ルール」の確立とその後の展開

七〇年代に入ってこのような動きを加速したのは、七四年の「従業員退職所得保障法」（ＥＲＩＳＡ法）の制定である。この法律は企業年金の運用ルールを規定したものであるが、その運用にあたっては、現代ポートフォリオ理論を実践に移していくことになった。法律上、分散投資によるリスク管理が義務づけられたほか、ＥＲＩＳＡ法によって企業年金の運用を受託するものは、判例法上確立されたいわゆる「プルーデントマン・ルール」にもとづく善管注意義務に加えて、受託者の忠実義務を果たさなければならないとされた。

「プルーデントマン・ルール」においては、運用者は、同じような能力、資格を持って年金資産の管理に慣れ精通している人と、同じような運用をしなければならないとされている。これは平均的な慎重さを超えた慎重さを運用者に要求するものであり、運用者は、その時に利用可能な最も進んだ考え方やテクニックを用いて、長期的に最も望ましい運用を行う義務があるとされている。ただし最近では、「プルーデント・インヴェスター・ルール」（prudent investor rule）に象徴されるように、善管注意義務の場面では、アメリカにおける信託法の改正の方向は、運用者の合理的な裁量を容認する方向に進んでいる。これまで厳しく言われてきた自己執行義務も、第三者への委任やアウトソーシングが合理的であれば、むしろ積極的に推奨されるようになっている。

他方、忠実義務については、強化される方向にあり、運用者が利得を得た場合、その利得を吐き出させる救済を用意することによって、自らの利益を図る行動に出ることへのディスインセンティブとしている（なお、利得の吐き出し以外の損害賠償については、契約法上の損害賠償ルールと足並みをそろえる傾向にある）。

ルーズベルトの「体制の変革」の基本的なねらいの中に「他人のお金、国民のお金を扱ったり利用する立場にある人、バンカーや企業の経営者は、基本的には他人のために行動している『トラスティー』（受託者）の立場にあるということを確認しよう」という「トラスティー」や「フィデューシャリー」の発想があったことを前述したが、こうした内容を持つＥＲＩＳＡ法の制定とその後の運用により、「体制の変革」が目指した世界が確立されたものと考えることができよう。

四　金融の生活者主権の確立と今後の課題

このようなアメリカの資本主義の発達をＰ・ドラッカー〔一九九三〕は「年金基金資本主義」と称し、「年金基金資本主義は、かつての資本主義と似ても似つかないものとなる」としているが、それは単に企業の株式保有のかなりの部分が従業員の年金によって行われているという量的側面だけでなく、株式市場の「効率的市場」への脱皮という質的転換を伴ったものであることに留意する必要がある。

しかもアメリカにおける資産運用は、最近新たな展開を見せている。それは、このような「効率的市場」の確立を前提に、従来プロの手に委ねられてきた年金運用に関する基本的な意思決定を、もう一度一人一人の市民の手に取り戻そうという動きが出てきていることである。

個人年金に関するＩＲＡ（個人退職金口座）の普及と企業年金の確定給付型（将来の給付額が報酬や勤続年数などにより前もって定められており、それをまかなうのに必要な拠出金が年金数理計算にもとづいて積み立てられていくタイプの年金。日本の企業年金はこの方式）から確定拠出型（従業員や企業が拠出した金額とその運用収益にもとづいて将来の給付額が決定されるタイプの年金。アメリカでは、別名四〇一（ｋ）プランと呼ばれる）への移行がそれを代表している。

前者はＥＲＩＳＡ法により創設された勤労者のための個人年金制度であり、アメリカの場合、公的年金と企業年金だけでは勤労者の最終五年平均所得の五〇―六〇％をカバーするにすぎないことから、アメリカ政府が税制上の優遇措置を設けて普及させているものである。後者に対しても税制上の優遇措置が設けられており、加入者ごとに個別の口座が設けられ従業員自ら適切な資産運用をすることを可能としている。これらはいずれも、「効率的市場」の確立を前提に、株式市場における資産運用をオープンなものとして、一般市民に対してできる限り自由な資産運用を保障しようという試みであるといえよう。

このようなアメリカにおける「信託」（フィデューシャリー）の確立の軌跡を振り返ると、「信託」

（フィデューシャリー）は決して専門家の地位を保全するためのものではなく、そのような専門家の登場を容認せざるをえない状況を前提に、あくまでも一般市民の利益を保全することを目的として構築された法的関係であることがわかる。これこそ「金融の生活者主権の確立」と呼べるものである。

日本における課題――「信託」（フィデューシャリー）

アメリカにおける「信託」（フィデューシャリー）の法的関係が構築される過程は、並大抵の努力ではない。そこに基本としてあるのは、「金融の生活者主権の確立」のため、①ディスクロージャー、②一般市民全員の参加、③市民からお金を預かる受託者の受託義務、の組み合わせにより、ディシプリンのある「効率的市場」を育てていこうという姿勢である。

これがルーズベルト大統領が三〇年代に取り組んだ「体制の変革」の基本的考え方であり、アメリカでは、六〇年以上におよぶ年月をかけて、成文法のみならず判例法の積み重ねが行われてきた。その点から見れば、日本においては、ようやく二〇〇一年四月より「日本版金融サービス法」が施行されようとしている段階であり、「日本版の体制の変革」はまさにこれからである。

しかも、「日本版金融サービス法」の中核である「コンプライアンス」の運用もこれからであり、イギリスのような「ベスト・アドバイス業務」の考え方や「ファクト・ファインド・フォーム」の運用は、今後具体化が図られていかなければならない。さらに、「日本版金融サービス法」の中には、「信託」（フィデューシャリー）についてはまったく触れられていない。この点については、司法界を含めた大きな体制の整備が必要であろう。

五　「信託」（フィデューシャリー）の意味するもの――金融以外の分野へのインプリケーション

この「信託」（フィデューシャリー）の問題が意味するところは、単に金融の分野のみにとどまらない。現代社会で一般市民と専門家との法的関係が問題になる場面は、他に、患者へのカルテ開示が問題になっている医師、依頼人の財産を預かった弁護士、下請け業者に渡すべき金銭を預かった元請け業者など数多くある。

このような法的関係について、最近岩井克人［一九九八］は、近代市民社会は「身分から契約へ」（一九世紀イギリスの法制史家ヘンリー・メインの言葉）からではなく、正確には「身分から契約と信任へ」であると指摘して論議を呼ぶようになった。岩井は、複雑な現代社会の人的関係をすべて契約関係で律することには無理があり、当事者の間に知識や能力に大きな差があると、包括的な契約は結んでも細部は相手に委ねるという信任関係がはいり込むことになる、信託を受けたものは、その代わり法的な義務を負うことになると指摘している。

樋口範雄［一九九九］によると、この「信託」（フィデューシャリー）の法的性格についてはアメリカでも議論があるところであり、契約関係に他ならないという学説（イェール大学ラングバイン教授）と契約か信認かを分けることはあまり意義はなく、特別の効果が認められるのであれば、それを契約Ⅱと呼ぼうが、信認関係と呼ぼうがレッテルにはこだわらないという学説（ボストン大学フランケル教授）があるが、樋口はいずれにしても特別の効果の中身を問題にすべく、「信託」（フィデューシャリー）の内容の分野ごとに検討していく必要があるという立場をとっている。

日本では契約法の法理が一般的であり、「信託」（フィデューシャリー）の法理に関する本格的な議論はこれからという段階であるが、金融以外の分野においても、以下のようなケースにおいて契約法の限界が露呈してくるものと考えられ、今後司法界を含めて本格的な論議が高まることを期待したい。

患者へのカルテ開示

最近、「インフォームド・コンセント」ということがよく医療の世界で言われるようになっているが、医師に対して患者へのカルテ開示を義務づけるかどうかについては、日本ではようやく議論が始まったばかりの段階である。

しかしながら、歴史的に「信託」（フィデューシャリー）の法理が発展してきた英米法の国では、最高裁判所の判決においても議論されるようになっており、その議論のポイントは、医師と患者の関係を「信託」（フィデューシャリー）の関係として捉えることができるかどうかである。その関係を契約関係と捉えると、医師にそのような情報開示義務が発生すると構成することができないことから、情報開示義務を肯定する立場からは、この「信託」（フィデューシャリー）の法理が援用されるようになっている。

この点に関する見解は、英米法の国においても統一されていない。九二年のカナダ最高裁判所は、医師と患者の関係を「信託」（フィデューシャリー）の関係として捉えることができると判決したのに対して、九六年のオーストラリアの最高裁判所は、「信託」（フィデューシャリー）の関係として捉えることはできないとして、患者のカルテ請求権を認めなかった。

この問題は、単に患者へのカルテ開示の問題にとどまらない。例えば、医師が患者のために診断、治療をするのではなく、研究のために治療を利用したらどうなるであろうか？　この問題は、医師に「信託」（フィデューシャリー）の法理にもとづく忠実義務を認めることができるかどうかという問題である。忠実義務が認められるとすると、たとえ患者に損害がなくとも、医師の利益は不当なものとされその吐き出しが命じられる。

そもそも以上の情報開示義務や忠実義務を巡る問題は、「医療は患者のものか、医師のものか」という根本的な問題にまでさかのぼるものである。今、世界的な潮流として「医療は患者のものである」という発想から、医療のあり方は根本から見直しをされようとしている。このことは日本においても例外ではない。いずれ、医療における「信託」（フィデューシャリー）の法理の援用について、その必要性が論議されよう。

まちづくりにおける市民と専門家との関係

「信託」（フィデューシャリー）の法理の援用については、近い将来、まちづくりにおいてもその必要性が論議されよう。

従来まちづくりは、専門性の高いものとして都市計画家、建築家などの専門家の役割が重要視されていたが、近年都市のマスタープランなどの策定過程において積極的な市民参加を認めようという動きが顕著である。アメリカでは八〇年代にこのような動きが進んだが、日本においてもこの二、三年の都市計画法の改正などにおいては、この考え方が取り入れられるようになっている。

そこで問題となってくるのが、まちづくりにおける市民と専門家との法的関係である。アメリカでは、公共信託の考え方が「石油汚染防止法」（Oil Pollution Control Act）をはじめとして法律により各種の分野に適用されている。

宇沢弘文［一九九五］は、社会の稀少資源を私的資本と社会的共通資本の二つのカテゴリーに分類して、社会的共通資本の管理に当たっては、「信託」（フィデューシャリー）の法理が援用されうるとしている。このうち私的資本とは、個々の経済主体が自由に使用ないし交換を決定し、財・サービスは市場を通じて取引されるものである。これに対して、社会的共通資本は、原則として私有が認められず、そこから生み出される財・サービスは、何らかの社会的基準にもとづいて各経済主体の間に配分されるものと定義される。

社会的共通資本は、具体的には、①自然環境（森林、河川、湖沼、海洋、水、土壌、大気など、人間の生存のみならず人々の社会的、経済的、文化的活動のために重要な機能を果たしている自然）、②社会的インフラストラクチャー（道路、橋、鉄道、上下水道、電力ガスなど）、③制度資本（教育、医療、金融、司法、行政などの制度）の三つに類型化されている。

この社会的共通資本について宇沢は、社会的共通資本は独立した機構によって、独立した基準にもとづいて管理されると主張している。各機構は、社会的共通資本の管理を社会から信託されているものであって、その管理・運営に際して細心の注意を払い管理責任を負わなければならない。宇沢はその管理責任については、「信託」（フィデューシャリー）という概念が適用されるとして、以下のように述べている。

「フィデューシャリーというとき、それは、たんなる信託の概念を超えて、社会的、倫理的な観点から厳しい管理責任が要請される。社会的共通資本はいずれ、国民一人一人にとって、その市民的権利の充足に関して重要な関わりを持つサービスを生み出すものであって、このような『大切な財産』を預かり、管理を委任されているからである」

現在各地で環境保護活動や市民活動が盛んになっており、まちづくりへの市民参加が拡大していこうとしている。それにつれて、社会的共通資本を大事にしながら適切な組織がまちづくりを営んでいくようになり、市民参加の下での社会的共通資本の管理のあり方が問題となるであろう。二一世紀においては、まちづくりにおける市民と専門家との法的関係について、専門家の情報開示義務や忠実義務を巡る問題がクローズアップされることとなろう。

〈参考文献〉

岩井克人「身分から契約と〝信認〟へ」『日本経済新聞』「経済教室」一九九八年一月一日
宇沢弘文『二〇世紀を超えて』岩波書店、一九九五年
牛越博文『日本版金融サービス法』日本経済新聞社、二〇〇〇年
太田弘子『リスクの経済学：日本経済不確実への挑戦』東洋経済新報社、一九九五年
金融再生研究会『金融監督庁』宝島社新書、一九九九年
西村吉正『金融行政の敗因』文芸春秋、一九九九年
野口悠紀夫『一九四〇年体制：さらば戦時経済』日本経済新聞社、一九九五年
樋口範雄『フィデューシャリー「信認」の時代：信託と契約』有斐閣、一九九九年
P・ドラッカー（上田惇夫他訳）『ポスト資本主義社会』ダイヤモンド社、一九九三年

第三章　企業はルール化を望むのか――市場経済における弁護士の役割

前田　博

一　はじめに――弁護士にとっての一九九〇年代

日本での一般的な弁護士像は、依頼者を代理して法廷で弁論をしている姿だろう。しかし、英米では伝統的に弁護士の業務が必ずしも法廷活動に限られていた訳ではない。英国では法廷弁護士と事務弁護士の区別が存在しており、シティーでの取引を支えているのは、法廷に出ず、契約書の作成等相談業務のみを行なう一〇〇〇人以上もの事務弁護士を抱える巨大事務所である。また契約社会のアメリカでは、法廷外の業務、とりわけ取引を中心とした企業法務を手掛ける弁護士の数の方が法廷業務に専従する弁護士の数を上回る。クリントン大統領を始め、多くの高級官僚や国会議員が法曹資格の持ち主であることはよく知られているが、この大統領の顧問格である国務長官には、大法律事務所のパートナー出身者が数多く見受けられる。

日本にも、専ら法廷外の業務に従事する渉外弁護士と呼ばれる弁護士がいる。渉外弁護士の起源は、弁護士業務が専ら法廷における弁護活動とされていた時代に、極東裁判以降日本に在住していたアメリカの法曹資格を有する準会員弁護士に遡るとされている。当初は日本に進出した外国企業やその駐在員に対する、例えば許認可の取得等のために役所に提出する書類の作成や翻訳、通訳等の法務サービスの提供が渉外弁護士の主な業務とされていたが、最近では、日本企業のために、複雑な取引にかかる契約書の作成や法律相談を行なっている。ところで、このような経緯から、弁護士でありながら法廷活動を通じた人権擁護に関わらないことから、渉外弁護士は長年その資格にふさわしい業務に従事していないとの批判に晒され続けてきた。

従来経験したことのない速度で急速に社会が変化したこの一〇年間に、弁護士の業務が法廷での活動から法廷外の業務へ飛躍的に拡大したことから、渉外弁護士にとり、過去これほど面白い時代はなかったと言うことができる。このような法廷外の法務サービスに対する需要の増加を反映し、司法制度改革に関する国会での議論においても「社会の複雑多様化、国際化等、社会の様々な変化に伴い司法の役割はより一層重要なものになると考えられ、司法の機能を社会のニーズに合致するよう改革すると共に、その充実強化を図っていくことが不可欠である」と指摘されている。渉外業務に携わっている筆者自身の感想を述べれば、法廷活動以外の分野においても、弁護士は法律の専門家として、十分にその資格に相応の責務を果たすことができるとともに、その必要性が今後一層高まるものと考えている。

このような観点から、以下において、日本の今後に大きな影響を与えると思われる、最近一、二年の間に取引社会に生じた大きな変化について述べてみたい。

二　企業は契約書を必要としているのか

書面による取極めの重要性

契約社会といわれる英米と比べ、日本では契約書に対する認識が低いとされてきた。その例として、しばしば外国での取引で用いられる契約書が分厚く、詳細かつ複雑なのに対し、伝統的な日本の契約書が一枚紙の簡単なものであることが挙げられる。しかし、これを以って日本人の契約観念の乏しさや、日本の弁護士に契約書作成能力の低さの証左とするのは誤りである。そもそも従来の取引慣行のなかで、厚さを競うような契約書の作成に何ら経済合理性を見出さなかったから、日本の企業が国内取引で契約書の作成に熱心ではなかった、と推測する方が合理的だからである。

長期間継続する契約は、一般に将来の企業活動を規制し、経営の自由を制肘することになるので、難しい契約だとされている。そこで、これを例に、契約書の構造を説明してみよう。大雑把に言って、長期契約は三つの部分から構成されている。第一は、取引の目的、その経済的条件を定める部分。提携契約における提携の目的、範囲、期間等であり、融資契約における融資金額、金利、期間等がこれである。第二は、当事者の権利保護の部分。例えば契約発効の前提条件、契約をする前提となった事実が真実であることの表明・保証、契約期間中の当事者の行なうべきことを定めたさまざまの約束、期限の利益喪失事由等がこれにあたる。第三は、通知方法や準拠法等契約の管理に必要な事項を定めた部分である。ところで、伝統的な取引分野では、第二の部分につき必要かつ十分な内容を持った商慣習が存在しており、その部分を詳細に定めた契約書がなくても経済的条件を含む取引の要点のみを規定した契約書があれば、当事者の権利保護に欠けることはない。

このように、商慣習が確立された分野では、契約書が必ずしも当事者間の合意を全て規定している必要性がある訳ではない。とはいうものの、これが、契約についての後進国として外国からしばしば非難されている理由でもある。法令その他一般に入手可能な情報だけでは複雑な規制や取引慣行が理解できないうえに、契約書が当事者の合意を全て規定していないことから、事情の判らない外国企業の参入を不当に妨げる非関税障壁となっているというのだ。これらは外国企業のみならず、長年にわたり新規事業者の市場参入を阻み、競争を阻害してきた要因でもある。今後日本市場が大きく変化しないというならともかく、市場経済を標榜し、投資環境を整備することにより国内市場に外国人と外国資本が参入することを歓迎すべき時代が既に始まっているなかで、従来通り商慣習に依存し続けることは単に不適切であるに止まらず、そもそも不可能である。

銀行取引における「黙示の契約」

経済活動の自由を最大限確保することが市場参加者に共通の利益であるところ、その確保のために必要な詳細な取極めを規定した契約書を作成し、当事者の予見可能性を高めるべき必要性があることに、一般論として議論の余地はないだろう。新規参入者にとっては不親切な商慣習に委ねるより、当事者間の取極めを全て記載した詳細な契約書を作成する方が明らかに勝っている。ルールを知らなければゲームに参加できないとする以上は、「その意思と能力があれば、ルールを知ることが出来る」としなければ、新規参入者に対する取扱いとして不公正だと言うべきである。

取引の意義に比べ、書面による契約の実質的重要性が低いとされる例に、従来の企業と銀行間の取引がある。日本国内で企業が営業活動を行なうには、まずどこかの銀行で銀行口座を開設し、必要に応じ銀行から運転資金等の融資を受け、手形の振出しが出来ることが必要である。そこで、取引を希望する銀行で審査を受け、その銀行の様式による銀行取引約定書を差し入れることになる。しかし、この銀行取引約定書を文字通りに読むと、企業に信用不安に繋がるような事態が生じたときには、銀行はその裁量で期限の利益の喪失を宣言できるかのように解釈の出来る規定が存在している。つまり、銀行が銀行取引約定書のこの規定どおりに権利行使するとすれば、日本中の企業は、全て銀行に生殺与奪の権利を握られている銀行管理会社になってしまう、という笑えない話になる。

しかし、銀行取引約定書の規定をたてにとり、銀行が経営不振に陥った企業に対する過酷な取立てを行い、再建可能な企業を倒産に追いやってきたというのは必ずしも真実ではなかろう。実際のところは、本来であれば期限の利益を喪失し、倒産するような企業であっても、銀行が融資の回収を差し控えることで倒産を回避させてきたのが大方である。皮肉にも、銀行がこのような態度で債権の管理・回収に臨んでいたことが今日の銀行の不良債権問題は生じさせた遠因だと考えている。

従来の銀行取引の慣行に照らすと、銀行に著しく有利な銀行取引約定書を超えたところに、銀行の役割を定めた一種の「社会契約」なり、銀行と企業の黙示の契約なりが存在していたと解することができる。その一つとして、取引先と銀行、特にメイン・バンクと呼ばれる銀行との間には、取引先の倒産にあって、メイン・バンクは他の銀行と比べ大きな割合で損失を負担し、また取引先の保護や雇用の確保という社会的要請があれば、当該企業を最後まで支え続けることもあるという「約束」が存在していると信じられてきた。

そごう倒産劇で明らかになったこと

二〇〇〇年七月のそごうの倒産では、このメイン・バンクの「約束」が依然として存在しているかどうかが問われた。「取引先の中小企業の保護」、「取引先を含めた雇用の確保」等従前の大型倒産案件で法的手続を回避し、銀行団の債権放棄を正当化する理由として掲げられたことが本件にも妥当すると説明されていたことから、当然メイン・バンク主導の債権放棄案で合意されるものと思われていた。

しかし、その後グループ全体についての民事再生法の申立てに変更されたが、これは大きな驚きであった。法的手続への変更が唐突であったこともあるが、それ以上に申立てられたのが中小企業や個人の倒産を想定して制定され、債権者の代表としてのメイン・バンクが主導権を握れない債務者主導の手続である民事再生法に基づくものであったからだ。そごうの借入金が多額であることや複雑なグループ間取引に照らし、仮に法的手続を開始するとしても、当然債権者主導で債務者の経営陣や株主の責任を明確にすることの出来る会社更生法によるものと考えられていた。

そごう倒産の顛末は、メイン・バンクの役割が終わったという重大なメッセージである。今回の倒産劇においては、メイン・バンクが、取引先企業の倒産に対しメイン・バンクが果たすものと従来信じられてきた事実上の無限責任、少なくとも他の債務者より大きな割合で損失を負担することをやめると事実上宣言したに等しい。確かに、融資銀行団が株主以上の損失を負担し、さらにメイン・バンクが他の銀行より多額の損失を負担することに何らの経済的合理性もない以上、公的資金を受け入れた銀行が正当な理由もなく今後このような過大な責任を引き受けることは出来ないということだろう。しかし、メイン・バンクがその融資先の倒産における最大の損失の負担者であったが故に可能であった融資先に対する影響力の行使、つまりメイン・バンクとして融資先の中枢に人を派遣し、経営を監視し、場合によっては経営者を更迭することが、今後急速に難しくなることは避けられなくなるであろう。メイン・バンクにはその一存で経営不振に陥った取引先を救済するか否かを事実上決めるだけの実力があると信じさせることにより、長年にわたり、銀行と企業との間で取引が積み重ねられてきた。しかし、このような特別な関係は、メイン・バンクにもはやそれだけの実力のないことが明らかになったことから、長い将来にわたり維持し続けることは、もはや困難であろう。その結果、銀行と企業との関係も、今後は契約で規定されたごく普通の関係に移っていくであろう。

三　暗黙の了解の通じない時代の到来

新規参入者には通用しない仲間内だけのルール

そごうの倒産では、金融機関の債権放棄による救済は、世論の反感を買っていた旧経営者の責任を追及せず、株主も損失を負担せず、また、公的資金を受けた以上国民に対する説明責任を負っている銀行もその責任を果たしていないとして、著しく評判が悪かった。更に、外資系銀行が債権放棄に難色を示しており、解決に時間がかかるおそれがあったということから、急遽会社が民事再生法の手続を申請したという。民事再生法に基づく申立ての引き金を引いたのが外資系銀行であったことから、銀行界が外資系銀行というこの阿吽の呼吸の通じない異分子を抱え込んだことが明白になった。新鮮な驚きだったのは、従来であれば到底考えられなかったような細部に亘るところまで議論の俎上に載り、一般の知るところとなったことだ。

日本的慣行に従おうとしない、今や外資系銀行となった新生銀行に対し、倒産企業救済のために債権放棄に応じないのは、公的資金の投入を受けた金融機関が不当にその「社会的責任」を果たさないことを意味し、「モラル・ハザード」であるとする見解もあった。従来ならば、金融村の「掟破り」として「村八分」の脅しも効いたことであろうが、社外取締役には内外の著名人も多く就任している外資系銀行であることから、表立ってこのような脅しをかけることも出来ず、感情的な反発を示すに止まった。さらに、瑕疵担保特約上の権利を留保し、預金保険機構に対しそごう向け債権の買戻し請求をするためには法的手続を開始する以外に方法がなく、他方、債権放棄に応ずることは株主の利益を損ね、代表訴訟の対象となるのでこれを行うことは出来ないとする外資系銀行の説明に対し、正面からこれに反論するものはいなかった。

当初議論の対象とされたのが、瑕疵担保特約の当否であった。というのは、その営業を譲り受けた新生銀行にとり、債権者の債権放棄により事実上倒産した企業を支援するより、再建に反対し倒産手続を開始させた方が経済的に合理的と判断できる内容だったからである。かかる特約付の譲渡契約を締結したのでは、資金繰りに苦しむ中堅中小企業に対する貸渋り防止のために税金を投入したにもかかわらず、その目的を達成することが出来ない。そこで、国会でも既に締結された旧長銀の譲渡契約を見直し、瑕疵担保特約を解約すべしとの議論がなされたが、締結済みの契約を一方的に見直すことを求める権利はないという当然の理由で現実の動きにはならず、資本の論理が、中途半端な感情論を封じ込めることになった。

新生銀行に対し、陰に陽に圧力がかけられたであろうことは想像に難くない。新生銀行のその後の対応を見ると、そごうの件で不興を買ったことから確かに事実上今後瑕疵担保特約の履行を封じられることになったようだ。しかし依然として根深い問題を残す。というのは、瑕疵担保特約の履行は求めないまでも、今後そごうと同様の事態を迎えた場合、正面から資本の論理を述べたてる銀行は、容易に債権放棄に応ずるとも思えないからである。

瑕疵担保特約にみる問題先送りの構図

そもそも瑕疵担保特約の場合、譲渡人に債権の管理保全の手段が残されていないので、債権の劣化による損失の拡大を防止することが出来ないことから、譲渡人にとりリスクが高い損失分担の方法と言うことが出来る。ところで、このように一見して合理性を欠くと判る選択をしてしまっていることからすれば、今回の旧長銀の営業譲渡の交渉において、必ずしも経済的合理性に基づいた交渉をしていなかったのではないか、と思われるふしがある。つまり、政府側は相手方と交渉する前に四囲の情勢のもとで自らに都合の良い結論を出してしまった後で相手方との交渉に当たり、その結論を得ようとしても思惑どおりには上手くいかず、自縄自縛に陥ってしまったと思わざるを得ないのである。

資産の査定が合理的であったならば、たとえ二次損失が生じてもさしたる額にはならず、譲渡人と譲受人との間で譲渡の対象となった不良資産の減価による二次損失を分担するとしても、政治的に問題とされる程の金額にならなかったのではなかろうか。もしそうであれば、瑕疵担保特約であれ、ロス・シェアリングであれ、いずれの方法であっても大差はない。逆に査定客観性に何らかの懸念があれば、ロス・シェアリングとすることが合理的なことはいうまでもない。ところで、新聞報道によると、本件では外国投資家側がロス・シェアリングを提案し、政府側が瑕疵担保特約を主張したという。従来の日本的交渉に見られる構図と同じだとすると、この資産の査定に疑義があるから、だから（これが露呈しないことを祈って）瑕疵担保特約を選んだということになる。

外国投資家グループとの交渉が必ずしも経済合理性ではなく、日本側交渉担当者の面子をかけての交渉だったのであれば、瑕疵担保特約に落ち着いたとしても頷けなくはない。例えば、政府側と譲受人側とで譲渡対象債権の査定した金額を合意出来なかったが、何らかの理由で政府側は譲受人との交渉に合わせて譲渡価格を査定以下に引き下げることが出来なかったとしよう。他方譲受人側からすれば、政府による査定は合理性を欠き、これでは引き受けられないとしたとしよう。そこで暗礁に乗り上げた交渉を打開するために、外国投資家側は政府に対しその査定が譲渡債権の適正な時価であることを確認させ、仮に譲渡された債権の価値が査定を大きく下回った場合、査定に誤りがあったものとして一定の範囲でその損失を政府側が負担することを提案したとする。査定が正しいとしてきた政府側が今までの論理を逆手に取られた格好になり、これを受けざるを得なくなったのではなかろうか。

このように見れば、外国人投資家グループに追い込まれていった過程で、その場凌ぎにしかならない日本的解決を求めたことから、目を覆いたくなるような結果を迎えたことが良く判る。身内にしか通用しないルールによる暗黙の合意は、各関係者にとり、それぞれ都合よく解釈できる玉虫色の解決を認めてくれる。しかし、一旦その解決の前提とした事実関係に変化が生ずると直ぐに矛盾が噴出してしまう。そして、一時の解決のために弥縫策を講じようとするがもはや手遅れで、後になって振り返ってみれば、何故そのようなことをしたのか説明のつかないことになってしまう。急速な市場経済化の動きを見れば、将来を容易に予見できる時代ではないことは明白だ。もはや身内のルールに基づく暗黙の合意で問題を糊塗してしまえる時代は終わったというべきなのだろう。

説明責任を果たせない「暗黙の合意」

今回のそごうの破綻を巡る一連の事態が、二つの意味で時代の象徴であるように見えてならない。一つは、既に述べたとおり、少なくとも現象面でメイン・バンクが事実上最大の損失負担者であったことから可能であったメイン・バンクによる事実上の企業支配が終焉したことが誰の目にも明らかになったことだ。その結果、今後企業と経営者を監視するのは誰かという問題が生ずる。そして、二つ目は、銀行が倒産企業からの債権放棄の要請に応じようとすると、国民と市場に対する説明責任を負っていることが明らかになったことだ。そごうの件で、譲渡契約に付された瑕疵担保特約に基づき不良資産の買戻しを請求されると、追加的負担が増大する。このような事態になれば、新生銀行への営業譲渡が財政負担の少ない最も有利な処分だとの当初の説明は、単なる誤魔化しに過ぎなかったと言われても仕方がない。旧長銀の営業譲渡が不良資産問題の先送りではないと説明しようとすると、瑕疵担保特約を選択した理由を明らかにしなければならないことになる。

そごうの破綻でメイン・バンク主導の債権放棄案が覆されたのも、瑕疵担保特約を巡る後味の悪い結果と同様、説明責任を十分に果たしていない解決の不明瞭さに対する嫌悪感が理由であるとすれば大いに頷ける。同じように税金が投入されるとしても、銀行主導による債権放棄より民事再生法の手続の方が「手続の透明性」は高い。もはや、問題先送りにより目先の負担を先送りすることに対する国民の我慢は限界に達していると解すべきであろう。

四　ストック・オプションから見た日本企業の近未来

最近の商法改正にみる日本企業の将来像

企業法務に携わった経験に照らして日本の近未来を占うと、概ね次のようになる。即ち、資本の原理に従い、国際資本は、適地採用、適地研究開発、適地調達、適地生産、適地販売という行動をとる。経済活動から見れば、国境は生産コストの差として現れるので、経済の地球規模への拡大に伴い、国際的な市場間競争が一層厳しくなる。日本市場が「適地」として認められなければ、少子高齢化社会を迎えるなかで日本の近未来は、間違いなく陰鬱なものとなる。そこでは、国内には成長性のない、収益性の乏しい、魅力のない産業だけが残されることになる。そして、そこでは、国際的な事業展開をしている企業に就職できなかった少数の若者が働き、時代の流れに取り残された多くの老人を養っていくことになるのだろう。このような悲惨な未来を避けるために、国際資本にとり、日本が直接投資の対象として良好な、魅力的な投資環境を整えることが必要となるのであろう。

その解決のために、一連の法律改正等が行われた。まず、平成九年五月の商法改正により、ストック・オプションの導入と、報告総会・創立総会の廃止等による合併手続きの簡素化・迅速化が図られた。ついで、同年六月、長年の懸案であった独占禁止法改正により、純粋持ち株会社が解禁された。さらに、この持ち株会社制度の導入促進とともに組織再編と事業再構築に向け、平成十一年八月に成立した産業活力再生法では、通商産業大臣（現・経済産業大臣）の認可を得た株式会社について分社化手続きを簡素化し、また子会社・一部の事業の処分の支援等をすることとした。さらに、同月の商法改正により、株主総会の決議により他社を完全子会社化しまた同様に自社の完全親会社を設立することを認める株式交換制度や株式移転制度が導入された。そして、平成十二年五月の商法改正により、会社分割制度が追加されたのである。

これら一連の法律改正の目指すところは、日本企業の競争力の強化である。日本企業が国際競争に勝ち残っていくには、ハイリスクであるとしてもハイリターンを目指すとの経営方針を採らざるを得ず、同様に、経営者によるモラル・ハザードを防止しなければならない、そのために最も適切な企業統治の仕組みは株主の利益を重視する経営の確立である、そして、かかる経営方針を実践するために、まず経営陣に対し適切なインセンティブを付与できるような制度と、これを効果的且つ経済的に行なえるようにするために、組織再編と事業再構築が容易にできる制度を導入したということなのだろう。これら構造改革の進展に伴い、一九九九年後半から、市場というダイナミックな力で、社会は急速に変わってきていることが判る。

ストック・オプションのもたらしたもの

ストック・オプションは、表と裏、建前と本音が分裂していることから閉塞状況にある社会を、利潤動機で行動することが肯定される普通の社会に変える大きな契機となるように思う。従来、日本において株式会社がその株式を上場するのに、平均約六〇年を要するとされてきた。ところが、上場規則の改正により、平成一一年一一月以降東京証券取引所において赤字会社の上場が認められるようになり、新規企業による株式公開が著しく容易になった。そして、丁度その直前の平成一一年の初夏頃から、俗にIT系、ネット系と総称されるインターネットや携帯電話を利用した諸々のサービス、それらに関連したソフト開発を目的とした一群のベンチャー企業が、株式公開に向けて準備に入ろうとしていた。

こうした新興企業の特徴は、過去に何度か経験したベンチャー・ブームとは大いに異なり、その多くが「高学歴・技術系」のシリコンバレーのベンチャーを目指そうとしている。また資金調達についても、決して銀行に依存しようとしていない。不良債権の処理に追われ、銀行の信用創造機能が著しく低下していることにもよるが、そもそも融資の担保となる資産を所有していないこうしたベンチャー企業に対し、ローリスク・ローリターンを旨とする銀行がその要望に応じられる訳がないからである。

彼らベンチャー企業は、米国のベンチャー企業がエンジェルと呼ばれる個人投資家からの投資をもとに起業しているのを見てきている。そこで、彼らがプロの株主であるベンチャー・キャピタルから資金とともに様々なハンズ・オンのサポートを得つつ、他方で、場合によってはベンチャー・キャピタルから社外取締役という名の厳しいお目付け役を受け入れていることも知っている。融資するという立場から、表向きは企業経営に積極的な関与をすることを避けつつ、与信の管理・保全の観点から企業の積極的展開には消極的で、企業家の個人保証まで要求する銀行の保守的な体質よりも、ハイリスク・ハイリターンを受け入れてくれるベンチャー・キャピタルに親近感を覚えるのは、いわば当然の帰結である。

日本企業は変わることができるか

ベンチャー企業を公開させる上で、ストック・オプションが果たした役割は極めて大きい。第一に、これがごく普通のサラリーマンの欲に火をつけたことだろう。一九九九年九月頃から翌年四月半ばにかけてのネット・バブルの真っ只中に株式公開を果した企業の中には、額面五万円の株式が優に一、〇〇〇万円を超える価額で取引されたところもあった。そうした企業でストック・オプションの付与を受けていた役員・従業員には、含み益での話ではあるが、文字通り億万長者になった者が多数いる。

これを見て、従来ならば転職することなど夢想だにしないと思われたような、高給と出世が約束されていた大銀行のエリートまでもが、高給でヘッド・ハントをすることで有名な外資系金融機関からの誘いをけって、ベンチャー企業に転職していく。何十年もかけて、何十倍もの競争に勝ち残って、漸く重役の椅子を手に入れたとしても、そこで得られるものが何ほどのものなのか。それと比べると、ベンチャー企業への転職は、仕事を通して自己実現を図るという夢もあり、成功の暁にはリターンも約束されているという点で、遥かに魅力的に映ったとしても何ら不思議ではない。

ストック・オプションの功績の二つ目は、経営者のみならず従業員までもが、株価を意識した経営とは何かということを真剣に考え出したことだ。ストック・オプションを行使し、多額のキャピタル・ゲインを得ようとすれば、公開後の株価が上昇していなければならない。そこで、その付与を受けた全員が株価を上げるにはどうしたら良いかということに関心を持つようになったという。因みに、公開の基準決算期の最終日以降も上場申請の直前まで付与することの出来るストック・オプションは、自らの懐を痛めることなく利益の分配ができるので、オーナー経営者にとりこれほど便利な手段はない。オーナーがこれを乱用し、公開企業の私物化を許すことになると資本市場に汚点を残すことになりかねない。そこで、取締役に対する報酬についてと同様、一般株主の利益をないがしろにした、オーナーや経営陣に対する巨額なストック・オプションの付与という類の「お手盛り」があるのではないかと、当初非常に危惧していた。しかし、今のところ、これは杞憂に終わっている。

ストック・オプションの内容が株式公開の際に投資家に配布される目論見書に開示されることから、取締役として説明責任を果たせないような非常識なプランであれば、株価形成に重要な役割を果たす機関投資家に対する悪影響を与えることになりかねない。これを避けようとする考慮が働いたのかもしれない。それ以上、資金調達を市場に頼らざるを得ないベンチャー企業は、市場との対話について真摯なことを忘れることが出来ない。本当に小さなベンチャー企業ですら、従業員の利益でもなく、況や銀行の利益でもなく、株主の利益を重視し、市場に顔を向けた経営をすることが企業の競争力であると正面から認めている。これは、銀行との信頼関係に依存した重厚長大の企業が築き上げてきた戦後の秩序においては、革命的なことだと言うべきであろう。

五　新しい秩序を求めて

何故、コーポレート・ガバナンスを議論するのか

そもそもコーポレート・ガバナンスとは、会社を健全に経営するための会社法の基本的システムのあり方に関する議論であり、時代により社会により、多種多様な議論がありうる。因みに、従来不行跡な経営者を首にするのは銀行の役割とされてきたが、もはや最大の損失負担者ではないメイン・バンクにこれを期待するのは、無理な相談というべきであろう。そこで、企業の効率経営を追求するために、株主による会社支配の強化が望ましいとするのだ。

その実現に向けての議論は、所有と経営との分離を前提に、取締役の役割の明確化ということから始まり、取締役が株主の利益を図るための代理人であることを要求する。取締役会は、業務執行に関する意思決定をするとともに、会社を代表し、業務執行にあたる代表取締役を選任する。従来と大きく異なるのは、会議体として適当な人数まで取締役を削減し、株主の利益を代表する社外取締役を選任するとともに、兼任取締役に代えて業務の執行に責任を負う執行役員を任命することにより、経営者による業務執行に対する取締役会の業務監査機能を強化する点にある。取締役が業務執行を兼務していれば、当然その業務監査がお座なりで、形式的なものにならざるを得ない。他方、株主に対し忠

実義務を負い、業務執行に関する意思決定と業務監査を行なうべき取締役がこれを怠れば当然解任されることになり、場合によっては代表訴訟で訴えられるとするのは当然である。

平成五年の商法改正により、わずか八、二〇〇円で株主代表訴訟が提起できるようになった。その結果、日本を代表する大企業の取締役や監査役が莫大な損害賠償請求を受けたことから、大企業の役員に衝撃が走った。平成一二年九月二〇日、大和銀行ニューヨーク支店でおきた巨額損失を巡る株主代表訴訟で、大阪地裁が現・元取締役等一一名に対し、約八三〇億円の損害賠償を命ずる判決を言い渡した。こうした巨額の損害賠償の請求に対し、経済界からは、例えば損害賠償金額を報酬の二年分に限定しようとする提案がなされ、現在その方向での商法改正作業が進められているという。しかし、これでは瑕疵担保特約の愚の再現となりかねない。賠償金額の上限を一億円程度にするとすれば、悪意に満ちた背信行為であれ、度を越したハイリスク・ハイリターンの経営であれ、一旦取締役がこれを超えるような損害賠償責任を負うことになると、それ以上の損害発生を防止しようとするインセンティブが働かなくなるからである。確かに、資本市場にリスクマネーを提供している株主の利益を守るために取締役のなり手を確保することが不可欠である。そのためには、損害賠償額を限定するのではなく、取締役が何を、どの程度行えば責任を問われることがないというルールを明らかにする以外に適切な方法はないはずだ。

「総会対策」とは何であったのか

長年にわたり企業側で総会を担当する総務部、企業のために株式事務を代行する証券代行、そして企業法務に精通した商法弁護士とが、株主総会の円滑な運営のために作り上げた、通称総会対策と呼ばれる慣行がある。それは、当初招集通知の記載方法や説明責任の範囲のように商法上規定された会社側の責任や、総会運営上必要な議事進行に関する細目等会社側で熟知しておくべき事項に関する実務上のノウハウであったという。しかし、近年これがその範囲を超えて、株主による権利行使を事実上制限することになってしまっている。その行きすぎた例の一つが総会の開催時間の短縮競争であり、今一つの弊害が特殊株主による総会での発言の封じ込めを目的とした、いわゆる総会対策である。

この特殊株主は、その殆どが警察の権力を頼んででも封じ込めなければならない輩であろう。しかし、ごく普通の株主が上場企業の株主総会に行き、誤って権利行使をしようものならブラック・リストに載せられてしまうというのが現状だ。また、「総会屋に金銭を支払って手が後ろに回るくらいなら、領収書を貰って弁護士に報酬を支払った方が安くつく」と言って、総会対策のアドバイスの売込みをしている弁護士がいるという話があるくらいだ。一九七〇年代半ばまで続いた厳しい組合運動と、銀行による長期資金の配分を通した経営者に対する監視機能が時間を経るに従って低下し、それと同時に経営者のモラルの低下が始まっていった。そして、経営陣のスキャンダルを口実に総会で経営者批判を行なうとの脅しに屈した会社から金品を巻き上げようとした総会屋を退治しようとしたことが、皮肉にも会社の顧問弁護士か、社長個人のための弁護士かの区別をつけにくくさせ、経営者の質の低下に拍車をかけてしまったということになるのだろう。

株主の利益尊重の先にくるもの

株主の利益を重視することは、必ずしも企業の長期的な発展と従業員の雇用を約束するものではなく、その短期的利益を図るために、企業の資産の切売りを行なう経営者が出てくることは避けられない。株主の利益を最大にしなければならないというプレッシャーに晒された経営者は、当然収益性を見込める事業部門に積極的に投資を行ない、他方、収益が落ちた部門については追加投資をし、その収益性が向上しなければ責任者の首を挿げ替え、人員を削減し更にはかかる事業部門を売却し、撤退し、より有利な分野に経営資源を再投資することが求められるからだ。そして、経済情勢の変化に応じて事業戦略を変えられるように常に組織を柔軟に保ち、余分な取引コストをかけることなく迅速に選択と集中を実行できるようにしておくには、会社を分割し、事業部門を分社化し、これらすべてを持ち株会社のもとで子会社とし、その収益を管理し、状況に応じ不要となった子会社を売却出来るようにしておくことが不可欠となる。

選択と集中が進むと経営の不確実性が増し、信用リスクが高まり、資金を提供する手段として出資が重要性を増してくる。十分な担保がある場合を除き、優先弁済権を有するがリターンは限定され、また経営に対する関与は出来ない負債により、ハイリスク・ハイリターン型の企業に対し資金を提供しつづけることは合理的ではないからだ。同様に、株主の中でも資金の出し手に対する受託者責任を負って他人の資金を運用する機関投資家は、流動性が確保できる場合以外は、今後自らに対する資金提供者への責任を果たすべく、投資先企業の経営に積極的に関与することにより、その利益を確保しようとすることが当然予想される。

社会的強者にとり、ハイリスク・ハイリターンを是とする社会の到来ほど都合の良いことはない。こうした社会では、従業員の権利保護が極めて難しい問題となる。終身雇用を止め、企業側からの解除をより緩やかに認めれば、景気の動向にあわせ企業規模の拡大と縮小を図れるようになるからだ。ハイリターンのみを追求する企業にとっては好都合であろうが、このような企業の自由は事実上転職する自由もなく、失業することを前提とした高給を受け取っているわけでもないごく普通の従業員の犠牲の上に、そしてもしこれを税金でそのコストを負担しようとすれば国民の負担の上に、はじめて成り立つのである。このような社会では、いわゆる外部不経済やモラル・ハザードに悩まされることになる。

新しい事業モデル

ハイリターンの経営を志向する企業に対し、事実上リスク・マネーの提供を求められている銀行は、既にこの難問に直面している。既に述べているように、従来であれば、企業の中枢に人を派遣し事実上経営を監視することで、リスクを回避することができた。また、右肩上がりの時代であれば、担保物の資産価値に着目して融資を検討した。しかし、銀行は、ハイリターンを追求するリスクの高い企業に対し、十分な担保がないにもかかわらず、貸し手責任を問われる原因となるような経営への深入りは避け、また高収益を上げつつ、同時に健全経営を求められるという困難な要請に応えることを求められている。

矛盾に満ちたこうした要請に応ずる方策の一つが、ストラクチャード・ファイナンスという融資手法である。この新しい手法では、事業者の信用に依存することなく、返済の引当てとなるキャッシュフローが確保されているその子会社に対する融資と構成することで、実質上の債務者の経営リスクを回避することを目的とする。因みに、かかる金融手法では、従来のように担保物の交換価値の把握を目的とした担保権が存在せず、また実質上の債務者への請求権もない。物的担保が不足すれば、うむを言わさず社長の個人保証まで要求した従来の中小企業向けの融資からは、考えも及ばないことである。その結果として、銀行は実質上の債務者のモラル・ハザードに晒されるので、これを如何に上手く抑制するかを検討することが重要になった。

この融資では、元利金の支払いが滞った場合、当該不払いの原因となった問題のある事業の構成部分を組替えて事業自身を継続させ、キャッシュフローを回復することが可能となる仕組みを取り入れることが不可欠である。例えば、民間資金を活用した公共施設等の整備手法として最近注目されてきているＰＦＩ事業で、一般廃棄物処理場を整備しようとする場合を例に挙げてみよう。実質的に事業を推進する民間事業者は一般廃棄物処理事業だけを目的とする会社を設立し、当該子会社が一方で地方自治体の廃棄物処理を受託し、他方で金融機関から調達した資金をもとに、ボイラーを調達し、ゼネコンに建て屋を建設させ、それを専門とする会社に維持管理運営を任せることになる。銀行に対する融資の返済が滞ることがあれば、それは当該子会社と契約を結んだ地方自治体か、ボイラーのメーカーか、ゼネコンか、または運営の受託会社のいずれかが債務の履行を怠ったからである。仮に地方自治体に対し契約に従ったサービスの提供がなされていなかったことを理由に自治体から支払いを受けられず、それが銀行への返済の滞った原因であれば、不履行を犯した関係者との契約を解除し、その能力を有する新たな専門企業と契約し、サービスの提供を再開することで公共からの支払いをうけ、銀行に返済することが出来る。

事業リスクを避けるうえで重要なことは、関係当事者相互の関係が詳細な契約で規定されているとともに、事業を構成する財貨とサービスが市場で自由に調達でき、交換可能であり、検証可能な事業モデルに従い、それらが統合されていることである。

六　構造改革の一環としての司法制度改革

国内市場におけるパラダイムが競争の回避・抑制から公正な競争の促進による効率性と経済性の追求に代わった。市場原理を推進しようとすれば、行政権の裁量権の行使による事前審査型から法令に基づく事後救済型へ制度のあり方を改めなければならない。その中で、自己責任の原則に基づき、個人も企業も責任ある行動をとることが求められる。しかし、到底これに応じられる体制になっていない。

従来、銀行が企業に対し強い影響力を有していた時代には、企業にとり銀行に対する信用を維持することが重要であり、この銀行への説明にさえ留意すればこと足りた。しかし、そごうの破綻を契機としてメイン・バンク制度の維持が出来ないことが明らかとなり、今後企業は市場を相手とせざるを得なくなった。銀行との関係が一対一の個別相対の関係であるのに対し、市場との関係は多数を相手とし、公開の場での対話を必要とするので、その扱いが格段に難しくなる。

企業法務や商取引の分野で、良質の法務サービスを提供する専門家が圧倒的に不足している。コンプライアンスの強化といいつつ、衛生管理に多大な問題のあった食品会社やリコール隠しをしていた疑いのある自動車会社等最近の例でも明らかなように、企業の現状はお寒い限りだ。一旦市場を相手とすることになると、企業活動における些細な法令違反でさえ、企業の信用を失墜させ株価の暴落を引起し、経営に重大な悪影響を及ぼすこと、そして最悪の場合、株主の代表訴訟による取締役の責任追及を覚悟しておかなければならない。これを防ぐには、法令その他社内規則を遵守して企業活動が行なわれるように、日常から内部管理体制を確立しなければならない。しかし、国際展開をしている大企業ですら、その多くは日常的に生起する問題を外部の専門家に取り次ぐのがせいぜいの、僅かな人数の法務部員しか配置していないのが現実である。これでは一朝ことが起きた場合に迅速かつ適切な対応を取ることが出来ず、不必要に事態を悪化させることになる。

市場原理に支配された社会において、企業にとっては、法令や契約に従って行動することが重要である。弁護士の活躍の場が広がり、法務サービスに対する需要が増加するのは当然である。そこでは、弁護士は、ルール違反をルールに従い処罰し、またその被害者を救済するという伝統的な法廷活動にその業務範囲を限定することなく、私人間の契約を含む公正なルールの策定や契約に従った債務の履行にまで及ぶより広範な分野で、法律の専門家としての責務を果たすことを期待されているのである。そして、このような大きな役割を果たそうとするならば、法曹人口の増加は当然必要とされることになる。

このように、企業法務を含む法廷外の業務の急速な拡大に照らすと、司法制度改革を検討する上で重要なことは、伝統的な司法制度を如何に改善するのかという視点から現行制度の問題点を指摘するのではなく、そもそも司法改革を日本社会の将来に向けて今進められようとしている構造改革の一部として位置付け、社会における司法のあり方を問い直すことだと思っている。

第四章　国会における意思決定――原案不在の立法過程を問う

大山礼子

一　国会は変わったか

立法府の活性化

一九九九年の通常国会（第一四五回国会）において、今後、国会審議を大きく変貌させるかもしれない法律が制定された。「国会審議の活性化及び政治主導の政策決定システムの確立に関する法律」（いわゆる国会審議活性化法）がそれである。

この法律の要点は次のようにまとめることができる。第一に、両院に国家基本政策委員会を設置し、イギリスのクエスチョンタイムにならったとされる党首討論を実施すること、第二に、政府委員制度を廃止して、国会から官僚の答弁を排除すること、そして第三に、副大臣、大臣政務官などの政治任用ポストを増設することである。副大臣等の新設は、各省庁に複数の与党議員を送り込むことによって政策決定に対する政治家の影響力を強化するとともに、国会審議の場面では従来の政府委員に代わって副大臣が答弁に立ち、議員同士の討論を実現することを目的としている。

国会の変化は予想外のスピードで進む可能性もある。国会議員の行動様式は、国会審議活性化法の施行を待たずに変わりはじめている。とりわけ注目に値する変化は議員立法の増加だろう。戦後しばらく活発だった議員立法は、一九五五年以降、次第に低調となり、近年では法案提出件数の三割、成立件数の一割程度を占めるに過ぎなかった。しかし、九〇年代後半からは漸増傾向に転じ、とくに野党による対案提出や党派を超えたいわゆる超党派型議員立法の増加が目立ってきた。第一四五回国会では、衆議院議員から三八本、参議院議員から二二本、計六〇本の議員法案が提出され、そのうち、児童買春・ポルノ禁止法案、ダイオキシン類対策特別措置法案など一八本が成立にいたっている。このような現象は、国会議員たちが「政治主導」の実現をめざして自発的な政策立案を模索し始めたことの現れといえるだろう。

また、所属政党による党議拘束に反する投票行動、いわゆる造反投票も、与野党双方で増加している。造反の増加は直接的には政党間の合従連衡や連立の枠組み変更に起因するものと考えられるが、若手や反主流派の議員のなかには政党からの自律性を高めようとする動きもみられる。とくに与党議員の造反は、行政府主導の政策決定に対する異議申し立ての意味をもち、国会の活性化につながる要素がある。

第一四五回国会では、内閣提出法案の審議状況も一変した。日米防衛協力指針（ガイドライン）の実効化を図るための立法措置としての周辺事態法、政府の説明責任（アカウンタビリティ）を明記した情報公開法、中央省庁等改革関連法、憲法調査会設置法、国旗・国歌法、通信傍受法など、これまでには考えられなかったほど多数の重要法案が次々に、しかも野党からさほどの抵抗もないままに成立したのである。一連の立法の中身についてはむろんさまざまな批判がある。しかし、たとえば情報公開法の制定自体に正面から異を唱える者はおそらくいないだろうし（国会は情報公開法案を共産党を含む全会一致で可決した）、その他の法律についても、賛否はともかく長年の懸案がついに実現したという印象のあることは否定できない。「さまざまな意味で、日本が特異な点を改めて、「普通の国」に向かって大きく進んだのが先の通常国会の意義であった」（北岡伸一「「普通の国」の準決勝」『中央公論』一九九九年一二月号）という評価がなされたのも不思議ではなかった。

変化と停滞

官僚の裁量に多くを委ねる日本型行政手法に対して、いま内外からの異議申し立てが相次いでいる。行政の幅広い裁量を許してきた原因の少なくとも一部分は、法律の不備にあるといってよい。法化（ルール化）社会の実現のために司法に期待が集まっているが、法律そのものに抜け穴が存在するならば、司法改革だけで問題を解決できるわけではない。しかし、行政府の裁量を狭めるための法律の整備を官僚主導の立法過程に期待するのは一種の自己矛盾であって、法制度改革の実現には立法過程の改革が先決問題となる。このように考えると、立法機関としての国会の活動状況の変化、なかでも国会のアウトプットというべき法律の生産状況の変化は、立法過程を政治主導型に転換し、法化社会を実現するための第一歩として積極的にとらえることができるのではないだろうか。

だが、最近の変化がやがて国会の審議過程全般の大規模な変革につながっていくのかどうか、現時点での見通しは不透明である。あらためて第一四五回国会の成果を振り返ってみると、既得権益に大胆にメスを入れる改革はほとんど含まれていないことがわかる。極論すれば、だれの懐も痛まない改革だけが進展したのであり、利益誘導型の政策決定システムそのものが改められたわけではなかった。

日本の政治は少しも変わっていないし、これからも変わらないのではないかと考えさせる出来事も後を絶たない。一九九九年末の介護保険実施をめぐる政府・与党の迷走やペイオフ解禁一年延期決定にいたる経緯は、旧態依然たる政策決定の典型的な例といってよい。ここでは、新しく導入しようとした政策が与党内の実力者たちの異論によって大幅に軌道修正を余儀なくされ、しかも、その軌道修正は国会審議とは関わりのない舞台裏の折衝によってなされた。

実際、アウトプットには変化が見られても、国会審議の中身はそれほど変化したわけではない。政策変更を最終的に決定するのは国会だが、国会の場で法案の内容に見合うだけの議論が実施されているとはいえないのが現状である。

国会を諸外国の議会と比較してみると、国会では総論的議論はかなり活発といってよいが、個々の法案の条文に立ち入った検討作業は低調である。欧米の議会では法案の審査は各条文ごとの審議（逐条審議）によることが常識になっているが、国会には逐条審議を実施する機会は設けられていない。独立行政法人設立に関する多数の法案が一挙に可決された例にみられるように、複数法案の一括採決さえ日常化している。

こうした状況には、これまでのところほとんど変化の兆しがみられない。そればかりか、議員立法の隆盛によって、今後ますます国会審議の空洞化が進む可能性もある。議員提出法案のうち成立の可能性の高い、いわゆる超党派の法案は委員会提出の形式をとることが多く、各会派の協議が終了していることを理由に、委員会での実質的な審議は一切行われなくなってしまった。そのうえ、委員会審査抜きで本会議に送られた委員会提出法案は、委員長からの簡単な趣旨説明の後、直ちに採決に付されるのが通例で、本会議での審議の機会もないのである。

法律にこれまで以上の役割を期待するのであれば、立法過程にも関心が向くようになるのは当然の成りゆきであろう。立法によって政策の方向転換をめざすなら、なおさらのことである。審議を尽くして、政策を決定するという本来の役割を国会に期待するために、何をどのように改革すべきなのだろうか。

二　日本型立法過程のどこが問題か

立法過程の現状

日本の立法過程は官僚主導であるといわれる。そのような見方は、学界でもながらく支配的であったし、マスメディアの論調や一般国民の間ではいまなお有力といってよいだろう。たしかに立法の主流は内閣提出法案であり、国会に提出された内閣提出法案はほとんど修正を受けることもなく、そのまま議決されて法律になる。国会は法案に形式的な承認を与えるだけの「ラバースタンプ」（ゴム印）に過ぎないといわれてもしかたのない状況である。各省庁の官僚によって起草された法案がそのまま内閣提出法案として国会に提出されていると仮定するなら、日本の立法過程はまさしく官僚主導に違いない。

しかし、法案の国会提出以前まで視野に入れると、日本の立法過程のイメージはまったく異なったものになる。内閣提出法案を実際に起草するのは各省庁の中堅クラスの官僚たちだとしても、法案の核となるアイディアまで官僚から出ているとは限らない。政党の公約などに取り上げられた政治家の発想を基礎に、内閣の指示で省庁が検討を開始する政治主導型のケースも多い。さらに重要な影響力をもつのが、与党による法案の事前審査である。自民党の場合は政務調査会（「政調」）とその下に置かれている分野別の部会が省庁の起草した法案を審査するが、ここでは逐条審議に近い実質的かつ活発な議論が行われている。部会に所属する国会議員たちは、その分野の政策にくわしく、関連業界の利益を代弁するいわゆる「族議員」であって、彼らが法案の生殺与奪の権利を握っているといっても過言ではない。この段階で法案の内容が大幅に書き換えられてしまうこともめずらしくない。

ところが、活発な事前審査は逆に国会審議の形骸化を促進する要因となる。与党議員は事前に十分な発言の機会を与えられているが、与党審査の決着した時点で決着の内容にしたがって党議拘束がかけられるため、法案の国会提出後は発言を控え、ひたすら法案の無修正可決をめざす。政府・与党にとって、事前審査で解決済みの問題を国会の場で蒸し返すことは有害無益であり、法案の内容に立ち入った審議はなるべく避けた方が賢明なのである。

野党側にしてみると、最終的な決定が多数決に委ねられ、しかも逐条審議は実施されないという現状において、実質審議を回避しようとする与党（多数派）に言論で対抗するのはむずかしい。それよりも審議拒否戦術をとりつつ、裏面工作によって与党の妥協を引き出す方が自らの主張を活かす早道だと考えたとしても無理はない。議案の会期不継続原則の存在や会期そのものの短さ、二院制、常任委員会制度などの効果によって、国会の審議時間には制約があり、そのことが野党にとって与党との交渉を有利に運ぶための資源になっている。

このような日本型立法過程の枠組みは五五年体制崩壊にも揺るがなかった。連立内閣の成立後、法案をめぐる連立与党間の協議を国会審議の場に持ち出すことができれば、事前審査の慣行を打破するきっかけになるのではないかと期待された。しかし、実際には、連立各党間の交渉過程まで事前審査に取り込まれてしまい、法案は交渉決着後にようやく国会に提出されるケースがほとんどであった。

一九九七年以降は、政権党である自民党が参議院では過半数を確保できない状況（いわゆる「衆参ねじれ現象」）のもとで、参議院での法案審議開始以前に、野党の意向を取り入れて政府・与党自ら法案を修正してしまうという便法が用いられた。日本では第二院である参議院の権限が比較的強いため、内閣は参議院での多数派工作を優先せざるを得ない場合がある。しかし、それは、参議院で審議を実施し、衆議院との対立点をはっきりさせてからでも遅くないはずである。参議院の審議開始以前に妥協をはかる手法は、公開の審議の場で解決をはかるべき問題を事前の裏交渉で決着させてしまうという点で、事前審査の発展形態の一つとみなすことができるだろう。

イギリス型立法過程

国会の立法過程と諸外国のそれとは一体どこが違うのか。数字から明らかになる最も大きな違いは審議時間、とくに本会議における審議時間である。日本の本会議開会時間は衆参それぞれ年間五〇時間程度に過ぎない。ところが、イギリス議会下院では年間一二〇〇時間から一三〇〇時間、アメリカ連邦議会の上下院はそれぞれ年間千時間以上、フランス議会下院も千時間近い本会議審議を実施している。これほどの違いはどこから生じるのか。ここでは、日本と同様に議院内閣制をとり、内閣提出法案が立法の主流を占めている国の立法過程を日本と比較してみることにしよう。

まず、イギリスはどうか。近年の国会改革論議では議院内閣制下の議会のあるべき姿としてイギリスをモデルとした提案が目につくようになり（国会審議活性化法によって導入された党首討論もその成果の一つである）、イギリス議会についてマスメディアで取り上げられる機会も多くなってきた。しかし、イギリスは議院内閣制の母国ではあるが、イギリスの議会が典型的な議院内閣制下の議会であるとはいえず、その立法過程はヨーロッパの議会のなかでかなり特殊な部類に属する。

イギリスの特殊性は、内閣と与党との一体性に起因する内閣の優位にある。イギリスでは下院与党のリーダーたちがそのまま首相および主要閣僚となり、その下で一〇〇名近くの与党議員がジュニアミニスターなどの資格で内閣に参画する。下院選挙は二大政党の党首のうちどちらを首相に選ぶかという政権選択の意味を持っているため、選挙で勝利した首相の政治的リーダーシップは強力である。一般の与党議員は内閣提出法案（イギリスの場合、正確には閣僚の地位にある議員から提出される法案）への支持を事実上強制され、内閣提出法案の成立率は極めて高い。一会期中に提出された法案がすべて成立することもまれではない。内閣提出法案に対する修正のほとんどは語句の訂正など軽微なものであり、しかも内閣による自発的な修正が目立つ。イギリスの内閣は議会に譲歩しないといわれるが、議会の多数を占める与党が内閣と一体化しているため、譲歩しなければならない相手は存在しないといった方がより正確である。結果的に、現代イギリス議会は、立法機関としてはごく限られた機能しか果たしていないことになる。

では、イギリス議会の審議の目的はどこにあるのか。一言でいえば、有権者に対する政治的キャンペーンということになろう。内閣提出法案の審議は具体的で、細部にまで及ぶが、数で劣る野党が法案を修正しようとしても実現可能性はほとんどない。審議は法案修正を目的とするよりも、法案を素材にした論戦という性格が強いのである。下院のクエスチョンタイムにおける与野党党首の論戦はまさしくイギリス流審議の花形といってよい。そこでは、与党党首（首相）は政策の正当性をアピールし、野党党首は内閣＝与党の政策の欠陥をつき、ともに次期選挙に向けてのキャンペーンを展開する。イギリス議会は現在も委員会の比重が比較的低く、本会議中心の審議を維持しているが、その理由は本会議の方が与野党間の論戦の場として適しているからだろう。

ヨーロッパ大陸型立法過程

ところが、同じく議院内閣制の国でありながら、フランスやドイツなどヨーロッパ大陸の国々では内閣提出法案への議会の対応がまったく異なっている。これらの国々においても、議院内閣制の性格上、立法の主流を占めるのが内閣提出法案であることに変わりはない。しかし、イギリスとは違って、議会は内閣提出法案についても実質的な審議を行い、必要とあれば相当大幅な修正を施している。そのような議会の強さの秘密は与党会派の自律性にある。

ヨーロッパ大陸型の議院内閣制では、いったん選出された内閣は議会外の存在とみなされ、議会内の与党会派とは距離を置く。与党会派（二院制ならば、それぞれの議院における与党会派）は、内閣から独立した自前の組織をもち、野党会派と同様に国庫から会派補助を支給されて独自の活動を行う（これとは対照的に、イギリス議会の会派補助は野党のためのもので、内閣と一体とみなされる与党に対しては支給されない）。内閣提出法案が議会に提出されると、与党会派は対応を協議し、内閣に対して修正を求めていく。法案をめぐる与党会派と内閣との駆け引きは、主として委員会を舞台として展開される。

ヨーロッパ大陸型の議院内閣制においても、多数決原理にもとづいて議案の最終的な処理を決定する以上、野党主導による法案修正の実現はむずかしい。もちろん委員会では野党からも多くの修正案が提出されるが、採択にいたるのはほとんどが与党起源の修正である。野党のしどころは、与党と内閣との協議が決着をみたあとの本会議における論戦にある。本会議では、委員会における審議の概要が報告され、委員会での審議経過を検証するかたちで、再度、活発な議論が行われるが、ここで、野党は自己の主張を表明する機会を得る。ただし、それは有権者に対するアピールという意味あいが強く、必ずしも法案修正を直接の目的とするものではない。結局、内閣提出法案の高い修正率は、与党会派の自律性が保障されてはじめて可能になるのである。

ヨーロッパ大陸諸国の与党会派が内閣から距離を置き、相対的な独立性を保持している理由は、おそらく、これらの国々で連立政権が常態であったことにもとめられよう。議会内での交渉を通じて連立内閣を創出した各会派は、内閣成立後も内閣に対して発言権を留保しようとする。このことが、かつてのフランスなどでは内閣の頻繁な交代を招き、政治を不安定にする要因となった。現在では、各国がそれぞれの制度上の工夫をこらして内閣の安定化をはかっているが、それでも内閣と与党会派との相互独立という基本的な特徴は失われていない。

審議の場のずれ

それでは、日本の立法過程はイギリス型とヨーロッパ大陸型のいずれに近いと考えるべきか。すでにみたように、国会提出後の法案審議過程だけに注目すれば、内閣と与党は一体として行動しており、法案の実質的な修正はまれで、無修正で可決される確率が高い。そうすると、国会内の審議過程はイギリス型に近いように思える。しかし、国会提出にいたる前の段階では、内閣と与党との協議によって相当大幅な修正が実行されている。日本の内閣は、実際には与党に対して大いに譲歩しているのである。法案の国会提出以前のプロセスまで視野にいれるならば、日本の立法過程はイギリス型よりヨーロッパ大陸型に近いといってよい。

あらためて考えてみると、日本政治における内閣と与党との相互独立は周知の事実ではなかっただろうか。政高党低や党高政低という表現、あるいは政府と党との「二重権力」に対する批判など、すべて内閣と与党が一体でないことを前提としている。内閣のメンバーが一般の議員とは離れた席に着く議場構造もヨーロッパ大陸型といえる（イギリスの閣僚席は対面型議場の与党側最前列（フロントベンチ）である）。また、閣僚が国会に出席するのは内閣のメンバーとしてであって、議員としてではない。だからこそ、衆議院議員である閣僚が参議院でも答弁できるのである（イギリス型ならば、発言できるのはその院の議員だけである）。

もちろん日本の立法過程はヨーロッパ大陸型そのものではない。どちらも、内閣と与党との間の協議・修正過程と内閣・与党連合対野党の論戦過程という二つの部分からなるが、日本では前半の内閣と与党との協議の部分を議会外で処理している点が最大の特徴である。いわば、日本は与党審議前置型、ヨーロッパ大陸は法案提出先行型ということになる。両者を比較すると、立法過程における議会の影響力という観点からは、むしろ日本の方がヨーロッパ大陸諸国に優っていると考えられる。立法過程の早い時期に、しかも国民の監視の目を気にせずにすむ党内で交渉を実施したほうが、内閣のより柔軟な対応を引き出せるからである。

しかし、日本型立法過程には国会審議の形骸化という弊害がつきまとう。ヨーロッパ大陸の議会が委員会審議の場で実施している内閣と与党との協議は、日本では国会審議に持ち出されることはない。代わりに、国会の委員会は予算委員会の総括質疑（二〇〇〇年の通常国会から「基本的質疑」と名称を改めた）に代表される与野党の論戦の場として利用されている。これに対して、ヨーロッパでは与野党間の論戦は本会議の役割である。つまり、国会とヨーロッパ大陸諸国の議会を比較すると、審議の段階と場がずれていることになる。その結果、国会の本会議には果たすべき役割がなくなり、本会議の極端なまでの形骸化を招いてしまった。このような状況が、全体として立法過程の透明性を低下させていることはいうまでもない。

三　原案不在の政策決定

原案不在の審議

日本の立法過程をヨーロッパ大陸型の変型としてとらえるならば、なぜ日本では内閣と与党との協議を国会の場で実行できないのかが問われなければならない。この疑問を解くカギは、内閣提出法案の性格にある。

イギリス型にせよ、ヨーロッパ大陸型にせよ、議会での審議の対象になるのは内閣がその責任において提出した法案である。イギリスでは議会多数派が内閣と一体であるため、内閣提出法案はほぼ原案どおりに可決されるのに対して、ヨーロッパ大陸諸国では議会多数派によって修正が加えられるという違いがあるだけだ。ところが、日本の立法過程には、本当の意味での内閣提出法案が存在しない。

事前の与党審査で審査対象となるのは内閣提出法案ではない。与党審査は法案が閣議決定され、国会に提出される以前の段階で行われるのだから、あたりまえといえばあたりまえだが、もし、内閣が責任をもって法案を作成し、与党との協議にのぞむのであれば、それを実質的な意味での内閣提出法案とみなすことも可能である。しかし、現実には、与党審査が開始される時点での法案は、内閣あるいは首相の承認を経たものではなく、単に省庁の官僚が起草した素案にすぎない。内閣は与党審査の進行状況を見ながら、最終的な態度を決断していく場合が多いのである。

もちろん、与党審査の段階における首相の影響力はけっして小さなものではない。首相個人の政治力いかんによっては、官僚機構を思いのままに利用し、党内の異論を封じて、ワンマン型の政策決定を実行することさえ不可能ではない。しかし、それはあくまで首相個人の力量次第である。首相の意向（「官邸の意向」）も、党内実力者や各種利益団体の意向とならんで、与党審査の過程におけるインプットのひとつとして位置づけられているにすぎず、最終的に首相の意見が優先するという保障があるわけではない。

与党審査終了後、閣議決定を経て国会に提出される法案も、内閣提出法案とは名ばかりである。この時点での法案はすでに内閣と与党との協議を終了しており、内閣の政策を具体化した提案というより、多数の関係者による共同の意思決定の結果である。したがって、その内容は必ずしも首相の意向に沿うとは限らないし、まったく首相の意図しなかったものに変わっているかもしれない。連立内閣の場合には、事前の審査過程で連立各党間の交渉が行われ、その結果によって法案が修正されるため、ますます首相の思惑とかけ離れたものになる確率が高い。

本当の意味での内閣提出法案が存在しないということは、首相に原案提示権者としての地位と責任が認められていないということを意味する。二〇〇〇年二月から本格的にスタートした党首討論では、首相の「与党内の検討に委ねる」、「連立各党の協議の結果を待つ」といった趣旨の発言が目立っている。日本型政策決定の実情はまさに首相の認識どおりなのだが、それでは首相が内閣提出法案の説明責任者として与党会派との協議に応じるわけにはいかないし、また、首相と野党党首との白熱した論戦を期待できるはずもない。

コンセンサスと無責任

日本の立法過程では、表面的な印象とは異なり、与党を中心とする政治家が意外に大きな影響力を行使してきた。与党審査は官僚、国会議員、各種利益団体等が応分の発言力を持つコンセンサス形成の場であり、多元的な民主主義の実現に貢献してきたという評価も可能である。首相の独走につながるおそれがあるリーダーシップ強化よりも、国会議員がさまざまな意見の代表者として影響力を行使する現在のスタイルを維持した方がよいというのが与党議員の本音だろう。結果さえよければ、原案の責任者が不明確でも、審議が低調でも、問題はないという見方もあり得る。しかし、このような立法過程こそが、法化社会の実現を妨げてきたのではなかろうか。

第一に、従来型のコンセンサス政治は、果たして幅広い層の国民によるコンセンサス形成にむすびつくものだったろうか。現在の立法過程では国会審議よりも事前の与党審査が決定的な重要性を持つが、与党審査に関与できる者は限られている。いわば政治的既得権者（タックスイーター？）だけが影響力を行使している状態であり、身内のコンセンサス形成といってもよい。身内の交渉であれば、言葉を尽くして相手を説得する必要もないし、非公開の場での決定であるから、第三者を納得させるための説明も不要である。国会における審議の軽視は、関係者の合意が得られれば一般の有権者に説明する必要はないとする態度の現れと解釈してよかろう。

第二の問題は、したがって、立法過程における透明性の欠如ということになる。与党内の審議と国会という公開の場での審議とでは、政策決定の透明度に大きな隔たりがある。事前審査過程に関与できない一般の有権者にとっては、だれがどのようにして決定を下したのかが見えにくいため、アプローチのしようもない。最近、市民団体から、与党審査の公開を求める声が出ているという。現状ではもっともな要求ではあるが、本来、政策決定のプロセスを公開することは国会に課せられた重要な使命であるはずだ。

そして、第三の、最も大きな問題は、集団的意思決定がもたらした無責任体制ではないか。与党が政策決定を牛耳っているといっても、与党に明確な政策プログラムが存在しているわけではない。首相と党首を分離する体制（「総総分離」？）ならともかく、与党党首は首相なのだから、組織としての与党と内閣との力関係や意見の相違を云々すること自体、あまり意味がない。党高政低などといわれるときの「党」とは、一定の政策プログラムを掲げた組織としての与党ではなく、さまざまな利益を代表する個人としての与党議員の集合体にすぎないのである。

「自民党では、たとえば一度、政調の部会で決定したことでも、次の政策審議会の段階や、最後の総務会の段階でひっくり返すことができる」（栗本慎一郎『自民党の研究』一八八頁）そうだが、そうした現象が起きるのも与党内の意思決定がリーダー不在の場当たり的な過程に委ねられているからである。もっとも、与党審査の存在そのものが本来の立法手続からの逸脱であると考えれば、与党審査に手続の公正を求めても無理だろう。

議事日程の決定などで内閣が大きな権限を有するヨーロッパとくらべると、日本の内閣には法案の国会審議をリードするための手段がほとんど与えられていない。そのことが、内閣にとって事前の与党審査に頼らざるを得ない理由の一つになっていることは間違いない。しかし、それならば、首相や主要閣僚は与党審査でリーダーシップを発揮してきただろうか。リーダーシップ欠如の根本原因は政策の欠如である。与党指導者に明確な政策があるのなら、その方向にしたがって党内をまとめることが指導者としての責務となる。ところが現在の自民党には明確な政策の方向性は見出せない。近年の与党は既得権者の利害を調整し、その結論を実行する政権維持共同体でしかなくなってしまったようにみえるが、だからこそ仕切られたコンセンサス形成に力を発揮してきたといえるのかもしれない。

四　「政治主導」への期待と誤解

立法府の役割とは？

近年の議員立法への期待の高まりには、内閣提出法案の立法過程に対する不信感の表明という側面がある。だが同時に、その背景には、立法府である国会だけが一貫して立法作業を担当すべきだという認識も存在している。政治主導の実現には政治家すなわち国会議員が立法を担わなければならないという、一見もっともな主張である。マスメディアもこのような見解に同調する傾向にあり、最近の例をあげると、日本経済新聞は「司法―経済は問う」と題する連載記事のなかで、「年間一万件を超える法案を議員立法として提出する米国」とくらべ、国会は「名のみの立法府」であると批判している（二〇〇〇年三月一五日付）。

しかし、世界のどこでも、現代の議会はもはや法律の一貫生産の担い手ではあり得ない。大きな政策変更をもたらす法案を作成しようとする場合、複雑化した現代社会ではどうしても行政府のもつ情報や人的資源に頼らざるを得ない。議院内閣制の国では、重要法案を行政府が起草し、内閣の責任で議会に提出することは当然とされ、どこでも内閣提出法案が成立法案の大部分を占めている。大統領制のアメリカでも、三権分立の建て前から法案はすべて議員提出の形式をとっているものの、重要法案の多くは行政府が起草し議員に提出を依頼した実質上の政府法案である。成立する重要法案の実に八割程度は政府起源のものともいわれる。立法府としての国会の役割を考えるには、まずこの事実認識を出発点とすべきである。

とりわけ与党主導の議員立法の増加は、手放しで歓迎するわけにはいかない。亀井静香自民党政調会長が「議員立法を一つも出せない部会は解散だ」と述べたという報道があった（東京新聞二〇〇〇年二月二四日付）が、与党による法案作成には官僚も関与している。前掲の日本経済新聞の連載記事によると、国会議員が発案し法務省がそれを条文化するというタイプの「議員立法の流れ作業」が定着してきたという（二〇〇〇年三月一一日付）。

従来の内閣提出法案が実は官僚と与党議員との合作というべきものであったことを考えると、与党主導の議員立法は内閣提出法案の看板の掛け替えに過ぎないともいえる。それでも、与党議員が議員立法を模索するのは、彼らにとってそれだけのメリットが存在するからである。たしかに、政治家がイニシアチブをとることによって、縦割り官僚組織のボトムアップ型意思決定を待たずに迅速な立法が可能になるという点は、評価すべきメリットであろう。しかし、そこには行政省庁が審議会等のルートで収集してきた国民各層の意見を切り捨ててしまう危険性もあることに注意しなければならない。今後、パブリックコメント制度など省庁による民意反映回路が整備された場合、議員立法が行政組織の意思決定手続を迂回する手段にならないとも限らない。

もちろん、与党提出法案について国会が十分な審議を行い、国民の意見を反映させる機会を設けるのならば、こうした危惧は杞憂に終わる。しかし、内閣対野党の議論を基調とする議院内閣制下の国会において、与党提出法案に関して内閣提出法案の場合よりも活発な審議が実施されるとは考えにくい。従来、法案の実質的な審議を担ってきた与党審査も、与党主導の法案については機能しない。与党主導の議員立法は内閣提出法案以上に作成責任の所在が曖昧であるため、責任者不在のまま重大な政策変更にいたるおそれがあり、その結果、政治的既得権者による談合型政策決定を一層加速させかねないのである。

議員による法案提出の活性化が国会改革の重要課題の一つであることに異論の余地はないが、議員立法の強化は、党派にとらわれない議員個人の発想を活かした法案と野党による対案の作成を軸として検討すべきであろう。とくに野党が法案作成の経験を積むことは、政権獲得後に官僚機構を使いこなすための予行演習という意味からも重要である。内閣提出法案と野党提出の対案を同時に逐条審議の対象とすることができれば、国会審議の形骸化に対する歯止めの役割も期待できよう。そのためには、野党に対する立法補佐体制の充実に重点を置いて、議員立法支援策を講じることが必要である。

内閣の存在感

そもそも「政治主導」の立法過程とは何を意味するのだろうか。最近の議論には少なからぬ混乱が存在しているようだが、その原因は内閣の位置づけの不明確さにあるように思われる。

議院内閣制における内閣は、国民の選挙によって選ばれた議会の多数派を基盤として成立する。したがって、国会も内閣もともに国民の意思に基礎を置く「選出勢力」であることに違いはなく、「非選出勢力」である官僚とは一線を画した政治的存在である。ところが、これまでの日本型立法過程の理解では、内閣があたかも「政」ではなく「官」の一部であるかのように受け取られてきた。

議員立法でなければ政治主導を実現できないという主張は、内閣提出法案を官僚作成法案とみなすところから出発している。これまでにみたとおり、内閣提出法案は政治家と官僚の合作であり、官僚だけが独断専行しているとみるのは事実に反するが、このような不幸な誤解が生じるのも内閣提出法案に内閣のリーダーシップの存在を感じることができないからだろう。いいかえれば、内閣の存在感があまりに希薄であるため、官僚主導の立法過程を変革するには、内閣をとおりこして国会が主導権を握らなければならないという主張にむすびついてしまうのである。

政治主導の立法過程で重要な政策変更を実現しようとするなら、国会の多数派のリーダーである首相が行政府の官僚機構を動員して原案を作成し、首相の責任で国会に提出するのが本来の筋道である。官僚機構はいわば税金で賄われている巨大なシンクタンクであり、それを効率的に利用することが政治的リーダーの仕事である。縦割りの行政機構にまかせておいては迅速な政策決定ができないというのであれば、内閣が政策決定をリードすべきなのであって、行政機構を迂回した議員立法では問題は解決されない。

一九九〇年代後半に続出した官僚の不祥事は、官僚制への国民の信頼を大幅に低下させた。不祥事を引き起こした官僚の多くは、政治家や関係業界、各種利益団体の間で利害調整を行うことを役割としてきた「調整型」官僚であった。しかし、調整型官僚の跋扈は、政策決定過程が既得権者間の利害調整過程に堕し、内閣のリーダーシップ不在のまま、官僚が与党議員や利益団体との交渉に直面してきたことの当然の帰結だったのではなかろうか。政治家が変わらなければ官僚も変わらないのである。

五　おわりに

合意と責任の両立に向けて

日本型立法過程は利害関係者間のコンセンサス形成を重視し、決定過程の透明性を犠牲にしてきた。また、集団的意思決定によって責任の所在を曖昧にし、無責任体制を助長してきた。外部からの批判に応えるべき責任者の不在は特徴的といえよう。

このことは実は国会の立法過程だけの現象ではない。たとえば国と地方自治体との関係はどうだろうか。地方分権の推進が課題とされているが、これまでの中央地方関係も必ずしも集権的だったわけではない。地方自治体は国の補助金制度などを巧みに利用して自己の政策を実現し、ときには地方自治体の発想が国の政策に取り入れられていくこともあった。国と地方自治体は、一方的な上下関係ではなく、相互依存関係にあったとみるべきだろう。しかし、錯綜した相互依存関係は、住民に対する責任の所在を見えにくくし、大規模な政策変更を妨げてきた。行政指導を行う省庁とそれを受ける業界との関係などにも、同様の構造の存在を指摘することができよう。

イギリス型議院内閣制を指向する最近の改革の動きは、首相のリーダーシップを明確にし、立法過程の透明化をめざすための方策の一つと考えられる。しかし、イギリス型の立法過程は与党議員による集団的意思決定とは真っ向から対立するものであり、それほど簡単に輸入できるとは思えない。日本ではしばしば「多数の横暴」が非難の対象となるが、イギリス型立法過程はまさに「多数の横暴」による意思決定過程といえないこともないからである。

おそらく、日本の将来にとって現実的な選択は、コンセンサス指向を活かしながら責任の明確化をはかること、すなわち合意と責任の両立に向けた改革であろう。それにはまず、首相が原案提示権者だという、あたりまえの事実を再確認することが大前提となる。ただし、そのことは首相の提案がそのまま最終的な決定となることを意味しない。そこに、国民各層の意見を代表する国会議員の活躍の場所がある。

ルール化とは透明化であるといってもよい。ルール化の実現には立法過程の透明化が先決であるが、原案不在の無定型な交渉過程を公開せよと要求しても無理な話だ。原案の明確化と原案提示責任の明確化は、公開の場での実質的審議を実現するための最初の一歩なのである。

〈参考文献〉

伊藤光利、田中愛治、真渕勝『政治過程論』有斐閣、二〇〇〇年
岩井奉信『立法過程』東京大学出版会、一九八八年
大山礼子『国会学入門』三省堂、一九九七年
中村睦男編『議員立法の研究』信山社、一九九三年
比較立法過程研究会編『議会における立法過程の比較法的研究』勁草書房、一九八〇年
前田英昭『国会の立法活動－原理と実相を検証する』信山社、一九九九年
読売新聞社調査研究本部編『西欧の議会－民主主義の源流を探る』読売新聞社、一九八九年

第五章　「失われた一〇年」か「改革の一〇年」か

曽根泰教

一　ロスト・デケイド

日本の一九九〇年代は、「ロスト・デケイド」（「失われた一〇年」）といわれることが多い。金融問題を中心とする経済をみてみれば、バブルの崩壊後、その処理に一〇年もの年月を費し、いわゆる時間の空費が目立った。この不良債権処理という後ろ向きの活動に経済が足を引っ張られたために、アメリカが急速に行ったＩＴ（情報技術）革命に追いつくことにも後れをとったし、また、金融機関はＩＴを生かした派生商品（デリバティブ）の開発にも、ＩＴ投資にも後れをとってしまった。また、マクロ経済全体でみれば、潜在成長力が少なくとも二％はあると思われていた日本経済も、それだけの成長を達成できなかっただけではなく、大型金融機関の破綻や失業率の増加が見られた。一方、何度も大型の財政出動を行って、景気回復をはかったり、また、金融システムの破綻を避けたりするために、大規模な公的資金（七〇兆円の枠）の注入や景気対策（一九九二―二〇〇〇年の間に一一回、のべ一三〇兆）が講じられた。その結果、大幅な財政赤字を抱え込み、国と地方の公債発行残高では二〇〇一年末には六六六兆円にのぼり、先進国の中でも対ＧＤＰ比で見ると最悪の財政赤字になってしまった。

しかし、その一方で、この一〇年間は、実に数多くの改革が唱えられ、実行にも移されたのである。リクルート事件を契機として、八〇年代後半から大きな議論を呼んだ政治改革がその一つである。それが具体化するのは、一九九四年の公職選挙法改正であったが、政治改革が現実に動き始めたということができる。また同時に九三年以来、日本の政党政治は自民党の一党優位制から連立政治の時代に入った。この改革と現実政治との関係は、改めて論ずる必要があるが、一つの制度改革がなされた例と考えることはできるだろう。

政治改革以降、さまざまな改革が唱えられてきたが、特に、橋本首相が掲げた六大改革は、改革のデパートのようなものであった。それらは、①行政改革、②経済構造改革、③金融システム改革、④財政構造改革、⑤社会保障構造改革、⑥教育改革などである。

これら、六大改革の間の整合性をどう取るのかと、改革の優先順位の問題は、当初からきわめて重要なこととして、指摘はされてきた。しかし、橋本内閣は九七年に、財政構造改革やそれに基づく増税、社会保障費の負担増などによって、景気を悪化させて、景気の後退をもたらした。この政策失敗は、九七年後半の金融危機とあいまって、日本経済を世界金融危機の引き金にさえなりかねない事態を招来した。とりわけ、長銀の破綻が表面化した九八年夏の参議院選挙では、自民党が惨敗して、橋本首相が退陣をした。そのことにより、いくつかの改革は頓挫したといえるが、小渕、森内閣と続く政権も、財政再建よりも景気対策という路線転換は変わらないとしても（本心はともかくとして）、各種の改革を提起している。

一般に「失われた」側面のみの指摘が多いが、「改革」も同時に模索されたことは確かである。その時に、政治改革を行ったからバブル以後の不良債権処理ができなかった、あるいは行政改革にかまけていたから金融機関の破綻が起こったという批判がある。これらの批判は主たる問題が何かを明らかにしているよりも、政治や行政に責任を転嫁する議論になりやすい。もちろん、金融問題における政治や行政の責任を問うことは意味がある。しかし、政治改革にたずさわっていた政治家が金融問題に疎かったということはできても、政治改革がバブル以後の不良債権処理の足を引っ張ったということは難しいだろう。

つまり、総じて「改革の一〇年」ではあったが、実質的な改革を求めた者から見れば、「生煮えの改革」「不徹底な改革」の一〇年間であったということもできる。

恐らく、それら九〇年代の改革の中で、最後に提起された制度改革が、司法改革であろう。従来、「小さな司法」で間に合ってきた司法も、それが成り立ってきた条件がもはや不可能になり、同時に、社会的な紛争の増加を司法の場で、解決をせざるをえなくなったことを意味する。さらに付け加えれば、憲法についても、国会内に「憲法調査会」ができて、憲法の検討も始まっている。

もちろん、憲法問題まで含めれば、これらの改革が具体化するには、最低五年以上はかかるのではないかと思うが、重大な政治争点であることは間違いない。何ゆえ、改革を行わなければならなかったのかということを単純化すれば、それまで通用してきた基本的な政治手法や経済手法が、環境の変化に適応できなくなってしまったということをあげることができる。

その代表的な例が、住専処理の過程で出てきた「司法処理」のアイディアが、「時間がかかる」「応じるだけの人材がいない」という批判に、いとも簡単に退けられてしまったことである。それらの批判に対する司法関係者からの大きな反論もなかった。しかし、住専問題における世論は一貫して公的資金の投入に対しては、いわば「正義が実現されていない」という立場からの批判が多かった。「借りたものを返せ」という当然のことを世論は求めていたともいえる。そのような態度は、住専処理機構の中坊公平氏に対する期待が高いこととつながっていただろう。

現状の司法改革の議論をいくつかに分けると、①司法内部の議論、②経済の市場化に伴う司法受け皿論、③行政や政治との関係での司法改革、④ロー・スクールをはじめとする人材養成機関の整備の司法改革、などに分けることができる。⑤一般論として、一般の国民が使いやすい司法制度とは、という問題も同時に提起されている。

これら五者はすべて独立の問題と割り切ることはできず、相互に関連している。例えば、④のロー・スクール構想は法曹一元や参審制などと並んで、①の司法内部の問題と位置づけることができるが、制度改革における、人材供給の問題として独立に考慮すべき対象である。さらに、②の経済の市場化問題と③の政治と行政関係の問題は、単に司法だけのこととして切り離すことはできず、経済、行政や政治との関連性を見ることが重要になる。

それゆえ、ここでは他の論者との議論の重複を避ける意味からも、司法改革のもつ経済的意味や政治・行政的な関連を中心に論じてみることにする。とくに、政治・行政改革における「政治主導」の問題と司法改革の問題は、きわめて関連性が高い。しかしながら、司法制度のような専門的知識を必要とする領域は、ともすれば、議論はそれぞれの分野内で論じられ、整合的で精緻であるが狭い範囲の議論になりがちである。全体の見取り図を書くためには、それぞれの制度間の関係を改めて論ずる必要があるということである。

例えば、このような関係を論ずるための参考となることは、一つには、しばしば、政治と行政との関連で、政治主導ということが議論されている。また、司法問題を論ずるためには、三権分立上の司法と政治、行政との関係を把握するだけでは不十分であり、同時に市場との関係についても意識せざるをえないのである。

二　いわゆる「政治主導」とは

二〇〇一年一月六日から実施された中央省庁の再編は、「目指すべき行革」の目標としては、「政治主導」が目玉の一つであった。しかしながら、この行革を前にして行われた政治家に対する世論調査でも、国民に対する世論調査でも、「政治主導」のイメージは、制度設計の理念とは大きく乖離している（表1参照）。

この行革（いわゆる橋本行革）は、目的には曖昧な点が多いが、「内閣機能の強化」については、一貫した方針があった。すなわち、政治主導を議院内閣制の下で、内閣機能の強化、首相機能の強化で答えようとしたものであったが、国会議員においても十分理解されていなかったということは、日本の政治を考えるときに重要であるし、政治と司法の関係を論ずるときにも、考慮しなければならない意味をもつ。そのことは、議院内閣制よりも三権分立論の方が、初等教育から一貫して強調されている状況では、ある意味で、完全な誤解とはいえないのかもしれないが、司法の役割を論ずるためにも、政策決定構造の全体像を見た上で、どこに位置づけられるのかを見る必要性を生む。すなわち、政治のなすべき部分とは何か、行政が果たす役割、また、司法の位置づけは、単に三権分立における相互抑制だけの話ではないからである。

表1　政治主導に関する国会議員アンケート

〈政治主導とは何か（数字は％）〉	
政治家個人が責任をもって政策を立案し実行すること	五一・三
与党　〃	二六・三
首相あるいは内閣　〃	一三・〇
その他	九・三
〈首相公選論への関心（数字は％）〉	
かなり関心がある	四一・一
やや関心がある	三五・一
あまり関心がない	一五・三
まったく関心がない	三・四
どちらともいえない	四・二
不明	〇・八
〈首相公選論は検討すべきか（数字は％）〉	
前向きに検討すべき	五四・一
現時点で、その必要ない	三〇・〇
どちらともいえない	一五・三
不明	〇・六

（「新しい日本をつくる国民会議」二〇〇〇年一〇―一一月　衆参両院の国会議員七三〇人〈欠員二人〉を対象に実施したアンケート結果。有効回答者数は三五三人〈回答率は四八・三％〉）

今回の行政改革では、官邸機能の強化、首相のリーダーシップを発揮できるように、いくつかの制度改正がなされた。一言でいえば、議院内閣制の下で、首相がリーダーシップを発揮できるように改正されたのであるが、首相自身がその気にならなければ、あるいは内閣が実質的な政策決定の中心にならなければ、現実的に機能することは難しい。例えば、首相が動かせる人数は約二〇人であるが、現状ではそれが十分に使いこなされたというようには思えない。また、経済財政諮問会議もアメリカの大統領経済諮問委員会（ＣＥＡ）を念頭に置いて作られたようであるが、民間からの任命も超多忙な人たちであるので、最終的には非常勤にならざるを得ない。大統領経済諮問会議や国家経済会議（ＮＥＣ）のような機関は大統領制の下での制度であるが、議院内閣制で全く機能しないというわけではない。あるいは、議院内閣制における首相のリーダーシップを考えるならば、イギリスの首相官邸内におかれた政策室（Policy Unit）の仕組みなどが、実際に機能を向上させるためのメカニズムとしては必要である。

政治改革の文脈では、内閣の改革と同時に、国会改革も同時になされた。いわゆる国会活性化法が施行され党首討論（クエスチョンタイム）が設置されたり、政府委員制度が廃止された。ところが、副大臣や政務官の役割が不明のまま中央省庁の再編は進行した。すなわち、「政治主導」イメージの混乱がこの問題と深く関わるからである。

さらに、もし内閣の政治的なリーダーシップのことを問題にするなら、内閣と霞ヶ関の関係だけではなく、与党との関係を整理しておかないと、内閣機能の強化にはならないのである。つまり、政治主導が、「政」対「官」の関係だけで捉えることの問題がここにある。

この理解については、背景として日本の政策過程に対する通常の「政治主導」か「官僚主導」の解釈に対する回答にもなる。すなわち、日本の政治の問題としてしばしば登場するのが国会批判である。つまり、国会批判は、国会が実質的な審議の場ではなく、十分その機能を果たしていないという議論である。つまり、国会は国権の最高機関、唯一の立法機関としても、「立法府」とは名ばかりで、実際の立法作業は、政治家ではなく官僚機構にゆだねられているのではないかという疑問がまずある。それゆえ、政治主導とは、この立法機能の回復にあるということになり、国会が立法府たりうるためには、政府提出法案よりも議員立法を目指せという主張が、繰り返し唱えられる。とくに、その時に対比される議会とはアメリカ議会であることが多く、基本的に立法が議員立法のみからなる、アメリカの制度との比較は、実際上は意味のないことが多い。多くのヨーロッパの国は、議員と官僚の共同作業が実態であることを思えば、立法の実務と、立法の実質的審議とは区別する必要があるだろう。つまり、議員が行うべき機能は、立法の実務である必要は必ずしもないはずだからである。

国会の機能を論ずる時に、注目すべきは「誰が」ということよりも、「どこで」という疑問が重要になる。すなわち、官僚主導説にしても、国会以前の過程が実質的な役割を担っているという解釈から成り立っている。

もう一つの、国会が機能を十分果たしていないという説には、官僚主導ではなく政党主導ともいうべき実態の指摘がある。つまり、立法の実務は官僚機構が行うとしても、実際上の重要な議論は政党が行っているという解釈である。この説は、立法は国会以前の過程でなされているという点では、官僚説と似ているが、実施的部分は「与党審査」であるという点に違いがある。

そうなると問題点は、立法において、官僚主導か政党主導かということが、一つの争点である。ところが、この両者は共同作業で行うことが多いので、明快な断定が難しい。一般的には、立法作業の長い過程は、審議会を含めて原案の作成は官僚機構が準備を進め、省庁間の調整も官僚機構が行うことが多い。しかし、与党には政調の部会などに相当早い段階から、説明をし、理解を得られるように働きかけている。そうであっても、最終的な行政府の過程と党の過程の調整が必要なことはしばしばある。税制における政府税調と自民税調の二つの機関が並立している現状はよく知られている。

司法改革を例に取れば、政府の機関として司法制度改革審議会で議論がなされている。しかし、もし司法改革の決定を確実なものにするなら、与党の了解が必要となる。今回も自民党司法制度調査会ができ、審議会の議論をにらみながら、いくつかの提言を行っている。

行政改革会議の例をみると、中間報告までは、橋本首相がリーダーシップを発揮して議論を主導してきたが、内閣改造で、佐藤孝行批判がマスコミ、野党から出てきて、結局、佐藤孝行を辞職させ、そのことが橋本首相のリーダーシップの大幅なダメージとなり、同時に、橋本行革の頓挫の原因であった。橋本首相のリーダーシップの失墜は、自民党内の議論に大きな影響を与え、行革の行方に大きな後退が見られた。とくに、自民党内からの批判は、郵政三事業の民営化を含める改革への抵抗であり、建設省の河川局と道路局の分割も見送られた。最終的な局面では、審議会よりも党の発言で決まるという状況が露呈された。

このような与党審査を力の源泉としてきたことは、自民党の一党優位の時代に顕著に見られたことで、最近の連立政権での変化ということが次の重要な問題である。最近では、連立与党間の調整、与党と一部野党との折衝が、委員会の場ではなく直接交渉でなされている。このこともまた、実質的な議論を国会の場から、別の機関に移してしまっている例といえる。

それゆえ、政治主導の意味することが、国会の機能回復であるとしても、異なる処方箋を書くことが可能となる。そのことは、一見すると異なるように聞こえるが、内閣機能の強化と首相機能強化の差異の問題とも関連する。

つまり、内閣機能を強化して、政治主導を回復するということは、対霞ヶ関に対しての機能強化であるのか。これは、橋本行革が目指した方向である。ただし、内閣が制度的に強化されたとしても、首相の機能が強化されるわけではない。とくに、議院内閣制における首相の地位の問題を抜きには、考えられない。

例えば、橋本行革が議論されている時に、すでに見てきたように佐藤孝行が総務庁長官に指名されたときに、それを拒否できなかった。すなわち、一方で、内閣機能の強化を「行革会議」で論じていながら、もう一方で、対抗馬もなく全員一致で選出された総裁が「党内をコントロールできない」とは、「漫画のようなもの」である。すなわち、政治主導とは、対霞ヶ関の問題だけではなく、政治のリーダーシップの問題と考えれば、いかに与党内をコントロールできるのかというもう一つの問題が重要である。森首相の辞任も「自民党首脳」の意向に従って決められた経緯がある。

すなわち、首相になって、官邸から自民党内をコントロールするのが、いかに難しいのか気が付く例が多い。このことは、すでに見た自民党内の「与党審査」という制度的問題と「族議員」をはじめとする利害関係者が数多くいることが、既得権擁護に傾きやすい一般傾向を示している。

この点からの問題は、一般の政治主導の議論とは、逆の方向を指しているがゆえに、論じられることは少ないが、政治が取るべきリーダーシップの問題を考える時には、避けられないことである。

このような首相のリーダーシップが損なわれている現実からの解決策が「首相公選」であることは、理解できないわけではないが、議論が整理されているとはいいきれない。つまり、現行の議院内閣制を最大限利用すれば、首相のリーダーシップの確保は相当程度可能である。しかし、しばしば首相個人の資質の問題が制度の問題として批判される傾向があるし、政党に対する批判が、国民の直接的な選挙を求める声へと向かうことは当然予想される。大統領制では、議会の多数党と対立する「分裂政府」の現象はしばしばある。あるいは、現実に実施されているイスラエルの「首相公選制」（廃止されることになった）も一つの参考例になるだろう。基本的には大統領制に分類できる都道府県知事でも、リーダーシップ発揮が一般的にあるとは言い切れない現象がある。

三　司法と市場、司法と政治

司法改革の議論の中で、市場における紛争の増加とともに、司法の役割が増加するだろうという問題から取り上げてみる。

まず、市場の決定と非市場の決定に大別すると、最初に、政府と市場関係はどのようにする必要があるのかという問題を捉える必要がある。規制緩和や競争政策重視を念頭におくと、市場は一見すると、マーケット原理にのっとって自然に均衡解へ落ち着きそうに見える。しかし、マーケットを円滑に機能させるためには、厳しいルールの適用と、競争がフェアに行われる必要がある。

この問題は、政府が市場へ介入するということとは、区別すべきである。しばしば、わが国の政府－市場関係で、護送船団方式とか、行政指導による業界行政などといわれてきたことは、市場への事前介入による、紛争を最小限に抑えるという目的をもっているといわれてきた。具体的には、行政の仕事は利益集団内部および利益集団間の利害調整に他ならない。そのことの具体的な結果は、新規参入に対する制限であり、また、数量調整や時には価格調整まで手を出してきたといえる。

しかし、そのような方式が十全に機能してきたのは、きわめて限られた時期であった。金融破綻に典型的に見られるように、メイン・バンク・システムに依存する行政は、機能不全に陥った。すなわち、個別の金融機関が融資先の審査を行うという方式よりも、メイン・バンクが行う融資残高を睨みながら、横並びで協調融資を行った。個別金融機関の持つリスク管理の問題とコーポレート・ガバナンスの問題を見なければならないが、同時に、メイン・バンクを監督することで「安上がりの」監視システムを構築してきた日銀や大蔵省の監督官庁も、このメイン・バンクが融資先を完全にモニターし、またリスク管理が十分なされている限りは機能するとしても、ひとたび、その前提が崩れると、全体のシステムが危機に陥ることになる。

それゆえ、金融破綻を目前にして、大蔵省の財政と金融分離と日銀法の改正により、金融行政はより独立性を高めるという方向に向かった。具体的には、大蔵省から金融監督庁が分かれ、さらには金融庁になった。大蔵省内部には為替と金融システム維持の機能しか残らなくなった。

行政改革においても、このような、事前介入型、業界行政からルール型、事後型の行政システムへの転換が目標であった。もっと具体的にいえば、ルール型、事後型とは、法律による紛争解決であり、司法の役割の増大である。

そうすると、まず、基本的な市場と政府の関係は、政府は市場が円滑に機能するように、市場という競争の場の確保とルールに基づく制度を確立することにある。

政府（政治／行政）がマーケットのプレーヤーであることから、コーチ、レフリーと役割を転換することでもある。しかしながら、世界各国で平均すると、経済の約四割は公的部門である。この公的部門がマーケットと無縁であることはありえないが、マクロ経済の運営方法については、単純な市場の決定ではないのである。もっと個別専門的なことを言えば、社会的厚生関数があらかじめ定まっていて、それを最大化すれば、経済運営は十分であるとはいえないのである。

追求すべき目的からして、一義的には定まらない。あるいはミクロ経済で求められるような均衡解は見つかりにくい。いわば、政治的決定でなされることが多いのが、この種の決定である。それは、民主的な制度的制約を当然受けるし、具体的には、選挙や議会の影響を受け、官僚制の下でなされる決定となる。例えば、社会保障で供給する財やサービスは、市場における私的財の交換と何ら変わらないが、社会保障制度をどうするのか、給付水準をどう定め、対象者は誰かを決めるのは、政治が決めている。その点では、政治主導が原理として前提となっている。しかし、その政治であるが、官僚と政治家でどちらが主導的かという議論は、すでに見たように別の角度からの検討が必要になる。

紛争処理における、行政から司法へ、また事前から事後へということは、「司法受け皿論」の一つの根拠である。そのことは、当然に司法制度の充実と、弁護士数の拡大などが前提になり、現在行われている司法制度改革審議会の議論の背景である。

もちろん、市場における紛争解決に司法改革を導入しても、当然のことながら限界がある。例えば、民事再生法では、経営責任の追及ができないということがある。あるいは、メイン・バンク中心で貸したとしても、債権者平等の原則でメイン・バンクも扱われ、その責任が曖昧になる。また、当然のことながら、必要とされる業界再編も司法の役割を超えた課題である。しかしながら、行政がになうべき役割を縮小しないでは、行政改革も司法制度への移行も難しいのであるが、現実は、既存制度の上に、新しい制度が積み重ねられていることが多そうである。

司法改革と切り離すことができない「法」の支配の原則は、解釈権は誰が持っているのか、ということである。例えば、それは行政法を例に取ると、いわゆる、アカデミック法学対霞ヶ関法学の対立とも言える。実質的な権力の源泉は解釈権にあるといってもいい。

さらに、そのことに関連して、もっと大きな枠組みでは行政権の問題を扱わざるを得ない。通常、行政権は国家作用の中から、立法権、司法権を除く部分の総称とする「控除説」がとられることが多い。それは、国会が「国権の最高機関」という憲法規定は単なる「美称」として扱われることと実は裏腹の関係にある。国会が行う行政権のチェックについては、今までの否定的な内閣法制局解釈に対して、橋本首相はチェック機能はあると肯定的解釈を答弁した。また、過去には司法権と行政権の関係については、「統治行為」として、司法権の関与を許さない領域として扱ってきた。すなわち、とりもなおさず、司法改革とは、行政権の問題をどう扱うのかという問題とも密接な関係にある。

また、国会との関係でいえば、内閣法制局の解釈権が、政治的な決断以上の意味をもち、議院法制局よりも実質的には優位な立場に立ってきた。しかし、その法制局もいわゆる事前審査の「品質管理」と「一貫性」の原則では機能してきたとしても、それが内閣や国会よりも優先されるのか、いわゆる事後型への移行を考えるべき時期になってきているともいえる。そのことは、憲法上は、違憲立法審査権を司法が持つべきなのか、それとも憲法裁判所や行政裁判所（労働裁判所の要請もあるが）などの独自の設置を念頭に置くのかは、今後の議論の課題といえる。

四　おわりに

おそらく、改革の一〇年を論ずることは、最終的には、「なぜ制度改革は必要なのか」という問いに答えなければならないだろう。今まで見てきたように、金融機関の改革も八〇年代のバブル期でも改革は好景気に支えられ棚上げされてきた傾向がある。また、九〇年代の不景気な時期では、体力の消耗が激しく、改革に耐えられないという主張があった。そうすると、制度改革は、好況期、不況期いずれの時期でも難しいというタイミングの問題を乗り越える必要がある。また、マクロ経済でも、ケインズ派、マネタリスト、構造派と三分類をとることができるが、構造派が一番明確でなく、かつ即効的ではない。すなわち、構造改革のような中長期のことは先延ばしにすることが「合理的」と考える思考は多い。

おそらく、司法との関連で見れば、バブル破綻以降の金融における責任や行政の責任を問うことは現行制度上、きわめて難しいということが、明らかになった。すなわち、個人の刑法的な責任追及はできても、経営責任を問うことは難しく、「接待」を賄賂とすることはできても、行政の政策責任の失敗を法的に問うことは難しかった。一つには、経営や行政の責任を問うことができるような司法制度改革が必要である。しかし、個人の犯罪は立証もしやすいが、組織の犯罪は組織自体を裁くことが難しいし、また制度の欠陥は責任の所在を不明にさせることが多い。そうすると、改革の方向は、単に司法制度にのみ依存するわけにはいかない問題である。そのことは、絶えず、制度をチェックし見直す、制度改革論の必要の根拠でもある。これは一見すると迂回的な方法に見えるのだが、国の内外の環境的な変化が激しい時には、制度を絶えず見直す必要性が大きい。また、そのこと以上に、法律で裁けないときには、制度で対応し、そのためには、制度改革を続けるしかないという一つの結論が導き出される。

第二部　司法改革への視座

――〈正鵠を射る改革〉のための構想と提言

第六章　社会のルール化と司法の役割……………………………………河合幹雄
第七章　司法官僚制と裁判官の意思決定……………………………………坪井明典
第八章　司法改革のために必要なこと……………………………………奥　博司
第九章　何のための司法改革か——日本の構造改革における司法の位置……………………井上達夫

第六章　社会のルール化と司法の役割

河合幹雄

一　はじめに

日本社会の将来像として、透明なルールに基づく社会にするということがよく主張されている。あこがれや理想論はひとまずおくとするならば、今現在、ルール化は、なぜ必要なのか。「世界のグローバル化に対応するには、日本社会のルール化は不可欠である」といった言説を、より厳密に現状認識することにより、実は、目指されているものも、目指すべきものも、日本国内の中間集団のローカル・ルールを打破し、国家の統治力を回復させること、つまり、国内ルールの共通化であることを示したい。そのうえで、その国内でのルールの普遍的適用のために、司法が果たすべき役割は何であるかを問いたい。単純にあるいは抽象的に、司法積極主義を唱えるのではなく、具体的に、司法が、どこにどう介入すべきかまでつめてみたい。そして最後に、私の議論と司法改革論議を対比し、私の司法改革への具体的提言を述べてみたい。

二　グローバル化

ＷＴＯの会議の紛糾状態をみるまでもなく、経済分野に限定してさえ、世界がひとつになるかどうかは、まだ定かではない。各国が、ある程度、自国利益優先の行動を取ることは、ある意味で、あたりまえの状態である。しかし、逆に、日本一国だけで、外国との関係を無視してやっていける情勢にもない。国境を越えた情報・人・物、いずれの行き来も増加の一途をたどっている。これを根拠に、ある意味での「グローバル化」は不可避であると言ってよいだろう。

各国が、それぞれ独自の法制度と文化を保持している状況下で、グローバル化が進むことは、法制度、文化、両面において、相互に軋轢を生むことが当然予想される。ここで注目したいことは、この軋轢の生じ方に、極めて現代的な特徴があることである。西洋近代の伝統に従えば、唯一の正しい答えがあることを前提に、いかなるルールが最善であるのかをめぐって争いが生じる。あるルールが正しいとする価値観相互の争いを背景に、制度をいかにするかという平面で戦いがくりひろげられる。しかし、目下実際におきているのは、哲学はさておき、人々の行動が実際にどうかを重視する行動である。みんなが従っているルールには、従うことが自分にとって得であるという計算によって、あるルールが、どんどん受け入れられている。典型的な例は、ドルが世界共通通貨として、英語が世界共通言語として、受け入れられていく、いわゆるデファクト・スタンダードと呼ばれる、標準化である。各国首脳会談で制度を創るのではなく、個々の人々が使うから標準になる、そういった過程でルールの共通化が起きている。

アメリカは、むろん、この現象を喜んでいる。アメリカの戦略であるという理解も可能であろう。それに対して、欧州各国は強く反発している。フランスでは、アメリカによる文化的侵略などという言葉さえ使用して、アメリカを非難する動きがある。かつて大国が他国に影響を与えるといえば、制度つまり法的ルールを、力によって押しつけることであった。植民地化が、その典型であった。しかし、今フランスで起きているアメリカ化は、そのような国家間の押しつけに起因するものではない。個人間あるいは法人間でのミクロな交渉において、いつのまにか、社会的ルールが変わっていっているのである。いみじくも、文化侵略と呼ばれるように、法的ルールがカバーしない領域でルールの標準化が起きていることが興味深い。

日本もまた、目下進行中のグローバル化がもたらすルールの標準化の波にのまれてしまうのであろうか。日本社会の今後を検討するうえで欠かせない、日本社会の国際化あるいはアメリカ化について分析するためには、世界全体の動きの理解が不可欠となる。

三　冷戦後の世界の構図

冷戦が終わって、これから世界はどうなるのか。軍事、外交、政治、経済、文化、様々な観点から世界の構図を理解し、その中での日本の位置を見定めなければならない。

日本の知識人、とりわけ文化人達によって、これまで最もよく論じられてきた構図は、世界のルールは欧米中心であり、日本も、追いつき追い越せで、欧米型になるべきだというものであった。単純化した形では、西洋と東洋という二分法がしばしば用いられた。

日本の新しい上層階層をなす、大企業経営者や高級官僚達は、中国文化が日本文化と意外に大きく異なることに気づいて、欧米式ルールを世界全体に適用するにあたっての障害は、日本と中国であるとの認識を得ていると思われる。

また、伝統に従い軍事・外交中心に世界の構図を考えるならば、おおよそ次のような構図が描ける。唯一の超大国になったとはいえ、アメリカが単独で世界支配できる状況ではない。そこで、アメリカは、世界の半分は、EU諸国（NATO）と、残り半分を日本（日米安保）と、世界の統治を行う。そして、ロシアと中国が、それぞれの地域で相対的に疎外される結果となる。これは、アメリカのコソボ、北朝鮮、チェチェン、中国の人権問題への対応から見えてくる構図である。

実は、これらの構図が正しいかどうかを論ずるつもりはない。ここでいいたいことは、文化的観点と軍事・外交的観点からの議論がこれまで多く行われてきたけれども、それらの観点から得られた構図は、ここで問題にするグローバル化の影響を考察する上では、役にたたないことである。

私は、国際的な取引についての多数の国民の意識調査を共同で行った。実際に日豪間で起きた事件をモデル化し、原糖の輸入について長期契約を結んだところ、原糖の世界相場が暴落し、日本側が、契約はさておき値下げ交渉したストーリーを作成し、それについての意見を尋ねた。その結果は、日本、欧州諸国、タイ、フィリピンなどほとんどの国では、契約はあるけれど交渉に応じることにさほど違和感を感じないということであった。アメリカ人だけが、交渉を否定する。これは、日本が世界の中で特異な国であるのではなく、むしろアメリカこそが特異な国家であることを示している。

また、中国人も他諸国と際だって異なる回答をした。実は、日本と調査対象国の間で長期契約があるように各国でストーリーを変更し、かつ、両国の売買上の立場が入れ替わるストーリーも作成して調査している。中国人の回答は、ある原理原則を是とするのではなく、とにかく自国に有利なことを主張するご都合主義であった。中国もまた、アメリカと異なるけれども、特異な国であるということが示された。

さて、以上の結果を基にして、世界の構図を描けば、日本・欧州等がひとつの大集団を形成し、アメリカと中国がそれぞれ特別であるということになる。このことを念頭に置いて今後のことを考察しなければならない。

ただし、最も一般的であるから日本や欧州のやり方がスタンダードになるのかといえば、将来的には、そのような必然性はない。むしろ、一見したところ、欧州でも日本でも、いわゆるアメリカ化が、少しずつ進んでいる。この現象は何なのか検討してみよう。

四　顔見知りの小さな共同体

社会学的にみて、グローバル化の逆は、小さな共同体である。そして、グローバル化がルールの標準化を引き起こす理由は、同じルールに従っている相手とは、交渉しやすい、交渉コストが低いということである。ところが、他者の情報という観点からは、小さな共同体内のメンバーのほうが「良く知っている」のだから豊富である。また、他者の行為に対する拘束力も、直接顔を会わせるわけだし、共通の知り合いもいるのであるから、一般に強い。つまり、小さな共同体内のほうが、他者の行為の予測可能性が高く、ルールの共通化などよりも、低コストで経済活動できる。信頼できる決まった相手と、互いに裏切ることなく取引し続けることには合理性がある。

むろん、安定性の強い関係に甘えて、発展する努力を怠り、その共同体もろともに、外部世界から取り残される恐れはある。しかし、取引相手を変えないことが、必然的に停滞を生むということはできない。それぞれのメンバーが、イノベーションの努力を続けて、同じ相手と取引し続けるモデルはあり得る。

競争がなければ、必ず停滞が起きるという反論に対して、次のように述べておこう。この場合、確かに、たとえば納品業者間の競争はない。しかし、停滞すれば共同体もろともに淘汰されるとすれば、共同体とその外部の共同体との競争はあることになる。つまり、競争の次元が、個別企業間なのか、複数企業の共同体間なのかの違いがあるにすぎず、競争がなくなることはない。

このように考察してみると、日本や欧州諸国のように、強固な共同体が歴史的に存在してきたところでは、今後もその共同体が、外部に負けないように結束して共に発展していこうというモデルがあることは不思議ではない。

しかし、ここでいう共同体には、多くの種類がある。国際取引については、国家共同体が当然重要であるが、そもそも、国家共同体は、互いに情報量豊富な小さな共同体とは言えないのではないか。さらに、公共事業のバラマキに見られるように地域性を持つ共同体もあれば、日本全国あらゆるところで商売できる企業グループもある。強固に結束した業界団体もある。そもそも、世界のグローバル化を語るまえに日本は国内レベルのグローバル化が成されているのであろうか。はたまた欧州に目を向ければ、民族と宗教というやっかいな共同体もある。この部分に踏み込めば日欧の違いがはっきりしてくる。

互いにルールを遵守していたつもりでも紛争は生じるであろう。ルールの体系の一貫性というのは大問題である。しかし、ここでは話を単純化して、ルールを破ったためにおきる紛争解決に絞って議論したい。理論はさておき、現実をみれば、まさに、ここが問題であるからである。

五　紛争解決

取引を安全に行うためには、相手がルール破りした場合に、いかなる対抗手段がとれるかが最も重要である。理論上、強制力を伴った手段を独占的に提供できるのが国家の司法機関である。国際取引の安全性が注目されるのはこのせいであろう。振り返れば、植民地時代には、宗主国は、自国のルールを植民地に押しつけた。一方、日本は、輸出するために、相手国のルールを研究し、それに従った。納品期限を守る、不良品を売りつけないなど、現地企業以上に当地のルールを守ることが戦略であった。

昨今はやりの議論では、日本への市場進出をもくろむアメリカが、アメリカからはルールがあるとは言えない日本型システムに対して、アメリカと同じルールを強いたりはしないものの、最低でも自由競争可能なルール、つまり誰にでもわかるルールをつくれと求めている。

しかし、この現状認識はやや不正確なものである。そもそも、日本社会は、統一された文化パターンに隅々までしたがっているのであろうか。日本型システムを、情報の共有と協調によって特徴づけられると定義したとしても、これは自動車産業にはあてはまっても、建設業界にはあてはまらない。前で述べたように、業界、地方、企業グループごとに、極めて独自の文化風土を保持し、外部からの干渉をなるべく受け付けないのが、むしろ日本の特徴である。それら中間集団（国家と個人の中間に位置する集団、ただし、団体でなくとも、身分などのまとまりも含む）の内部に入ってみれば、ルールがないなどということはおよそありえない。それどころか、日本社会ほど、微細なところまでルールが決まっている社会はない。談合システムなどは、実に綿密に創られている。内部的には、逃れることがほとんど不可能という意味あいで完成度の高いサンクションの仕組みすらある。したがって、ローカル・ルールは過剰なまでに存在するのであり、外部に説明できるルールだけがないのである。これを単純化すれば、アメリカから見れば普遍的ルールがない社会ということになるわけである。

このような日本社会における紛争解決の特徴は、共同体内での価値観の共有を前提にしている。第一のパターンは、掟を破った者に対して他のメンバー全員からの非難があびせられ、その違反者が、再び正統なメンバーと認められるように謝罪することである。第二のパターンは、争った二人が、仲直りするというパターンである。いずれにせよ、そこで大切にされるのは、感情的な問題である。価値観に争いがない以上、感情的になることにさえ注意を払えば、最終的には争いは収まるというのが伝統的方法である。解決は早いほどよいにもかかわらず、「ゆっくり話し合う」ことが大切とされる。

長くつきあっていくために、過去に犯した過ちよりも、今後まじめに生きるという善意が重視され、これまでの人間関係の全経過が考慮され、互いの個別事情を考慮しあい、道徳的レベルに及んだ解決をすることが普通である。

これは、欧州の伝統的司法解決と見事に反対である。全く同種の紛争などないにもかかわらず、公平な法適用のために、個別事情を斟酌せず、過去に何をしたか当該事件に絞って、事件をカテゴリー化し、精神の内面に立ち入らないで処理するのが欧州の伝統である。宗教と民族がからんだ内戦を避けることがローマ帝国以来、最重要課題であるから、司法解決は、紛争の拡大化を防ぐことが第一の目的になっている。したがって、仲直りとしての紛争解決目的では使い勝手がよいものではない。フランスでは、国家的な大事件が起きると、解決にのりだすのは政治家の役割である。事件をどう解決するかの根本方針と原則を論じることから始めるわけだが、いわゆる「話し合い」が行われるのではない。まず、大統領か首相が、どういう方針と原則に基づいて、どう解決するのか国民に向かって演説する。それを受けて論争が起こるなり静まるなりする。この演説ができなければ、当然、辞職するという政治的ルールが存在する。そして、国家主導で、中間集団の自治にまかせることなく対策が行われる。

日本は、小さな事件は、自治権を主張する共同体内で、それなりに解決してきた。とりわけ、あらかじめ予想されるルール違反に対しては、その細かい処理方法が既に存在しており効率的に内部的に処理されてきた。それに反して、予想外の問題や、国家的な大きな事件は苦手である。その原因は、どんなスケールの事件も共同体内での解決モデルをなぞっていることにある。子分間の争いは親分が仲裁できるが、もし親分自身が当事者の問題が発生したならば、大親分に頼るというのが伝統である。全国規模の同業者組合を結成する能力は極めて高い。そして、拡大化された大共同体内での仲直りをするわけである。しかし、この方法では、最後に頼りにされる「お上」つまり国家自身が問題の当事者となったときに解決の方法がない。まさか「アメリカ大大親分」に頼むわけにもいかない。もっとも、外圧を使って改革しようという動きは、それに似ていなくもない。

日本と欧州をこのように比較すれば、おなじみの結論は、共同体内解決による、個人に対する不当な弾圧非難と、国民的議論の不足批判をおこなって、日本は欧州に追いつかねばならないというものであった。たしかに、小共同体の拘束力が強すぎたことの指摘は正しい。しかし、この論調は、もし本当に欧州をモデルにするなら必要な、国家を国家らしく強固にすることを、国家の権限強化として否定してきた。さらに、日本のあり方を全面的に変えるつもりであるならば、必須の手続であるところの、日本の伝統的なモデルの利点についての考察も欠いてきた。これでは、単に政府を無責任に批判していただけといわれてもしかたがない。

六　日本の伝統の利点と崩壊

日本に思想があったかどうかはともかく統治のノウハウがあったことは間違いない。実態から日本の特徴を抽出するならば、無事という言葉に象徴されるように、事件を起こさないよう予防することが、統治の中心であった。「このようなことは、一度たりとも起きてはならない」「二度と起きてはならない」といった統治者側の発言は、今でもしばしば耳にする。この伝統は、現実には起きてはならない事件といえども必ず発生し、その際に、対応処置が用意されていないため混乱するという、よく指摘される欠点にもつながっている。利点は、事件が発生してからの見事な対応よりも、予防するほうがよいという点につきる。人命にかかわる事件については回復不能なだけに、とりわけ予防に意味がある。犯罪の少ない日本というのはこの典型例である。

予防の成功は、確実なサンクションのおかげであったと思われるが、本当に予防が成功していたのかについては重大な留意点がある。たとえば、警察の不祥事である。九九年末に神奈川県警の不祥事が次々に明るみにでたが、これまで本当に不祥事はなかったとは考えられない。むろん、仕事の性質上、警察官が犯罪に関係してしまう危険は大きく、外国と比較しても、警察官の質が依然として高いことはまちがいない。それでも、もっと多くの不祥事があり、それは内部的処分ですまし、外部にはもらさないで事件にしないパターンができあがっていたと推察する。これが外部から見ると無事、つまり、予防の成功と見えていたわけである。

この内部的処分の特徴は、非法的であることと、濃い人間関係を使ったために精神的、社会的に強力であることであった。あまりにもプライバシーがないなどの問題を一旦おくと、問題防止の結果だけみれば、この方法は極めて効果的であった。伝統的に日本の多くの組織は、ある種の自治権を主張し、外部からの介入を拒否してきた。そして、どこにも、そのような取り決めをした記録はないが、それはある程度認められてきた。官庁、学校、企業、宗教団体、どれをとっても、外部介入ほど嫌われるものはなかった。

ところが、最近は、外部からの法的サンクションが大流行である。官庁、大企業の幹部に特捜検察の手が入ったし、学校も警察を呼ぶようになったし、ついには警察自身までもが不祥事を表に出して刑事事件として処理するようになった。これらは、むろん望んで起きたことではない。人間関係を通した拘束力、いわゆるおさえがきかない状態に陥った結果として起きたことが重要である。それも、不祥事の発生よりも、とりわけ、不祥事を隠すことができなくなった。金融界の事件化は、野村証券の課長の告発に始まったことは記憶に新しい。

以上のことから、これまで内的非法的統制によって各組織が自治的に社会統制を担ってきたパターンが、非法的統制の効力がなくなったために、外部からの法的統制に頼らざるを得なくなってきたとまとめられる。一見すると、これまで日本の知識人の多くが唱え続けてきた法治国家化が進んでいるようにも見えるが、その実は、伝統が崩壊しただけではないのか。非法的から法的にという動きについて次に分析してみよう。

七　日本社会の法化

法の機能増大には幾つものパターンがある。まず、最も単純なものは、立法がされ、その法が実際に社会を変更させる場合である。典型的なのは、高齢者の介護関連の立法である。立法がなされただけでなく、誰が費用負担し、誰が、どこで高齢者の面倒をみるのか、実態を大きく変えるものである。大まかに言って、社会福祉の分野は、以前は人々の相互扶助にまかされていた状況から次第に公的機関が責任をもつ方向に制度化が進んできた。この領域は、社会の法化を語る上で代表的な部分である。

しかし、私が注目するのは、それ以外のパターンである。第二のパターンは、立法されたが、実態に変化がないパターンである。例は、日の丸・君が代の法制化や、通信傍受法である。もともと日の丸は国旗であったし、君が代も国歌であった。教育現場で歌うことを強制しないなら、変化なしである。通信傍受法についても、もともと盗聴は行っていたのであるから、その意味では変化を伴わない。立法したが変化がないというよりも、実態を追認して法制化したというほうが的を射ているであろう。

ガイドラインについても、世界の情勢変化を無視して、国内だけ見れば、日米軍事同盟が当然伴うはずのことを法制化したとみることができる。戦後、防衛や警察関係について法整備がずっとできなかった埋め合わせという説明もできるが、実態と法制度をできるだけ合わせていこうという意図をくみ取ることができる。

さらに興味深いのは、法律は以前からきっちりとできていたが、法適用が厳密にされていなかった領域に、法化が生じる第三のパターンである。新たな立法は行われないが、法適用が変化する。例は、大蔵官僚の接待である。金さえ受け取らなければ接待は受けても収賄罪の適用はなかったのであるが、そうはいかなくなった。警察の不祥事も、かつては刑事事件にしなかったが、刑事事件として処理するようになった。大企業の幹部が総会屋と関係していることが、本当に逮捕につながるようになった。このパターンが、前節で述べた、伝統的な統制方法が効かなくなって、法に頼り始めたのではないかと論じた法化である。

このように、法化には三つのパターンがある。いずれのパターンも最近よく見られる。日本社会は法化しているというのが一般的な見方であろう。しかし、日本社会の方向性を厳密に分析するためには、法化していない部分があるのかどうかの検討を欠くことはできない。

実は、立法もなければ、法適用の変化もなく、警察・検察の介入も受けつけない領域は、まだ残っている。典型例は、医療現場である。インフォームド・コンセントの問題にせよ、カルテの法制化にせよ、日本医師会は、法制化になじまないとして全て葬った。

この例は非常に注目に値する。日本社会の将来像として、法による社会のルール化を進めるという方針が、大原則として確認されていたとしよう。ならば、最も法の浸透、あるいは外部からのサンクションを拒否してきた、実質上の自治団体は、日本医師会であるから、真っ先にここから法化させねばならない。それができていないということは、既に述べたように、現在頻繁に観察される法化現象は、伝統的な中間集団による自治の崩壊現象に過ぎず、国家主導の法治国家化がおきているのではない。進む方向を定めないままの崩壊である。

八　日本統合

日本の伝統的共同体が崩壊していることが原因で法律に頼る状況になっているということは、アメリカ化・世界のグローバル化が原因でルール化が進んでいるという説が間違っていることを意味する。実際、貿易全体が経済全体に占める割合は二割にも達せずマイナーであり、最も外国の影響が強い経済分野でさえ、国境の壁はまだまだ強固である。それに、アメリカのことを本当に良く知っている日本人は、実は恐ろしいほど少数派である。

それではなぜこれほどまでグローバル化が騒がれるのであろうか。「護送船団方式を続ければ、日本の産業は競争力を失い世界から取り残される、したがって規制緩和策をとって、競争を促進し、日本の産業の強化が必要である。」という類の議論をよく聞く。この議論は、実は、純粋な自由競争論ではない。純粋な自由競争論なら、日本はどうなったってよい。この議論において最も重要とされているのは日本という共同体の生き残りと発展である。世界各国の関係は、いまだに力関係中心であり、日本の国力強化のために、国内での、問題企業や業界を改変する必要があるのである。その意味で、この種の議論は、実は、世界ではなく日本社会のグローバル化を成そうとしていると理解できる。成すべきは、自由競争社会の建設であるよりも、日本統合なのである。ＥＵ統合論も同じような発想に支えられていると思われる。

このことを前提に、その日本統合の手段として、人間関係を重視する伝統的方法がもはや効果的でないがゆえに、ルール化ということが注目されると考えることができる。なお、このルール化の要求は、日本統合の要求からきているだけではなく、むしろ、不当に儲けている業界に対して、その不公平さに憤るという、極めて個人主義的な動機を含んでいると観察される。しかし、闇雲に平等を追求することは、政策と呼べる次元のものではないと考える。今、必要なのは日本統合であり、そのためのルール化という発想で、目下進行中の日本社会のルール化を理解したうえで、これからの司法の役割を考えてみよう。

九　司法の役割

日本社会は、人の繋がりによって支えられてきたため、その方法が有効的である中間集団の中には治外法権に近い力を持っているものさえある。それらの中間集団の幾つかが、全体社会の利益を無視し、自分達の集団だけの利益を追求している。これを、国家機関として許さないことが、今、司法が行うべき最優先課題である。ただ、非常にむずかしいのは、立法府や行政府と、いかに役割分担するかである。

法の前の平等、法の普遍的適用といったことから、あらゆる集団に司法が介入すべし、言いかえるならば、日本を「真の法治国家」にすべしという主張がある。欧米に追いつき追い越せ式の発想で、この種の主張は非常に多くの論者によって頻繁にされてきた。しかし、日本の歴史も現状も無視した乱暴さゆえ、その効果は、抑止効果はともかく、改革という点では、ほとんどなかった。簡単に歴史を振り返れば、戦後、国際政治のなかでアメリカ側につくこと、軍備を控え経済活動にせいをだすことを基本に、かなり日本社会は見事に統治されてきた。強い国家リーダーが不在で、構造的に中間集団のエゴに手がつけられない欠陥は、かつても存在したが、戦争に負けたという危機のおかげで、そのようなエゴは押さえられていた。中間集団のボスは、今よく非難されるような純粋な利権屋でもなければ、公僕でもないことが特徴である。いま集団エゴを剥き出しにしている同じ集団のリーダーも、危機が再びくれば、協力関係を回復することができると期待してよい。ただ、危機が来る前に対処したいから、やはり問題ではある。

また、裁判所自体の歴史も考慮すれば、つい先ごろまで司法省の支配下にあったぐらいで、国家の有力機関としての責務を負ってはこなかった。つまり、そもそも力不足である。これらのことを考慮すれば、これまで、日本の裁判所が、極めて政治から距離をとる、司法消極主義をとってきたことは、ひとつの見識、あるいはひとつの戦術として、評価できなくもない。さらに、国家的課題を発見し、対処していくことは、やはり司法よりも、政治の領分であるというのは正論であろう。

以上のことを確認したうえで、あらためて、現在の司法の役割を考えてみよう。すると、もし政治が、中間集団エゴの問題を解決できるなら、司法は、必ずしも積極介入の必要はないことになる。ところが、政治改革、行政改革とやってきたが、それは無理らしいという状況がある。そう現状認識すれば、司法は積極的になるべきなのか。実は、フランスのように伝統的に司法が力を持っていなかった国でも、近年、政治の不在ゆえに、司法は、その重要度を急激に増大させている。これは、当然予想されるひとつの選択肢であるが、一長一短である。つまり、政治空白を放置しない利点と、司法が本来の責務を超えて働く弊害である。したがって、積極主義か消極主義かという二者択一よりも、細かい検討が必要である。

一〇　国家不在の個人主義

弊害については、アメリカ、フランス、日本どこでも同じであるが、刑事罰による個人攻撃の増加がある。有力政治家、大企業の経営者、高級官僚等が、次々に逮捕され、しかも、実刑判決がいくつも出ている。逐一検討することはしないが、行き過ぎの部分もあると考えている。また、立法面でも、公務員倫理法等は、本来、中間集団の統制の問題であるにもかかわらず、個人を締め付ける方向にいっている。これらは、方法論としては間違いであり、少なくとも刑事法適用について慎重さを忘れては司法と言えない。むしろ、刑事法ではない法的手段を有効的に使う必要がある。住専問題のさいに、法的方法イコール刑事罰と倒産との解釈で、法的処理になじまないと主張されたが、後に採用されたように国有化他、様々な法的手段はありえた。

最も留意しなければならないことは、検察や警察の介入をもって、国家介入と自動的に理解してはいけないことである。そもそも、日本に国家中枢があるなら、大蔵省その他の接待問題ごとき、中枢機関のコミュニケーションパイプを通じて、「いいかげんにしろ」と伝えれば十分のはずである。それがなく、片方は、狭い世界のなかで、これでいいんだと思いこんでおり、他方は、もう強硬手段やむなしと思いこんでいるのでは、大蔵省も、検察も、警察も、実は社会学的には中間集団にすぎないと言えるであろう。○○省がけしからんであるとか、ボスの誰それが悪いという批判が、多くなされたが、最も問題であるのは、このような国家中枢の不在である。これらの非難の背後にあったのは、むしろ、不平等に対する怒りという個人主義であった。野村證券の課長の告発に代表される、個人による中間集団への反発が起きたのである。このように解釈すれば、一連の刑事事件化の動きは、国家による中間集団エゴの解消という形では、かならずしも、行われなかったことになる。言いかえれば、国家不在の中、検察は介入しようがしまいが、非難を免れなかった。介入しなければ、問題を放置したと非難され、介入すれば、刑事処分で個人を懲らしめてもしかたがないと非難される。結局は、政治が責任を果たして、しっかりとした国家をつくるべきということになるが、そう結論を急いで、議論を終わらせてはならない。原則はそうでも、司法が、そのような方針に添うべく行うべきことがあるのではないか、細かい検討が必要である。

なお刑事罰は避けるべきとの原則を述べたが、たとえば、医者や警察が、文句無く犯罪行為をおこなっているにもかかわらず、司法の手を逃れていたことが正されている動きについては是認できる。中間集団から自治権を奪い戻す方向であるからである。

また、いわゆるバブルを起こした行為、すなわちある不動産会社に融資し、その融資でその不動産会社が購入した土地を担保にするさいに、その土地の値段の一〇〇%以上の担保価値を認めた行為は、これを続けると、土地が無限に購入できることになり（新たに購入した土地を担保にまた同額の融資を受け、同額の土地を買い…）、金融・不動産市場を破壊する行為に他ならない。これは、実質的に犯罪行為である。何の罪にするかという問題はあるが、犯罪として対処すべきであった。なぜなら、「みんな」がやっているから許されるという悪弊こそ、私がここで言う、中間集団のエゴにあたる。銀行に公的資金を入れるために、銀行の悪事をあまりあからさまにしない方針だったのかと思われるが、中長期的にはマイナスである。

刑事的統制以外の方法で、司法は何をすべきか、次に考察してみよう。

二　民事訴訟と中間集団

日本の現在の司法制度で、刑事以外とは、民事裁判のことになるが、行政訴訟も含まれる。ただ、行政訴訟における司法消極主義の批判は、既に多くなされており、他に譲りたい。ここでは、狭義の民事訴訟について言及したい。

中間集団に対して裁判所に何ができるか。そもそも、中間集団という概念は、民事訴訟には欠落しており、法人であれ、自然人であれ、当事者は対等の権利主体であるに過ぎない。そのため、強力な集団と一個人の訴訟においては、訴訟能力差ゆえに集団側が勝ちやすいという問題点がある。この結果だけをみて、裁判所は、公的機関や大企業の肩を持っているとみなして、イデオロギー色の強い批判がなされることがある。しかし、これはあたっていない。むしろ裁判所は、イデオロギーは嫌っており、中立を好んでいる。また、次にあげるような、より重要な別の原因がある。

日本では、○○組織所属の誰それですと名乗らなければ、全くと言って良いほど他人から信用されない。個人の看板では、何もできず、所属組織が大きければ大きいほど、またその組織の公的性格が強いほど、信用される。裁判官も、この「常識」に従っているのである。どこの誰だかわからない個人の言うことより、公的機関や社会的に認知されている団体の言うことのほうが信用にたると解釈すれば、自動的に個人は負け、集団組織側が勝訴する。裁判官は、大企業や公務員が、こんなバカなことをするだろうかと疑い、原告である消費者や被害者個人を、何度か法廷で顔を合わせたぐらいで信用するには至らないというわけである。個々の裁判場面においては、これは大きな要因である。

このことは、裁判官の中立性を言うにはよいが、実は重大な問題に関連している。何らかの専門知識が要求される訴訟が増加しているが、そのような訴訟において、裁判官は、しばしば被告である専門家に、遠慮して、よほどの確信がないかぎり、専門家の非を（過失）認定しない。これは、中間集団が実質自治権を持ち、司法すらそこに介入できないというモデルそのものである。これこそが、打ち破らねばならない対象である。より具体的にみていこう。

医師会

まず、最初に取り上げるべきは、中間集団エゴを振りかざすことにかけて、その代表格である日本医師会である。既に述べたように、この分野をルール化するには、そもそも立法が必要である。しかし、日本医師会は、政治家、行政官僚いずれに対しても強い影響力を保持しており、これは極めて困難な状況にある。ここで、司法までが、不介入を決め込んではならない。医療過誤に対して、最近、業務上過失致死等を問い、逮捕、訴追が増加しつつあるが、そのままに、民事訴訟において、より容易に医者の過失が認定されねばならない。カルテの改ざんがなされても、罰則を受けないなどと嘆くのではなく、カルテの管理がきっちりしていないことがわかった段階で、ほとんど事実上病院側の敗訴にすればよい。被害者側が過失を証明しなければならないなどという原則は、専門化が進んだ分野では現実的でないことは、今や常識であろう。複雑高度な科学技術がからむ場合、公害裁判や製造物責任法における企業同様、専門知識を持つ側が、安全あるいは過失のないことを証明しなければならないはずである。その認識があれば、医療分野の立法が阻止されても、実質論として、医者に立証責任を課し、信用にたるカルテがなければ病院側の言い分を認定しなければよい。また、インフォームド・コンセントも、立法がなくとも、説明の責任は、当然あると考えてよいのではないか。

一般化すれば、裁判官は、専門知識不足から、妙な遠慮をしないで、専門家が潔白証明できなければ、専門家の不利に判断すべきである。そもそも、実際具体的に問題になっている訴訟は、医療過誤事件をはじめとする、法律以外の専門知識がからんだものである。専門家を陪審に呼ぶ参審制が検討されているが、専門家集団に、全体の奉仕者になってもらうという観点から支持できる。是非実現すればよいと思う。中間集団の庇いあいの問題を防ぐには、参審制にして裁判官を参加させ、かつ、その裁判官を専門化する必要があると考える。ただし、人間関係が緊密になれば仲間になってしまうことを考慮すれば、一生涯変わらない医療関係専門裁判官をつくるのではなく、戦力として働けるだけ長期間（十年か）ある特定の種類の訴訟を主に扱うぐらいの専門化をするのが最適と思われる。より具体的な検討は後述する。

大企業

総会屋とも、いよいよ本当に手を切る方向のようであるし、消費者問題関連では立法も進み、苦情処理機関も発達してきている。企業の公的性格については、それなりの自覚が得られてきつつあると見ることもできる。しかし、ルール化という観点から、今後、最も焦点となるのは、労働問題であろう。この分野は、立法は十分だが、法適用の段階に問題を残す典型的な分野である。サービス残業はもちろん、単身赴任等、企業が従業員の権利を不当に侵害している例にはことかかない。

戦後、日本社会は、労働問題に目をつぶっても、経済力をつけるという合意があったと解釈できるが、これには当然弊害も大きく、ある程度の生活水準が達成された今、これを続けるわけにはいかない。過労死問題訴訟だけでなく、多くの点で、より踏み込んだ判決がまたれている。このあたりの、マクロな視点を、司法も持ってよいはずである。換言すれば、何が、現在日本社会全体のための利益であるかも、司法は、解釈しなければならない。司法は三権のひとつであることを想起すべきである。

マスコミ

憲法文言解釈ではなく、実質的な目で見ると、マスコミは、ほとんど（立法・行政・司法につづく）第四の権力である。しかも、実質的刑罰機能をもった権力である。

政治（立法・行政）のマスコミに対する弱さを考慮すれば、マスコミの問題行動を防ぐことは司法にかかってこざるをえない。司法は、ある意味で、世論にさからってでも、ただ一人となっても正義は正義であると言えてこそ存在価値がある。むろん刑事介入は控えるべきだが、誤った報道に対する損害賠償訴訟において、過去の判例よりも、マスコミの影響力の強さを考慮した、現状にあった実質判断をしてほしい。松本サリン事件の河野さんのようなケースを想定してみよう。報道によって犯人扱いされた結果、当人は、まわりの人間関係をズタズタにされ、冤罪が晴れても、これは回復されない。実質判断としては、重度の後遺症障害が残ったのに等しいと考えてよい。何千万単位の賠償額が妥当であると思う。プライバシー侵害に対する損害賠償等も、その影響の大きさを知れば、あまりにも少ない。一〇倍から一〇〇倍にすべきである。そのうえで、直接の被害者が曖昧な、誤った報道についての統制機関も必要であると考える。ただ、これは裁判所ではないほうがよいと考える。

一二　司法改革論議

中間集団エゴをなくすことが、現在日本社会において最重要課題であると考え、司法は、その目的のために、何をなすべきか、具体例をあげて論じてきた。裁判官は、マクロな現状認識を持って、介入すべきところには強く介入すべしという結論であるが、そのような意識改革を促す制度改革は何なのか。最後に、私の議論と、既になされている司法改革論議との関係づけをしておきたい。

かつて司法制度改革は、法曹三者の合意で行うととりきめられており、業界内での議論しかなかった。それに対して今回の司法改革は、経済界や自民党が積極的であり、もはや法曹界だけでの議論ではないと、多くの人が解説する。確かに、昔との比較ではそのとおりである。しかし、私の展開した議論と比較すれば、実際の審議会の議論と、それに対する提言は、業界内改革と言ってよい狭い議論である。自己責任社会、法化社会に言及はされているが、ほとんど枕言葉としてしか使われていない。審議会の内容をできるだけオープンにしようとしたり、議論参加者も従来と比較して広いといっても、所詮、その選任の仕方からすると中間集団の代表の側面を拭えない「各界のボス」が調整するという日本の意思決定の伝統に沿うものである。きちんと議論できる個人を選んだのではなく、バランスよく各界から選んでいることは明白であろう。

このように述べれば厳しく批判したと理解する者もいると思うが、そうではない。日本の歴史を無視して、突然、理想の民主主義を持ち出し、本当に透明で理性的な議論がなされていないと非難するような非建設的な論議をするつもりはない。さらに、審議会委員について能力的にも倫理的にも問題のある方が選ばれているとは考えていないし、問題にもしない。それよりも、批判するとすれば、次のことである。法曹三者も、日本社会の例にもれず、実は、それぞれ中間集団であるに過ぎず、その内部を固有の職業倫理（ローカル・ルール）で動かしてきた。それらが集まって、全体のために何かしようとすれば、各中間集団を統率できる人物が代表となって、他グループと調整するしかない。それゆえ、リーダーという語ではなく、押さえが利くという意味でボスという語を使用させてもらった。批判すべきは、そのボスが実はボスらしくなくなっており、全体のために自分の所属集団に痛みの伴う決断を飲ますことができないことである。つまり、日本の伝統的やり方が、きっちりできていないことから問題が生じている。中間集団は国に対しては強いが、内部の個人メンバーに対しては弱くなっているという、前述の私の主張は、法曹三者にも当てはまるのである。むろん、私は、後戻りはできないと考えており、将来の方向については、中間集団に個人を従わせるのではなく、中間集団のローカル・ルールを崩し、国家による普遍的ルールを強化することを提唱する。

なお、もう少し具体的に述べれば、形式だけについては、中坊公平氏と故小渕首相の間で、最終的に、典型的なボス間交渉による妥結を見るのかと予想していたが、内容的にどこまで踏み込めるのかなと危惧していた。もし、内容的に立派なものがでてくるならば、現在は、過渡期であることから、伝統的方法に首相のリーダーシップが少し登場するぐらいで、今後の方向性の決定がなされたとしても、非難する気は私にはなかった。しかし、逆にいうと、内容ある改革ができないなら、中間集団の代表達が寄って決めるのはやめるしかない。

私は、社会のルール化から出発して、どの領域から優先的に始めるべきか考察したが、実は、そもそも司法界自体が、中間集団によって成り立っており、そこの改革から始めるべきだと言われてみれば、それもそうである。司法界という一業界に影響の大きい問題だけを論じていると非難してきたが、法曹一元やロー・スクール構想の議論を、中間集団の問題という観点から考察してみることは意義があろう。

ロー・スクール構想

良き法曹を育てるには、それに必要な教育を順番に行えばよい。大学、司法試験予備校、ロー・スクール（大学院）、司法研修所に分けないで、一元化した一貫教育こそ、最も合理的ではないのか。必要のないものを廃止することほど全体社会の利益になることはない。しかし、司法機能の増大が必要であり、教育も強化の方向だということがある。どう調整すればよいのか非常に困難な問題である。

ところが、現実の議論は、大筋、今の法曹教育に不足していることをロー・スクールで学ばせ、残りの部分は変化させない方向であるとみえる。反論がいくつも出てきそうだが、そもそも、ほとんどの議論は、〇〇大学案として出てきたものを中心になされており、中間集団防衛的な枠内での「できる限りの努力」にすぎない。

私の認識では、法曹、行政官僚、政治家、大企業経営者に将来進む者が、法学部という大きな枠のなかで机を並べて教育を受け、そこでできた人間関係を駆使し、日本を統治してきた。このインフォーマルなネットワークを重視することを、今後の日本社会のあり方として、やめるのかどうかの決断がまずなければならない。これまでの大学は、このインフォーマルネットワークの存在を前提に、東大に対する対抗勢力として、京大、その他の地方国立大学、私学というものの存在価値もあった。今後、学閥に頼ることなく、様々な他者と協力関係を築けるコミュニケーション能力のある個人を育てるつもりならば、学閥はつぶす方向でよい。ほとんどの大学案が、「個人中心の自己責任の社会」を目指すと言っているにもかかわらず、昔ながらの法学部を温存するのは、インフォーマルネットワークの温存のようにみえてしかたがない。ただ、校風・学風の存在価値は残るし、個人中心に考えても多元性は必要であるので、一元的国家エリート養成機関を創るべきとまでは考えていない。

東大でも京大でも、大企業が突然倒産するご時世、安全志向に走り、多くの学生が法曹を目指している。これは、日本を将来ひきいるリーダーは不足し、日本の先行きは、ほぼ確実に暗いという重大な状況を示唆する。このような危機状況を前に、国家エリート養成あるいは専門家養成という観点から、高等教育全体を見直す必要があると考えないでおれようか。現代の高等教育に不足しているものとして最もよく指摘されているのは、幅広い知識と倫理教育である。以下これについて検討しよう。

幅広い知識

幅広い知識といっても、様々なことを指していることが多い。まず、いわゆる一般教養を指す場合がある。法律家になる者も、心理学、社会学、地理歴史等の知識が必要という議論である。確かに、抽象論としては必要論は、なるほどと思えるが、理学部、文学部で学んだ後、法学部に移った私の経験からは、文学部流の社会科学の知識を法律学と結びつけるのは、極めて困難であり、その意味で学生達の興味を引くことはないと考える。一般教養科目を何単位かとらなければならないから履修しているだけであろう。

むしろ、今批判されているのは、広い分野の知識が不足しているということよりも、法律学内部で、細かいことには答えられるが、「法とは何か」「司法の役割は」といったことに答えられない、試験向けの勉強だけしている学生が生み出されていることである。この意味では、法社会学、法哲学、法史学、比較法などの、いわゆる基礎法学が必要だという議論になる。

しかし、一般教養科目にせよ、基礎法学科目にせよ、そもそも、教える側が幅広い知識を持っていなければ話にならないが、研究中心に大学組織ができているため、立派な科目が並んでいたわりには、学生を満足させてこなかったように思う。研究と並んで、教育ということに力をいれる必要性は、既にたくさん指摘されているとおりである。このあたりの議論に付け加えることはない。

私が、ここで指摘したいのは、実は、以上のような議論とは異なった観点からの幅広い知識のことである。抽象論は捨て、具体的に必要とされる法律外の知識という視点で見てみよう。医療過誤事件、知的所有権がらみの事件、手抜き工事の建売住宅、いずれも、必要とされているのは、一般教養でも基礎法学でもない。これは、幅広い知識というより、法律以外の専門知識というべきであろう。そこで、私が提唱したいのは、法律学とそれ以外の専門知識、つまり二分野の専門知識を身につけた法曹を生み出すべきだということである。前述したように、法曹内部で、さらなる専門化が必要だと、私は認識している。

経験知の伝授

そこで問題になるのは、その育成方法である。残念ながら、教育の専門家は、司法改革審議会に入っていないためか、ひたすら学校教育の充実が論議されてきた。しかし、そもそも、学校は、日本の伝統的な「職人」育成方法からすれば重要ではなかったのではないか。教育学においては、学校でやったことが、あまりにも、社会に出てからとかけ離れているからこそ、人々は、「夢の学生時代」を懐かしむとさえ言われている。「一人前の職人」をつくる最良の方法は、先輩のやるとおりにさせること、「まね」ばせることであった。また、新しい課題がでてきたとき、それが教育カリキュラムに入れられるまで、現場で対応するほかない。そのさいの、現場でなんとか対応するとは、経験知を蓄積し伝授してゆくことにほかならない。

ところが、この先輩から後輩への伝授能力は、いたるところで衰退傾向にある。その原因は、伝統的な先輩後輩関係のもつ非民主的、反個人主義的性質が嫌われ、民主的で個人主義を尊重した、新しい先輩後輩関係が形成できず、若い人ほど、同世代とだけつきあう傾向にあるためであろう。裁判官、検事、弁護士も、この例外ではなかろう。ある意味で個人が強くなり、中間集団の伝統的統制が機能しなくなってきていると述べたが、その具体的危機は、この問題である。

対処方法は、これまでのインフォーマルな先輩後輩関係に代わる、フォーマルな経験知伝授システムの構築しかない。それは、司法研修所を卒業した後の継続的研修しかない。考えてみれば、「幅広い知識」を若いうちにつけて、それでお仕舞いはおかしい。幅広い知識とは、生涯かけて長い時間を経て身につくものであろう。フランスでは、このような研修が、ゼミナールの形で、司法研修所にあたるところによって実施されている。逆にいうと、日本にこれまで、そのような公式の仕組みがなかったのは、インフォーマルな先輩後輩関係に多くを期待できたからであろう。なお、フランスの場合、裁判官と検事だけでなく、弁護士も、学者も、そしてもちろん、法律外の専門家も交えて、極めてオープンなゼミナールやシンポジウムを実施している。私も何度か参加したが、大先輩と若手が共に参加しており、また、タイムリーな題材が設定されていた。おおいに参考になる。日本にも、裁判官や学者が一緒に研究会を開いて、腕を磨いてきた伝統はあるが、そんなことは知らないという若い裁判官が多数いるのではないか。制度化が不可避と、私は考える。

倫理教育

まず、普遍的ルールとしての道徳と倫理との違いを理解しなければならない。普遍的ルールとしての道徳は、抽象的な個人を想定し、あらゆる個人に同じルールが適用されることを要求する。本気でこのような世界を目指すならば、第三世界で貧困や病気に苦しむ人々の人権を第一に考えなければならない。長期的には、このような方向を放棄しているわけではないことに留意しなければならないが、現実的には、ある国家内での、公平なルール適用のことだけが念頭にある。ただし、国家の目的に個人を隷属させるのではなく、個人の持つあらゆる欲望を自由の名において肯定し、これを社会を動かすエンジンとする。そして、権利の濫用については、国家が、その個人に罰を与えることによって防ぐ。

これに対して、倫理は、常に共同体を想定し、その中での自分の位置付けと結びついている。たとえば、誰かが目の前で、重い物の下敷きになって、助ける必要があるとき、誰が助けるべきか。まわりを見回して、自分が、近くにいる者達のうちで、最も力持ちだから、自分が助けるべきである。このように、自分は、力持ちだから、医者だから、裁判官だから、あることをしなければならない（職業倫理）、というふうに、自己のアイデンティティーから規範がうまれる。それが倫理の特性である。この場合、モチベーションは、個人の欲求ではなく、共同体からきている。

中間集団のエゴをなくすことが第一の課題と述べてきたが、私は、中間集団自体を否定はしない。中間集団なしに全体と個人が繋がるなどということは現実的ではない。医師会の業界エゴを非難してきたが、地域に根付いて活動している個々の医者達は、その地域は自分が支えるしかないという倫理感を持っている場合が多い。中間集団（地域）は、倫理感を育て維持する機能を担っているのである。したがって、ルールとしての道徳を国家による罰をちらつかせて叩き込む道徳教育をすることは、自分の利益のためにルールを守る人間をつくることになり、むしろ、倫理教育に逆行する。また、国家もひとつの集団であるから、それ自体に倫理感を生む母体となってもらうこと、すなわちナショナリズムは、世界の平和にとっても人権にとっても脅威となりすぎる。経験上、国家は大き過ぎて、効果がないか、制御がきかないで暴走をすることが多い。

私は、方法論的共同体主義（communitarianisme méthodologique）をとる。共同体のために個人が犠牲になることは認めないが、方法論的個人主義の対極として、共同体の存在を不可欠のものとして、そこから社会を理解する。現代若者に多いフリーライダーも、協力して果たさねばならない重要課題あるいは危機がないから、自分勝手に振舞って良いという判断をしていると理解する。共同体に対する状況認識が個人主義的行動に先立つ。規制緩和、自己責任論者も、それを評価してくれる共同体を、どこかで想定していると考える。全く自分で判断し、行動する者などまずいない。とりわけ、最近のこの種の論者は、そう主張すれば評価されるトレンドだと思ってしている者が多いと私は考えている。

適度なサイズの共同体が必要との見地に立てば、次に問題になるのは、専門家集団あるいは職業集団、地域集団など中間集団の性質の問題である。地域共同体は、原初的な倫理感のためには最良のものであるが、専門家を評価できるのは専門家しかいない。どちらも必要であるが、制度的にどこまで両立できるかである。もっとも地域共同体も、政治的には地域エゴを生むこともあるし、司法関係者も、あまりにも地域密着すれば、地域有力者側の司法になる危険性はある。究極の制度を私が提案できるなどとは思っていない。現状を踏まえて、政治については、より国家が強くなって地域エゴと戦う必要があると考えるが、司法に関しては、とりわけキャリア制度を持つ裁判官は、あまりにも地域に疎遠で、職業集団内に埋没していたと考える。

自分が担当した事件を責任を持って最後までやりとげることは、職業倫理の基本であると考える。頻繁な人事異動のために、それができないというのはいかがなものか。また、企業の社宅同様、官舎は、集団エゴの温床となりえるからやめる。そして、一地域に十年落ち着くといったことが必要である。裁判官組織内にも階層性は必要だが、どの地域に赴任したかによって細かい階層性があり、それゆえ、細かい人事異動を必要とするというのは有害無益と考える。

倫理というものは、なぜ私がやらねばならないかという点で、アイデンティティーと強く結びついていると述べた。倫理が身につくメカニズムも、あんな先輩のようになりたいという同一化がおきることにより、人から人に伝わるものである。学校などで教育できるものではない。ロー・スクールに倫理教育科目などつくるより、ある地域の裁判所内のメンバーをある程度固定すれば、その地域で連帯して司法機能を担っている意識が生まれる。これまでは、評価を下してくれる共同体を体現していた最高裁事務総局の目を気にしすぎていた。そして、次は、どの地方に行くのかと思いながら勤務していた。司法における個々の事件は、実際、きわめて地域性が高いものが多い。もちろん地域に密着し過ぎてもいけないし、国家的見地も失ってはならないから、ある程度で転勤することがよさそうである。

未完成品と法曹一元制

幅広い知識、倫理、いずれについても、学校教育は重要ではないことを確認した。学校とりわけ大学は、即戦力の完成した人材を送り出すところではなく、使ってみないとわからない未完成品を卒業させるところである。彼らを一人前にすることは雇った側にまかされている。いかにロー・スクールを充実させ、司法研修所がみっちり実務を教えたとしても、その卒業生は、一人前の完成品ではない。

ここに実は、大きな問題が潜んでいる。

企業も含め、一般に、日本の組織は、入る時には厳しく選定されるが、入ってからは追い出されにくい。ところが、いくら厳密に選定しても、役立たずが一部混入する。それを前提すれば、そのような人々を、組織内でどう扱うかという重大問題がある。一般企業は、最高の成績の学生を採用するときでさえ平社員として入社させる。彼が、実は、実践的には役立たずであれば、昇進させなければよい。重要でない役割を、あてがえばよいのである。それで、いやになって、自分から退社すればそれはそれでよいというわけである。

ところが、法曹三者は、資格保持者であるから、初めから地位も役割もあり、一般企業のようにはいかない。弁護士については、ひとまずおいておくとして、検察と裁判所は、組織として、役立たずの人員にどう対処すればよいのか。検察の場合は、まだ、重要性が低いうえ、さして能力も必要ない事件というもの（ある種の交通事故等）があり、そちらにまわせる。逆に、重要で困難な事件にあたる特捜は、腕利き検事養成所でもあった（先輩後輩関係の衰退により、この機能にも、陰りがあると予想するが）。もうひとつの手段は、検察事務官などの、補佐役といいながら、実際には検事の役割の肩代わりさえ行える人員に、できない検事を助けさせることである。これが実際におこなわれているかどうかは未確認であるが、企業においては、できないが昇進させざるをえない上司に、「できる部下」を抱き合わせることは、おなじみの手段である。

さて、一番問題であるのは、裁判所である。公判が開かれる事件で重要でない事件というのは、まずないであろう。裁判にまでなってしまったからには、ほぼ全てが重要事件である。企業は、差し引き黒字なら許容できるが、裁判は一件一件がたいせつである。役立たずという次元では済まない。腕利き書記官を、できない裁判官と組ませることぐらいしか、対処方法はない。身分保障も手厚いから、やめさせることもできない。なお、できない裁判官と呼んだのは、いわゆる問題行動を起こす判事ではなく、むしろ（保身のために）慎重すぎて、決断できないたぐいの判事である。

裁判官として使えない人材を任官してしまう問題を避けるには、どうすればよいか。司法研修所教育は、この選別機能を担ってきたと予想されるが、所詮研修にすぎず、効果は限定的であったろう。ここに、いわゆる法曹一元制の使い道がある。司法の民主化云々という時代遅れの言説に得るところはないが、実務経験をさせた後から正式任官することは、問題のある裁判官を雇わないためには有力な手段である。この観点から、法曹一元制を考えてはどうであろうか。

一三　具体策とまとめ

以上の考察から、具体策をまとめておこう。まずは、一般市民としての基本的教養を二〇歳ぐらいまでに身に付けさせ、それから、専門分野に分かれる。それをロー・スクールと呼ぶなら、そこで法律専門知識を徹底的に身に付けさせ、それが十分なら資格を与える。実践的に即必要な、他分野の専門知識は、それから勉強させ、二分野に通じた専門家をつくる。つまり、予備校は消滅させ、研修所も初めに集中的に教育するのではなく、長く研修の場を提供するものに変える。ロー・スクールは、水準を満たせばどこに置いてもよい。また、倫理面のために、地域性をもたせることと、たとえば判事としてのアイデンティティをもたせることが必要である。二つ以上の分野の専門家としての実力を持つが、アイデンティフィケーションが分裂してはならない。学校教育の効果を信じ過ぎている印象を受ける議論が多くなされているが、教育の効果も、その測定方法、つまり試験も、絶大な信頼を置いて制度設計してよいものではない。あくまで、実務で実績をあげた者こそ評価されるべきであり、その観点から法曹一元制度を導入すればよい。

最後に、国家エリートとしての基本的教養は、各自勉強するしかない。ただ、それが試され、評価されるためにも、二〇〇一年から二〇〇五年にかけての司法の役割とはといった、マクロな方針に対する公開の議論が戦わされる機会が必要である。非民主主義的と思われる行為を見つけては、それを非難する、間違い探しゲームのような民主化論は捨てて、まさに、行うべき議論をすることが本当の民主化であろう。そして、それが、そもそも、本書のねらいでもある。国家により、中間集団エゴを排し、日本統合を目指すことが目下の課題であると認識し、そのための司法の役割を大胆に論じたつもりである。また、個人が集団に対して強くなり過ぎ、伝統的な仕組みが機能しない点が多くの問題の原因であるとみなし、そこから法曹養成制度の改革を論じた。裁判所自体が一業界から、国家の中枢権力へと脱皮することを願うものである。大きな議論が起きることを期待してやまない。

〈参考文献〉

「シリーズ司法改革Ⅰ法曹養成ロースクール構想」『法律時報増刊』日本評論社、二〇〇〇年
「特集　司法制度改革の展望」『ジュリスト』一一七〇号、有斐閣、二〇〇〇年
「司法改革への展望」『法律時報』八八七号、日本評論社、二〇〇〇年
「特集　法曹一元は実現できるのか」『月刊司法改革』一九九九年一一月号、現代人文社、一九九九年
「特集　分析・法科大学院構想 part2 批判、対案、比較法的モデル」『月刊司法改革』二〇〇〇年一月号、現代人文社、二〇〇〇年
FERRY Jean-Mark, "Qu'est-ce qu'une communauté politique－Linéament d'un《communautarisme méthodologique》". dans Raison Pratiques, 3, 1992, Pouvoir et légitimité, pp. 109-128.
GARAPON Antoine, *Le Gardien des promesse justice et démocratie*, Editions Odile Jacob, Paris, 1996.（アントワーヌ・ガラポン『司法介入急造と権威の喪失――フランス司法と民主主義の変容』河合幹雄訳、近刊予定）

第七章　司法官僚制と裁判官の意思決定

坪井明典

一　法曹一元が司法改革の要

「司法改革」が言われ出して久しい。今、ようやく司法の抜本的な改革が社会の共通認識になってきた。

先鞭をつけたのは日本弁護士連合会（略称・日弁連）だった。一九九〇年五月に「わが国の司法の現状をみると、国民の期待に応えていないばかりか、むしろ国民から遠ざかりつつあるのではないかと憂慮される」という認識を示し、「司法改革宣言」を出した。以来、宣言を繰り返し、司法改革は日弁連にとって中心課題となってきた。

従来、司法の改革論議は法曹界内にとどまることが多かった。ところが、今回は政界、財界に波及した。

一九九七年六月に自由民主党は司法制度特別調査会を発足させ、九八年六月に報告書「二一世紀の司法の確かな指針」を提示して、改革を迫った。経済団体連合会は九八年五月に「司法制度改革についての意見」を出した。法務省も九八年一二月に「司法制度改革のために検討すべき事項」を出している。こうした動きが、九九年六月の司法制度改革審議会設置法の成立、翌月の「司法制度改革審議会」（会長、佐藤幸治・京都大学大学院教授）の発足につながった。

日弁連に限らず、司法改革が言われ出した背景に規制緩和路線があったことは間違いない。しかし、それ以前の問題として、かねて「司法の機能不全」の声があり、処方箋が示されたのである。

処方箋の内容は意見書や報告書によってさまざまであり、多種多様だが、不思議に共通しているのが「法曹一元」の検討だった。司法制度改革審議会でも当然、主要なテーマになった。

日弁連は戦前から法曹一元を唱えているから、これを訴えるのは当然としても、自民党や経団連からも法曹一元の検討が提案された。自民党の「二一世紀の司法の確かな指針」は「国民に身近な司法」の項目の中で、わざわざ法曹一元を取り上げ「かつて臨時司法制度調査会において協議され、未だ基盤整備がなされていないとされた法曹一元の問題も検討課題である」と述べている。

経団連の意見書も「法曹養成のありかた」の項目で、裁判官の任用問題に触れ「裁判官は幅広い社会・経済事象を理解できることが必要であることから、弁護士となる資格を有する者で裁判官以外の職務を経てきた者から任用することを原則とすべきである」と記し、自民党の指針よりも法曹一元採用を前向きにとらえていた。

法務省の意見書「検討すべき事項」は全体的に趣旨が不明確だが、この中に「法曹一元の考えの下で、裁判官、法務省、弁護士などに対する適正な人材の配分を検討する必要があるのではないか」という表現があり、やはり法曹一元を改革論議の前提にしていたようにみえる。

当然ながら、最高裁は従来から「キャリア・システムが望ましい」という立場を維持しており、法曹一元に反対である。

法曹一元とは、法曹資格の取得者はまず弁護士になって紛争当事者と接触し、豊富な実社会経験を積んだ後に、例えば一〇年後に裁判官に任官する制度である。今の裁判官キャリア・システムを否定し、キャリア・システムの下に作り上げられている司法官僚制とも相いれない制度である。

何故、法曹一元制なのかについては、日弁連が明確に「司法官僚制の打破」と言っている。経団連や自民党の意見書などでは「裁判官に幅広い知識を求めるため」という程度のようであり、日弁連ほど狙いがはっきりとしているわけでない。

ただ、司法改革に積極的な意見を繰り返し表明しているオリックス会長の宮内義彦氏が日本経済新聞でのインタビュー記事（一九九八年二月一五日付）で、こんな発言をしている。

社会常識に乏しい裁判官を生む背景を尋ねられたのに対して「最高裁事務総局を頂点とする一つの

官僚制度が出来上がっていることが一番の問題です」「最高裁がかつての法王庁のように振る舞ってはいないか。最高裁の顔色を見ながら、ものも言えないという裁判所の体質を変えないとだめです」と司法官僚制を批判した。

さらに、裁判官の独立性の確保に関しても「最高裁をもっと民主的にしていかなければいけない……。裁判官のピラミッド制を崩すことが一番重要です」とまで語っている。最高裁と対峙してきた弁護士界の発言と勘違いしそうな発言である。

宮内発言が経済界内で軌を一にした共通認識なのかどうかは分からない。最高裁と親和的な経済人もいるはずだ。批判の対象である司法官僚制の打破或いは法曹一元導入を、経済界があくまで主張していくのかどうかも分からない。そうではあるが、宮内発言は確かに正鵠を射るものだった。機能不全や裁判不信という批判がこの司法官僚制に起因しているとみて間違いない。

二　忙しすぎる裁判官

数年前に日弁連が元裁判官を対象に聞き取り調査をしている。全てとは言わないまでも、そこから司法官僚制下での勤務実態の凄まじい一端がうかがえる。

一九九〇年以降に弁護士登録した裁判官経験者八三人を対象に裁判官時代の経験について聞いてい

る。協力者は五六人だった。

裁判官当時、最も多忙だった時の勤務状況についての質問では、手持ち事件数「四〇〇件以上」と答えた人が三人、「三〇〇件以上四〇〇件未満」が四人、「二〇〇件以上三〇〇件未満」が七人いた（いずれも民事裁判担当、刑事裁判担当でも三〇〇件以上が一人いた）。これだと、月に三〇、四〇件を処理しなければならない。こんなに事件を抱えていては休日も取れない。当事者が納得する丁寧な審理は望めない。大都市の地裁民事の裁判官がこうした勤務を強いられている傾向があるという。

この多忙による弊害を指摘する回答例をみると、深刻さがより伝わる。

裁判官個人の精神面、肉体面への影響について「社会経験のないまま老人になる」という回答があった。「自分の知っている裁判官で四人自殺した。うち三人は高裁時代に自殺した。原因は勤務の量と質のハードさ……」と、裁判官残酷物語を語った人もいた。

高裁の民事裁判官の中には毎日午前二、三時まで起案する人もいたようで「仕事で手を抜くか、身体をつぶすかのどちらかということになりかねない」という答えもあった。

この異常な多忙さは裁判官個人の問題を超えて、裁判の在り方自体にも当然、悪影響を及ぼす。例えば「時間のかかる証人調べや、現地に赴く検証等はなるべく制限する方向となり、当事者側からは、拙速、不十分な審理との不満を抱かれやすくなると思う」「記録を十分に読まないで訴訟を進行させる」「当事者の意向を十分聞くことができず、時間がないため裁判所が力を背景に（和解を）押しつけるような結果となる」

これら回答例をどこまで一般化できるかは、この調査では分からない。決して新しいデータでもなく、その後は、手持ち事件数も減り、幾分とも改善されたとも聞く。しかし、調査データはかつてのことと言って済まされる話ではない。「裁判官は超多忙」の声は依然、強い。司法への信頼という面から看過できるものではない。

司法における官僚制が確固としたものになっているから、こんな実態がまかり通るのであろう。裁判所内には「事件処理件数一覧表」というものが存在する。判決件数や未済件数をまとめたもので、裁判所各部に毎月、回ってくる。それが事件処理を急がせる方向で影響力を持っているという。回答例の中には、この一覧表について「最高裁は事件処理能力を把握しようとしている……。勤務評定の資料、見せしめの資料になっている」と答えた元裁判官がいた。

さらに、こんな回答があった。「現在の裁判所の問題の大部分は事件（処理）数の比較にある。『あの裁判官は事件をためた』はその裁判官に対する評価のすべてであり、『事件処理が早い、多い』という評価も逆の意味で評価のすべてに近い。何のために裁判をしているのか、裁判をする喜びや生き甲斐は何かというところまで、裁判官をむしばんでいる。（訴訟）代理人の『（訴訟を）取り下げます』、書記官からの『取下げが出ました』との言葉に無上の喜びを感じている自分はいったい何なのかとすら思う」

現職の裁判官でも、この点を率直に語る人がいる。裁判官有志の研究会「全国裁判官懇話会」で出た匿名発言である（『判例時報』一九九八年四月一一日号）。

「事件処理月報の帳尻を合わせることを最優先してバッサバッサと事件を処理すれば、事件処理能力のある裁判官といわれる」という現状認識を語ったあと、「事件処理が早くて優秀だと言われる裁判官の後を引き継いで仕事をしてみると、いろいろ手抜きがされていて、問題だと感じることがたくさんあるように思います。一つ一つの事件を丁寧に処理して、現場からも最高裁からもマルを貰えるような仕事をしたいと思っていますが、現実には両立は難しい」。実体験を語っており、事実であろう。たとえ例外的なケースだったとしても、許されるものではない。

現役裁判官の告白は、裁判官懇話会に限らず最近は時折見かけるようになった。二〇〇〇年四月の『法学セミナー』には「司法改革　裁判官、対話する」という記事が載っている。シンポジウムでの裁判官の発言集である。その一部を紹介しておこう。

「裁判官があまりにも忙しい、と心底思っていますし、多くの裁判官も忙しいとボヤいています。こんな忙しさでいい仕事ができるはずがないとも思います」

「その月の新受、既済、未済が一目瞭然になる処理件数（一覧）表というものが回ってきます。これを見て、誰もが一喜一憂するのですが、この表には処理の内容や質は表現されていないのが、悲しい」

（処理件数をかせぐために）「自分が直観で考えた結論に合う証拠だけたくさん挙げて『以上総合すればこうなる』と切って捨てる判決が増えることになります」

三　事務総局の裁判官統制

言うまでもなく、実質的に司法官僚制の頂点にあるのは、最高裁事務総局である。本来、司法行政面で最高裁長官・判事を補佐するハウスキーパー的な存在だったが、裁判官の昇級、昇給、転勤などの人事権を握り、ここを背景に裁判官統制の官僚システムを作り上げてしまっている。

こんなざれ歌がある。「渋々と支部から支部へ支部巡り、支部の虫にも五分の魂」

最高裁に逆らったか、あるいは勤務評価が低く、地方裁判所の支部を転々とさせられ、地裁本庁勤務に戻れないという意味であろう。理由はともかく現実にも専ら支部回りの裁判官はいる。そのことが、また裁判官へのプレッシャーになり、統制しやすい体質を作ってしまっている。

ちなみに、裁判官の昇給のシステムは、日弁連の調べではより小刻みになっている。裁判所法施行当時（一九四七年）、判事の報酬は五段階、判事補は四段階で、判事の最高額は判事補の最低額の三倍に満たなかった。それが今は判事八段階、判事補一二段階に細分化され、判事最高額と判事補最低額との間には五・七倍の差ができている（日弁連第一七回司法シンポジウム『基調報告書』）。

昇給システムを小刻みにし、上下の格差を広げることの意味は人材確保にあったのかもしれないが、真意がどこにあろうと、結果として裁判官統制にとって有効な手段になることは間違いない。

最高裁がスタートした当初から、司法官僚制が敷かれていたわけではないようだ。最高裁事務総局が、一九六〇年代後半に公刊した『裁判所法逐条解説・上巻』（法曹会・発行）には、全く逆のことが書かれていた。

「官僚機構は、行政上の監督権者を非常に重視し、その地位を高くすることに特色を持っている。しかし、このことは、裁判所のようなところでは、もっとも望ましくないことである。わが国のように、旧憲法下ながく裁判官が官僚機構のなかに組み入れられていたところでは、とかく官僚一般に共通な右の思想が知らず知らずの間に裁判官の間にも流れ込んでくる危険があり、旧制度下では、その弊害がとくに著しかったといえよう。それは、行政を行う者の地位を裁判事務のみを行う者のそれよりも高いものと考え、ひいては行政重視、裁判軽視の傾向を生みかねない……。裁判所における官僚性（制）の打破がきわめて望ましい要請である以上、司法行政専任の裁判官を認めることは、あくまで避けなければならない」

「裁判官は、裁判を行うのが任務であり、行政は従たる事務である。従って、裁判官をして行政事務のみに専念させることは、極力避けなければならない。現在の裁判所の行き方は、全体としてこの方向に進んでおり、それは今後も維持されるべきものである」

この書の「まえがき」には、事務総局総務局の名で「本法全条文の解説に対する要望も強いので、この機会に、先の逐条解説を再検討のうえ、これに改訂補筆を加え……、執務の参考に供することとした」とわざわざ断っている。

一時期までは、この解説にある通りだったのかもしれない。しかし、昨今は明らかに異なる実態がある。そのことは、日弁連の聞き取り調査や裁判官懇話会での発言を紹介した通りだ。現に、事務総局の主要なポストにはエリート裁判官が充てられ、行政事務に専念している。事務総局トップの事務総長は高裁長官や最高裁判事に出世するコースにもなっている。

数年前に、逐条解説の閲覧を事務総局の担当セクションに申し込んだことがある。「とうに絶版です。外部に出しておりません」という答えだった。見せてもくれない。かつて公刊した書であるにもかかわらず、秘密文書扱いである。自身で著した内容と現実の乖離が大きく、見られたくなかったのであろうと推測した。最高裁の体質を垣間見た思いだった。

四　法曹一元への期待

法曹一元は司法官僚制と決別できる制度である。弁護士経験一〇年、二〇年の法曹が裁判官に選任されることから、当然、昇級や昇給制度は廃止される。法曹一元の裁判官の間には上下関係はなく、報酬も国会議員のように均一なものとせざるをえない。転勤については、地裁あるいは高裁管内の弁護士会所属の弁護士から選任するようにすれば、全国の裁判所を転々とすることはなくなる。今の司法行政官僚が裁判官統制の背景にしている権限は消え、本来のハウスキーパーに戻すことができる。

一九九八年の日弁連「第一七回司法シンポジウム」のテーマは「法曹一元の実現をめざす司法改革の実践」だった。シンポジウムに当たり、日弁連は会員（弁護士）のうち裁判官経験者を対象に法曹一元採用の是非についてアンケート調査を行っている。

二三〇人余から回答があり、過半数が「どちらとも言えない」と答えていたが、「採用すべき」が三六%、「採用すべきでない」はわずか七%弱だった。最高裁が法曹一元に反対しようが、現場では今のキャリア・システムへの批判が強いのである。ただ、その声は現職時代には容易に表に出せないようだ。

法曹一元採用に積極的な人の論拠が集約されているので、その一部をみてみる。

「裁判の神髄は法律ではなく、事実認定能力である。現行キャリアシステムではこの訓練は全くできてない。人間の裏表や複雑な経済システムや社会現象を理解することは不可能といってよい」

「現行キャリアシステムは純粋培養すぎ、特に社会の裏側部分について知識不足の感がある」

「裁判官の置かれた場は、公私ともに世の中の現実とはかけ離れた世界に限定される危険がある……。（この点を）長く裁判官を続けるほどに、つい意識すること自体少なくなっていく危険がある。弁護士になって、準備書面の行間に様々な事情のあることを初めて知った」

「キャリアシステムで養成された裁判官は概して裁判所内部のことについて全神経を使い、社会の現実、特に国民の底辺については全然認識がない」

論拠として「裁判官の独立」にかかわる意見も当然、あった。「キャリアシステムによる裁判官は、どうしても転勤やポストなど官僚システムの方に顔が向き、裁判事務に集中できないことになる」

回答者が長く裁判官を勤め、それなりのポストを経て辞めた人なのか、裁判所に不満を抱いて早々に辞めた人なのか、その点で回答の見方は異なるかもしれない。ただ、これだけ現実の社会と遊離していることを実体験から提示されると寒々としたものを感じる。

珍しいことだが、法曹一元を求める声が新聞への投稿という形で現職裁判官からも表明されている。二〇〇〇年五月三日付朝日新聞のコラム「論壇」に大阪高裁判事が「裁判官人事の透明化を求める」という見出しのもと、こう書いている。

「私自身は、法曹一元制が完全無欠の制度だと楽観しているわけでない。しかし、キャリアシステムの現状を体験的に観察した結果、そのマイナス面と閉塞状況を考えると、法曹一元制に大きな希望を感じるのが正直な気持ちである。だれの意向も気にせず、任地や昇給のことなど考えないで自己の良心を貫くこと……現在のキャリアシステムのもとでは、このような姿勢を保つことは難しいのではないか」

さらに「裁判官を『人事管理』の対象とする制度のもとでは、裁判官は上を向きやすく、その目をしっかりと当事者や国民に向けさせることは難しい。裁判官もまた人間である。『聖人君子』の試験に合格した者ではない」とも記している。

このコラムは、裁判官の人事が適材適所の名の下で専権的、秘密裏に行われていること、そのことが不合理で差別的な人事の隠れ蓑になっていることなどを、同僚裁判官の例から具体的に指摘しながらの提言である。大阪高裁の判事といえば、要職である。外部からの批判とは違った重みを与えている。

五　法曹一元への反論

日弁連のアンケート調査では、法曹一元賛成論者に比べて少数とは言え、裁判官経験者の間に法曹一元への反対論もある。その論拠も紹介したい。

「判決に格好がつくには、最低一〇年はかかります。従って、検事・弁護士が裁判官になっても、一〇年から二〇年の苦しい修行の時間がかかります」

「最高裁調査官、東京高裁勤務の経験からみて、弁護士から任官した裁判官（筆者注・現在でも弁護士からの任官は可能である。ただ、任官者はわずかであって、キャリア・システムであることに変わりはない）がキャリア裁判官より適正・迅速な判決をしている事例に出会ったことがない」

「慣れない人が裁判官になって、事件をためると、他の者の負担増として処理せねばなりません。何度か在任中、この点で泣かされました」

以上は、言ってみれば弁護士の能力を問題にしている。キャリア裁判官の自負心の表れであろう。しかし、今の裁判所、あるいは裁判そのものの在り方を前提にした論であって、現行体制への批判の目は見られない。

ともに司法試験をパスし、同じ司法研修を経て何年も弁護士（あるいは検事）経験を積んだ人が「一〇年、二〇年の修行」を積まなければ書けない判決書とは一体何であろうか。一体だれに向けた判決であろうか。

一般国民が容易に近付けないような、複雑・難解な裁判手続きの中から判決が出てくる。こうした状況を本来、問題にしなければならないのではないか。難解な専門用語と手続きを駆使することで、自分たちの職務領域を守っているようにも映る。中世ヨーロッパのスコラ哲学を思い起こさせる。「弁護士任官者が事件をためるので、他の者が負担増になる」という批判もやはり奇妙だ。部分的だったとしても手持ち件数が三〇〇件、四〇〇件という実態の中で、処理件数を気にせざるを得ない能力主義を先にみたが、「ためる」の元凶は、この手持ち件数の多さにあるのではなかろうか。そこに目を向けずに弁護士任官者を批判しても意味がない。

弁護士界が耳を傾けなければならない反対論もある。例えば「今の弁護士は金銭欲・名誉（地位）欲が強すぎ、必ずしも独立した裁判官になれるとは限らない」という批判だ。相次ぐ弁護士不祥事を見せつけられると、説得力を持つ。確かに指摘の弁護士も少なくないかもしれない。

しかし、法曹一元は長い弁護士経験があれば「即、裁判官に」という制度ではない。例えば、各地裁・高裁管内に「裁判官任命諮問委員会」といった組織を作って、そこの審査を通って初めて内閣に裁判官候補として答申されるシステムである。裁判官に相応しくない弁護士はここで当然、排除される。

六　キャリア・システム批判

法曹一元論は何も今回の司法改革論議で急に出てきた訳ではない。振り返れば戦後、司法改革の舞台に登場したのは、今回が三度目である。

最初に登場したのは、終戦直後の一九四五年だった。司法省「司法制度改正審議会」の小委員会（委員長、美濃部達吉・東京大学名誉教授）で、判検事の任用資格について審議され、「概ね現行制度を維持し、司法官試補の修習期間を延長する」（第一案）と「判事、検事に任ぜられるには一定年限（判事一〇年、検事五年）弁護士として実務に従事したることを要する」（別案）という二つの案が提示された。

もちろん、別案が法曹一元である。二つの案は委員会採決に持ち込まれ、第一案の支持六人、別案の支持五人というわずか一票差で法曹一元は退けられた。ただ、同時に「成るべく近き将来において法曹一元の制度を実現する為、準備をなすべきこと」と決議されている。

法曹一元制は理想論として望ましいが、現状では二〇〇〇人余という裁判官数を法曹一元によって維持できないという官側委員の意見が通り、過渡的に第一案で行くことになったのである（大阪弁護士会「法曹一元運動の歴史と現代的意義」『自由と正義』一九七六年一月号参照）。

キャリア・システムと法曹一元を比較すれば、どちらが優れたシステムかは容易に判断が付く。しかし、実現するには基盤整備が必要だから当面、棚上げするというのがこの時の結論だった。

キャリア・システム、官僚制への批判は、その後も続き、一九六二年に法曹一元制の採否をテーマにした「臨時司法制度調査会（略称・臨司）」（会長、我妻栄・東京大学名誉教授）が内閣に設置された。

臨司に対する期待は弁護士界の中で大きいものがあった。臨司の論議が続く中、日弁連機関誌『自由と正義』で、後に最高裁判事になる或る弁護士がこう書いている。「内閣に臨司が設置せられ、かねて日弁連が提唱している法曹一元の制度が、いよいよ真剣に論議せられようとしている……。法曹一元制度の実現は、今や論議の時代ではなく、速やかに立法に着手すべき段階にある……。これ理にあらずして勢なり。法曹一元化の実現はもはや理の問題ではなく、滔々たる趨勢として速やかな制度化を促している」

一九四五年の「司法制度改正審議会」小委員会で法曹一元が棚上げされながらも、「成るべく近き将来において法曹一元の制度を実現する為、準備をなすべきこと」という決議があったことを考えれば、弁護士界の期待も当然であった。

しかし、臨司の結論はまたも棚上げだった。意見書は「法曹一元の制度は、これが円滑に実現されるならば、わが国においても一つの望ましい制度である。しかし、この制度が実現されるための基盤となる諸条件は、いまだに整備されていない。したがって、現段階においては、法曹一元の制度の長所を念頭に置きながら現行制度の改善を図るとともに、基盤の培養についても十分の考慮を払うべきである」

まるで「司法制度改正審議会」小委員会の結論のコピーのようだった。

意見書は「基盤となる諸条件」を一二項目挙げている。①法曹人口の飛躍的増加②弁護士の地域的分布の平均化③弁護士に対する国民の信頼度の向上④弁護士の職域拡大⑤法曹と国民生活との親近性⑥国民の法意識の向上⑦弁護士の公共的性格の強化……。

法曹人口の飛躍的拡大や地域的分布の平均化といった条件は頷けるが、それ以外の条件については、とにかく棚上げのために条件を捜し出して列挙したようにみえる。法曹一元の実現によって将来図られるべきものも前提条件に加えられている。

明治以来長く続いた制度を根幹から改革しようというのであり、微温的な変革とは違う。こうした場合、全て条件が整ってからというのは、改革に一定の理解を示しているように見えて、その実、改革を遠ざける論理を構成する。

司法制度改革審議会を中心にした改革論議にも似たところがある。一九九八年六月に報告書「二一世紀の司法の確かな指針」で法曹一元の検討を求めた自民党も、二〇〇〇年五月の報告書では「臨司において法曹一元を実現するための前提となる諸条件が指摘されたが、今日に至るも……、多くの点で整備されたとは到底言えない」と述べ、尻窄みに終わっている。

司法への不信や裁判官の独立の危うさなど、キャリア・システムによる弊害を除去するために法曹一元を論じなければならない。その結果、法曹一元が理論的に優れているというのならば、まずもって導入（例えば、五年後とか十年後に実施）を決め、基盤整備が必要としたら、猶予期間内に急げばいい話だ。

この姿勢がない限り、壊れたレコードのように、常に「条件が整ってから」の言葉を空しく繰り返すであろう。

七　戦前の取り組みを学びたい

戦後の法曹一元論を垣間見たが、歴史を戦前にまでさかのぼると、もっと真摯にこの問題をとらえていたことが分かる。司法改革に関する限り、戦後の流れの方が蛇行の連続だったかもしれない。

『東京弁護士会百年史』や司法制度改革審議会に提出された法務省資料によると、わが国において最初に「法曹一元」が提唱されたのは一〇〇年余前の明治三一年（一八九八年）だった。

当時の国家学会で弁護士、植村俊平氏が演説「現今の司法制度」の中で「今日の急務は判検事登用の方法を改正せざるべからざること是なり、将来は判事の数を減じ新任の判事は必ず弁護士より採用すべきことに改めたきなり」と訴えたのである。

「判事の数を減らす」という点については、当時の裁判官数が人口比で考えて今よりも多かったとしても頷けるものではないが、「弁護士より採用すべし」と明確に法曹一元を唱えた。その理由として植村氏は刑事裁判の権力的運用と民事裁判での非常識裁判を挙げていたという。

この提唱を契機に、その後の弁護士会の動きは法曹一元導入に向けて活発だった。明治三七年、日本弁護士協会（日弁連の前身）の評議会は「司法官任用に関する制度改正の件」（司法官の任用を弁護士経験三年以上とした提案）を可決し、明治四〇年には弁護士協会臨時総会で「司法官は全て弁護士の中より採用すること」と決議した。

大正一〇年（一九二一年）、昭和一一年（一九三六年）の臨時総会や弁護士大会でも同じような決議が相次ぎ、昭和一二年に弁護士協会は「法曹一元制度実行委員会」を発足させた。

さらに、この翌昭和一三年には早くも弁護士出身の国会議員らによって法曹一元法案（裁判所構成法改正法律案）が衆議院に提出され、本会議で可決された。ただ、貴族院では採決に至らず、廃案となった。翌一四年にも衆院では可決されたが、やはり貴族院で廃案となった。

結局は、貴族院の壁は厚く日の目を見なかった。しかし、官僚絶対の戦前において衆院可決を二度も果たしたことは快挙であろう。戦後の動きとは大きな違いである。

法曹一元運動の当時の状況を見ることのできる貴重な資料に、昭和一二年発行の法律雑誌『法曹公論』がある。ここに「法曹一元制度座談会」の模様が掲載されている。

この座談会は日本弁護士協会の主催だった。出席者は東京弁護士会長ら弁護士会幹部のほか、大学教授に交じって大審院長や検事総長、東京刑事裁判所長、東京民事裁判所長、貴族院議員が名前を連ね、さらには後の初代最高裁長官・三淵忠彦氏が加わっていた。

法曹界の各トップが顔を揃えたのである。今ではおよそ実現しそうにない座談会である。顔ぶれだけでない。各氏の発言の多くが、法曹一元に積極的だった。

例えば、もっとも積極的だった貴族院議員（中央大学教授でもあった）はこう発言していた。「司法官試補が一年半実習すると直ぐ判事になる。まるで世の中の実際のことを知らぬ者が裁判するとしても、ろくな事ができない」「今の仕組みは何とかしなければいかん……、はしご段の下に居って、上に行きたいというのでは、現在の地位に安んじて裁判をすることができない。雛段に人形さんがいるように、上ばかり眺めてるような仕組みではいけない」

三淵氏も法曹一元に賛同する発言をしている。「社会のあらゆる方面の知識を持った立派な裁判官を作るというには、弁護士より採用する以外に方法がない。弁護士中の有力な、傑出した人が判事になり、裁判しますと、裁判の信用が非常に高まるんじゃないかと考えます」

これらの発言は、今の改革論議の中で弁護士会が主張している論と何とよく似ていることか。貴族院議員のいう「上ばかりを眺めてるような仕組み」は相変わらず続いた。だから当然のように、キャリア・システムの弊害が一貫して指摘されたものの、戦後は、論議だけに終ってきたことがよく分かる。

八　至難の司法改革

司法の改革はつくづく難しいものと思う。三権の中でも立法や行政に比べて司法がもっとも国民から遠ざかったところにあるためであろう。国民がよほど関心を抱かない限り、法曹一元に限らず、抜本的な司法改革は実現しないかもしれない。佐藤幸治会長の司法制度改革審議会に期待を寄せたいが、審議期間はわずか二年に限られている。その困難さを見れば、二年は短すぎる。

日弁連が一九九〇年以来訴えてきた司法改革論議は今回、幸いにも弁護士界内にとどまらず、広く波及した。司法制度改革審議会には少なくとも「改革への確かな、大きな流れ」を作る契機になってほしいと願う。そうすれば、やがては法曹一元が現実のものになり、「上ばかり眺めてるような仕組み」に終止符が打たれる可能性は出てくる。

〈参考文献〉
日本弁護士連合会シンポジウム資料『忙しすぎる裁判官』一九九六年五月
最高裁事務総局総務局『裁判所法逐条解説・上巻』一九六八年六月
東京弁護士会百年史編纂刊行特別委員会『東京弁護士会百年史』一九八〇年一〇月
松本正雄「嘗て衆院を通過した法曹一元法案」『自由と正義』一九六三年二月号

日本弁護士協会『法曹公論』一九三七年三月号
大阪弁護士会「法曹一元運動の歴史と現代的意義」『自由と正義』一九七六年一月号
日弁連第一七回司法シンポジウム『基調報告書』一九九八年一一月
「第一六回全国裁判官懇話会報告」『判例時報』一九九八年四月一一日号
裁判官ネットワーク「司法改革　裁判官、対話する」『法学セミナー』二〇〇〇年四月号
坪井明典「法曹一元に関する戦前の取り組みから学ぶもの」『自由と正義』二〇〇〇年三月号
坪井明典「法曹一元、急ぐべし」日弁連第一七回司法シンポジウムの記録『市民に身近な裁判所へ』一九九九年六月

第八章　司法改革のために必要なこと

奥　博司

一　はじめに

昨今、日本のいろいろな分野で、抜本的改革について議論されることがはやっている。明治維新から一三〇年余、第二次世界大戦の終結から数えても、五五年が経過し、「今後も保ち続けるべきこと」と「改めるべきこと」とを峻別するために、検討を行い、「今後も保ち続けるべきこと」を保ち続ける努力と、「改めるべきこと」を改める努力を行うことは当然と言えよう。むしろ、従来、このことをさぼっていたのではないか。その結果、いろいろな意味で、淀みが生じており、澱がたまっていると評しうる状況ではないか、と思われる。その際、問題を一挙に解決しようとすると、かなりの無理を生じ、深刻な副作用に悩むことになる。だからといって、私は、急進的改革を当然に否定するものではない。しかし、「改革」なるものを、短期間のブームに終わらせるならば、副作用という害悪を残すのみで、ろくなことにはなるまい。我々に求められる真の意味での改革は、粘り強く行われなければならず、従って、改革を論ずる際には、改革が粘り強く継続されるための前提条件・基盤にも目を向ける必要がある。

このことは、おそらく、いかなる改革にも当てはまることであろうが、司法改革についても――よりいっそう――妥当すると思われる。そのために、我々は、今回の司法改革を、決して一過性のものにしてはならず、粘り強く改革を続けていくための努力に労を惜しんではならない。そして、それが、同時に、二一世紀の（日本）社会のあるべき姿に近づく道ではないか。

本章の主張をひとことで要約するとすれば、このようになる。以下、簡単に敷衍してみたい。

二　改革論議の危うさ

スポットライトをあびる司法改革

「司法改革の必要性が叫ばれはじめて既に久しい。」これは、一九九九年一〇月に創刊された「月刊司法制度改革」という雑誌の創刊の辞の劈頭の言葉である。民事手続法を研究する者として、司法制度について、（民事司法に限定されるものの）ささやかな思索を行っている私も、まったく同感である。もっとも、従来は、いわゆる専門家（業界人?）である、裁判官、弁護士、検察官や、せいぜい、法律学者の間でのみ論じられており、望ましい若干の例外を別にすれば、それ以外の方々の間では、ほとんど話題にものぼらなかったのではないか、と思われる。その意味で、一九九九年七月二七日に司法制度改革審議会が設置され、広く人材を集め、二年間の審議がスタートしたこと、あるいは、このような審議会が設けられるようにいたった社会の側の変化は、誠に望ましい。さらに、このテーマに絞った雑誌（「月刊司法制度改革」）も新たに発刊され、その他マスコミ等でも、この問題が（従来と比べれば）頻繁にとり上げられている昨今の状況は、まことに結構なことだと思う。

しかし、繰り返すが、法律業界の関係者を除き、改革の必要性を認識しておられた方々が、どの程度おられたであろうか。もちろん、読者の方の中には、「一度裁判を経験したが、もう、うんざりだ。」と思っておられる方もおられるかもしれない。しかし、他方、「裁判など、自分とは無関係なことだ。」と思っておられた方も多いと思う。司法制度の現状、現在の司法制度が抱えている問題を、どの程度の方が、正確に認識しておられたであろうか。ちなみに、先に述べた「月刊司法制度改革」の創刊の辞の中程には、「とはいえ、利用者もこの問題に正面から向き合ってきたわけではない。」とある。さらに、主権者たる国民（「利用者」と「主権者たる国民」は、具体的には同一の存在に帰するとしても、一応、区別して考える）も同様であろう。

司法制度改革論議の広がりと深み

昨今の司法制度改革論議が、以前のものと比べ、専門家に限定されない、幅の広いものとなる可能性を秘めていることは、私も、高く評価している。にもかかわらず、私には、充分にすそ野の広い議論が行われているようには思えない。声高に「改革」が叫ばれ、短期間にことが推移するとどうなるか。私は、先に行われた「政治改革」なるものが、選挙制度改革に矮小化されたことを思い出す。私は、ここで、小選挙区比例代表並立制の良し悪しを論じているのではない。また、世の中のできごとが、しばしば、相対立する有力者の思惑にふりまわされることを知らないわけでもない。世の中を変えるには、ある種の勢いが必要であり、また、何らかの起爆剤も、ときに、有効かもしれない。

しかし、急激な改革は、いわば、外科手術のようなものであろう。いい加減な外科手術は、いのちとりになりかねない以上、充分な注意を払う必要がある。また、たとえ、外科手術が成功したとしても、多量の出血をともない、術後の観察も必要となる。どんな手術でも、まだ基礎体力の残っている間に行わなければならない。いたずらに手術を恐れて、どんどん、基礎体力を消耗させてしまえば、手術すら行い得なくなる。その意味で、私は、今、司法制度に対して、大胆なメスを入れることに、基本的に賛成である。が、手術を行うのであれば、最低限の前提条件を満たしていることが必要となろう。執刀医、すなわち、主権者たる国民であるが、治療の対象である司法制度に関する基本的知識を有しており、司法制度に内在している基本的価値に共感していなければならない。もちろん、タブーを設けることなく、従来尊重されてきた基本的価値、それ自体を否定してかかることを、当然には妨げないが、その場合には、思いつき的に反対するのではなく、より深い見識に基づいて反対する必要があるはずである。このような前提が満たされているか、と自問するとき、一方で、大衆の英知を信じたいと思う自分を発見すると同時に、他方、必ずしも楽観的になれない私のこころの奥底が見えてくる。

三　司法制度の基本的価値(1)――手続保障

裁判に必要な時間

現在の司法制度に対する不満のひとつとして、「裁判には時間がかかる」ということがあげられる。確かに、いたずらに時間を空費することは許されるべきではない。担当裁判官や、当事者の代理人である弁護士の、何の意味もない不手際によって、だらだらと訴訟が続いていく、ということがあるとすれば、そのことに、弁解の余地はない。「民主主義は手続だ。」と言われることがある。確かに、人間はスーパーマンではない以上、何らかの意思決定を行うにあたり必要な情報を収集するためにも、さらには、集めた情報を分析し、決定を下すためにも、ある程度の時間が必要であることは確かである。思慮を欠いた「勇ましい」「決断」を、リーダーシップの名のもとに賛美することなど、愚の骨頂であろう。が、手続を重視するということを、何の目的もなく、ただいたずらに時間をかける、ということに矮小化させてはならない。このことは、訴訟においても、同様である。

もっとも、このような批判に対して、裁判官や弁護士は、以前から、地道な努力を重ねておられたことは、指摘しておきたい。当初は、意識の高い裁判官や弁護士を中心に、個別に、種々の工夫が積み重ねられていたのであるが、そのような努力の延長線上に、民事訴訟法という法律の大改正が行われ、新しい民事訴訟法が、一九九八年一月一日から施行されることとなった。今では、すこしずつ、その成果もあがっているようである。特に、両方の当事者と裁判所が、信頼関係をもとに協力を重ね、訴訟の促進に努めれば、裁判は、今では、そこそこ、スピーディーに進む、と言えると思う。

にもかかわらず、利用者の充分満足のいく短時間で処理が済むか、となると、はなはだ心もとない。特に、ドッグイヤー、などと言われる、変化の激しい分野も存在する今日、おそらく、法律業界関係者以外の方々は、早くなったと言われる現在の訴訟のスピードでも、信じられないくらい遅い処理、と感じられるのではないか、と思われる。そこで、「裁判を、もっともっと早く。」というように考えるべきか、と問うならば、その結論をだす前に、私は、一点、指摘しておきたい。それは、司法制度の核心をどのようにとらえるか、ということである。

司法制度の目的とは

（民事）司法制度を、権利実現のための手段、つまり、例えば、お金を貸していた金融機関の債権回収のための手段、あるいは、何らかの被害を被った方が、加害者から補償をとるための手段、はたまた、借家のオーナーが、家賃を滞納している借家人を追い出すための手段と、狭く考えるならば、それは、早ければ早い方がいいに決まっている。司法制度の目的は、従来から学界でも論じられてきたところであり、このような理解も、あながち、なかったわけではない。しかし、私は、（民事）司法制度を、このように、狭く、一方当事者の立場のみからとらえるとらえ方には、賛成しかねる。むしろ、ひとが社会生活を送るに際して、不可避的に生じる紛争を公正に処理する場、ととらえる考え方を支持したいと思っている。

この議論を進める前に、「紛争」というもののとらえ方にも、言及しておきたい。もともと、紛争とは忌むべきものであって、起きないにこしたことはない、そういう存在と思われてきた。あるいは、今でも、多くの人は、紛争を避けようとするのかもしれない。確かに、お互いの欲求がすべて満足されるような、それこそ、夢のような世界が、仮に存在するなら、紛争は発生せず、幸せな生活を送ることができるのかもしれない（もっとも、そこでの「幸せ」とは、深みのないものかもしれないが）。しかし、言うまでもなく、現実は、このような、夢のような世界とはほど遠い。かかる現実世界において、紛争を避ける、ということは、紛争を隠蔽することを意味する。それは、決して望ましいことではあるまい。仮に、我々が、二一世紀の（日本）社会として、主体性を持った自立した個人が、他人の幸せを妨害しないよう注意を払いつつ、逞しく自らの幸せを求めることができる、そういう意味で自由な社会を目指すとすれば、それによって、紛争の発生は、おそらく増えることになろう。そこで、我々は、紛争を隠蔽することなく、正面から受け止めることが必要となると思われる。願わくば、紛争と格闘することにより、相手方の理解、あるいは自己理解を深め、より深みのある人生につなげていきたいものである。「紛争」を、このように理解した上で、その「紛争」と正面から向き合う場として、（民事）司法制度をとらえるべきではないか、と考えている。

「大きな」司法が目的か

今回の司法制度改革を、規制緩和とからめて、「行政による事前規制」から「司法による事後規制」というスローガンで語られることがある。行政による過度な事前規制は、自由を損ねるから、ある種の規制緩和は必要であり、それによって、何らかの被害が増えることも避けられないから、そのための被害者救済を考えなければならないことは確かである。だが、被害者がいかにスムースに補償を受けられるか、という観点からのみ司法改革をとらえるとすれば、いささか、表面的に過ぎるように思われる。そもそも、致命的な被害の発生が予想されるようなことがらについては、事前規制を残すべきであろう。その上で、よりよい生活を追求する個人と個人の間に生じる紛争、あるいは、よりよい生活を追求する個人にとって妨げになっている国家の、あるいは社会のあり方をめぐる紛争を、正面からとらえた上で、その紛争を（発展的に）処理していく場として、（民事）司法制度をつかまえるべきであろう。司法の大きさを問題にするならば、私も、今よりも大きな司法を、できるだけ早期に実現することの必要性を強く主張したいが、問題は、その大きさのみではなく、同時に、その質、それも、（既得権擁護のために?）よく言われる、育成されるべき個々の法律実務家の能力ではなく、達成されるべき司法制度の質であると思われる。

司法制度の特質

司法制度を、このようにとらえるとすると、司法制度の核心としては、第一に、個別の事件を大切にする。第二に、当事者双方の言い分に、きちんと耳を傾ける。第三に、（争いのある事実については）証拠によって判断する、ということがあげられよう。立法や行政が、国民を、ある意味で、集団としてとらえ、政策決定を行っていくのに対し、司法にあっては、かならず、ひとりひとりの個人を、当事者として、手続に参加させている。そして、相対立する両当事者に、自らの言い分を主張する機会を、実質的に保障する。この点が欠ければ、もはや、裁判とは言えまい。裁判＝司法とは、ひとりひとりを大切にすることを真骨頂としているのである。加えて、（争いのある事実については）証拠によって、ひとつひとつ、きちんと判断していく。そうだとすれば、裁判に、ある程度の時間がかかることは、不可避であり、最小限度の時間をかけることを忌むべきではない。

裁判を、一方当事者（例えば、金融機関）の目的（債権回収）のための手段、ととらえるのではなく、両当事者間に生じた紛争を発展的に処理していく場、ととらえると、このような結論が導かれる。誤解のないよう補足しておくが、私は、何も、金融機関の債権回収がいけない、と言っているのではない。多くの場合、金融機関の債権回収は、認められるべきものであろう。しかし、すべて、紛争には個性があり、相手方の立場もある。正しいと思っていた自分の判断に誤りがあるかもしれない。それゆえ、その都度、当事者は相手方の言い分に耳を傾け、第三者（裁判官）は、両当事者の言い分に耳を傾ける謙虚さを持つ必要がある、ということを主張したいのである。人間は、誤りうる存在である以上、当然であろう。裁判において、比較的厳格な手続を強いられるのは、かかる謙虚さを求められる点に、その本質があると、私は理解している。

従って、裁判を、権利の実現（例えば、債権回収）のための手段ととらえ、ただ、その（安価で）早期の実現を求めることをもって、司法制度改革、とする議論には、私は与しない。かかる議論に対しては、司法制度の基本的価値をどのように解しておられますか、と問いたい。もちろん、権利の実現に、不必要なお金と時間がかかることは、改善されるべきである。しかし、最小限度必要なお金と時間がかかることに対しては、社会生活を行う上で避けられないコストとして、それを甘受すべきであろう。そうもいっていられない所得の少ない個人に対しては、法律扶助等の方法で対処がなされるべきである。

とある法「改正」

この論点に関して、数年前に行われたエピソード（法律改正）を、批判的に紹介しておきたい。借金をしている人（債務者）が、その返済ができなくなると、場合によっては、その人の財産、例えば、不動産が差し押さえられ、競売にかけられ、他人のものとなってしまう。そこで、一部の債務者は、その競売を妨害するため、（占有屋と呼ばれるような人々と結託し）いろいろなことを行うことがある。すると、一般の第三者は、そのようないわくつきの不動産を購入することを躊躇するから、なかなか買い手がつかない。その結果、お金を貸していた人（債権者）は、いつまでたっても、債権回収ができず、困るわけである。不良債権処理がなかなか進まない、ひとつの原因である。場合によっては、債権者が、債務者サイドに対して、説明のつかないお金を支払って、〝円満に〟立ち退かせる、ということも行われていたやに聞く。このお金が、裏経済に回っているとすると、社会的にも、座視できない問題である。

他方、当時の法律に不備があったこともあり、なかなか、対応が困難であったのだが、司法関係者は、知恵を絞って対応に努めてこられた。結局、一九九六年に、議員立法によって、ひとことで言えば、それまでの司法関係者の努力をそのまま追認するような形で、一応の対策がなされたのである。

その内容は、占有をしている者に対して、反論の場を与えず（厳密には、反論の場を与えることを、厳格に保障することなく）強制的に立ち退かせることを認める、というものである。

私は、このような対処方法に、強い違和感を感じている。なるほど、このような事件で、占有をしているものは、ほとんどが、「不逞の輩」なのかもしれない。しかし、一〇〇パーセントそうだ、と断言できない以上、個々の事件につき、きちんと、原則に従った形の審理をした上で、立ち退きを命じるべきであろう。司法とは、ひとりひとりを大切にすることを真骨頂としているものであれば、原則通り、相手方にも反論の場を与えることを、厳格に保障すべきであったのではないか。もちろん、債権者に耐えられないような負担を強いることになれば、逆に、債権者にとって不正義であり、加えて、裏経済が潤うようなことであれば、社会的にも問題である。そのための司法関係者の努力に、私も、頭が下がる思いである。が、当事者に対する手続保障は、決して、軽視されるべきものでもない。立ち退きを命じられる占有者に対して、原則通り、反論の場を与え、その上で、債権者にとってもそれほどの負担なく競売手続が進むような、そういう解決方法を探る努力をすべきであろう。

四　司法制度の基本的価値(2)――法解釈論とその技術性

行政べッタリの裁判官？

現在の司法制度に対して向けられる批判のひとつとして、特に、国の行政のあり方を問題にする裁判に関して、「行政べッタリ」という指摘があげられる。そして、その原因を、裁判官のメンタリティに求め、裁判官が「行政べッタリ」になる原因として、裁判官の任用制度や昇進システム（の問題点）に言及される。そして、それを理由に、いわゆる法曹一元制度の実現を提唱されることがある。

法曹一元制度については、私は、（弁護士の数がまだまだ少ない現状から見て、賛成することにも躊躇を覚えるが）反対ではない。また、個人的に面識のある裁判官の中には、確かに、「行政べッタリ」というメンタリティの方もおられないわけではない（ただし、「行政べッタリ」でない裁判官で、かつ、そこそこ出世しておられる方もおられることを強調しておきたい。いずれにしても、問われるべきは、個々の裁判官のメンタリティではなく、制度的問題であろう）。

ここで問題にしたいのは、仮に、裁判所の判断が「行政べッタリ」だとして、その原因は、裁判官のメンタリティのみか、ということである。私は、必ずしも、そうは思わない。むしろ、問題は、行政に有利な判決を書かざるを得ない法律にあることが多く、その意味で、責任は、司法府ではなくて立法府（つまり、国会議員を選んだ、主権者である国民）にあるのではないか、と思える。

解釈の余地のある法律

確かに、法律の解釈は、一義的に明確に定まるものでもない。解釈の余地があるのである。だとすると、例えば、ある法律の解釈として、行政に有利な解釈と不利な解釈と両方の可能性がある場合、行政に有利な解釈を選択するのは、裁判官のメンタリティによるのではないか、という疑念は、ある意味では当然である。が、裁判官に限らず、公権力は、恣意的に行使されるべきではない。それゆえ、法律の文言のレベルでは、いろいろな解釈が可能であったとしても、いろいろな形で、例えば、判例の積み重ねといった形で、解釈の余地を狭める営み、いわば、細かな肉付けを行っているのが、現在の法システムなのである。従って、例えば、まったく同じような文言の法律をもつ外国で、行政に不利な解釈のもとに判決がなされているからといって、日本で、行政に不利な解釈を行うことが、法解釈論的に正しい、とはいえない。また、現代社会は、複雑に発展している以上、判例等による細かな肉付けは複雑に技術的になることは、むしろ、当然である。あまりにも単純なルールを、そのまま大胆に適用されては、杓子定規に過ぎるとして、国民は、むしろ、迷惑するであろう。

恣意的な判断を避ける工夫

裁判官も権力者である。恣意的な権力行使は、慎んでいただかなければならない。が、精神論だけで、ことがすむわけではなく、その裏付けが必要である。そのひとつが、法律による裁判の原理である。裁判官は、法律に従って、裁判しなければならない、という制約が課されている。さらに、法律の恣意的解釈を防ぐために、（厳密な意味での判例の拘束力があるのか否か、議論のあるところではあるが）、判例等により、きめ細かい解釈論が展開されている。確かに、判例の結論に対して、裁判所（裁判官集団）は、何らかの責任を負っているであろう。が、これまで下された判例に対して、個別事件の担当裁判官のメンタリティを責めてみても、無理というものである。裁判官は、このような制約のもとで、裁判を行っている。それゆえ、法律（や判例）に従い、心ならずも、「行政ベッタリ」の判決をしているのかもしれないのである。

このような、法解釈のあり方、あるいは、法律による裁判の原理を前提にする限り、メンタリティの違う裁判官が採用されたからといって、判決内容が大幅に変わるという余地は、それほど多くはないのではないか、と思われる。だとすれば、裁判官の任用のあり方によって、判決の内容が変わるという、過度の期待を持つべきではない。もちろん、従来の判例の傾向を無視した、「大胆な」判決が増えるかもしれない。しかし、それは、手放しで喜べることであろうか。大胆な判決とは、従来の法解釈のあり方、あるいは、法律による裁判の原理と、必ずしもそぐわない判決、という可能性もある。

それは、恣意的な裁判と、紙一重ではないか。少なくとも、そのような危険性がある、という認識が必要である。たとえ、その内容が、国民の多数の意見（気分）と合致するものであったとしても、「国民の多数の恣意的判断」である危険性は否定できない。多数者の気分に迎合することが、民主主義ではないはずである。法解釈論は、恣意的な判断を避けるために、言葉によって、可能な限り、厳密に論拠を詰めていく、という営みだと評しうるが、私は、かかる営みは、司法制度の基本的価値として、今後も、大切にされるべきであると考えている。司法制度、特に、裁判所のあり方を（批判的に）検討するためには、このような点をも認識しておく必要があろう。

ちなみに、国を相手にした裁判で敗訴した原告、特に、法律専門家である弁護士が、裁判官のメンタリティを批判するのは、美しくない。法律専門家であれば、あくまでも、法律論の良し悪しで議論をたたかわせるべきである。裁判官を批判するのであれば、判決で示された判決理由の問題点を、批判の対象にしなければならない。「裁判所は、行政ベッタリであり、国民の側を向いていない。」という類の批判は、法律専門家の発言としては、単なる負け惜しみ、というべきであるが、それのみならず、国民の司法に対する、正確な理解を妨げる、有害な発言ではないか、と思われる。

「行政ベッタリ」の裁判所からの脱却。それは、三権分立を実質化するために必要なことであることは否定できない。しかし、そのためには、「大胆な」判決を下す、「元気のいい」裁判官を増やすこと（のみ）によって実現するのではなく、むしろ、法律の改正によるべきではないかと、私には思われる。つまり、主権者たる国民は、自ら選んだ議員にハッパをかけるべきであろう。法律専門家に限定して言えば、裁判官ではなく、弁護士(会)が、立法活動に対しても、もっと、実現可能な形で、提言を行うべきではないか。むろん、望ましい立法のあり方に関する研究者の積極的発言も、求められるであろう。

五　国民の素養

主権者としての国民

いかなる改革にせよ、主権者は国民である以上、その改革の良し悪しの判断を行う最終的な権限と責任を負っているのは、国民である。では、国民に、かかる責任を担うにふさわしい素養があるのであろうか。確かに、毎年、少なからぬ数の学生が、学士(法学)を取得して、卒業していく。しかし、(大学教員のはしくれである私にとって、誠に忸怩たるものであるが)法学を学んだ、と言いうる学生がどの程度いるか、ということになると、なかなか、胸を張る気分にはなれない。

もちろん、民主主義とは、基本的には、大衆を信じることであろう。私も、それは、否定しない。仮に、国民の素養が乏しいからといって、国民とはかけ離れた形で司法制度改革を進めるべきだ、というようなことを主張するつもりは、さらさらない。が、最終的に責任を負うべき国民の素養が乏しいとすれば、やはり、その素養を引き上げる努力が必要なのではないか、ということは、言いうるであろう。私がここで主張したいのは、そういうことである。

マニュアルではない法

この議論の前提として、おさえておきたいことは、法律はマニュアルではない、ということである。機械を購入したときについているマニュアルは、その指示通りにことを進めれば、（マニュアルさえ正しければ）必ず、正しい操作方法を会得できる。その意味で、単純明快である。法律あるいはルールについても、ときに、このマニュアルのような理解がされることがある。ある問題が生じたときに、そのマニュアル（としての、法律、ルール）をひもとけば、正しい解答が、一義的に定まり、それによって裁判を行えば、何の問題も生じない、という理解である。一義的に定まるから、誰が見ても公正であり、情実が働いたのではないか、という疑念の生じる余地がない。このような明確さは、基本的には、望ましいことである。不明朗なことがなきにしもあらずであった、従来の行政のあり方に対するアンチテーゼとして、かかる形の司法に期待する向きもある。しかし、法律はマニュアルではなく、先にも述べた通り、解釈の余地がある。確かに、解釈の余地を狭める工夫はされているが、解釈の余地が皆無となるわけではない。担当裁判官によって判断が変わることもないわけではない。その意味での不明朗さは否定できない。

もし、そうだとすると、「行政による事前規制」から「司法による事後規制」というスローガンも、いささか疑わしくなるかもしれない。行政による事前規制のみならず、司法による事後規制においても、不明朗さが否定できないのであれば、なにゆえ、司法による事後規制が望ましいのか、と問われるであろう。私は、司法が優れているのは、決して、一義的に明確なルールによって判断されるからではない、と思っている。一義的に明確なルールによる判断とは、言い換えれば、杓子定規な判断、ということである。複雑に入り組んだ現代社会で、かつ、極めて早いスピードで変化している状況の中で、杓子定規にことを進めることが望ましいという場は、それほど存在しないであろう。

法的処理の明朗さ

しかし、私は、司法の場は、基本的には、明朗であると解しうると思う。司法の特徴として、当事者は、公開の場で、不特定多数の人々に対して、理由を示して、自らの主張の正当性を訴えねばならない。しかも、そこで言及できる理由は、（法という）普遍的な原則に依拠しなければならない。なお、ここでいう「普遍的な原則」とは、「一般的な原則」とは違う。後者は、数の多さを意味するのに対し、前者は、固有名詞に依拠しない、ということである。「あなたであれ、わたくしであれ、その他の誰であれ、○○○の事情のもとでは、△△△の行為をすることが認められるべきだ。」といった内容のことを、ここでは、「普遍的な原則」と呼んでいる。従って、必ずしも、グローバル・スタンダードと一致するわけではない。個別の地域の個性を否定しない。そして、「普遍的な原則」に依拠するとは、言い換えれば、自分だけ特別扱いをすることを要求することは許さない、ということである。司法には、基本的に、このような性質があるといえよう。このことと、先に述べた手厚い手続保障とあいまって、司法の場は、基本的には、明朗であると、私は考えている。そして、今後、我々の公的な意思決定は、かかる明朗な仕方で行われるべきであるという意味で、司法に期待が寄せられ、司法改革が求められている、と理解すべきであろう。

国民に求められる素養

このような意味で推進されるべき司法改革の、その担い手あるいは監督者としての国民に求められる素養は、当然、単なるマニュアルではない「法的思考」ということになる。単に、結論を、たくさん知っている、というだけではだめで、筋道立てた推論ができなくてはならない。特に、法的推論、つまり、法律、条例等の法令や、判例に使われている文言と、近代市民革命以後、近代国家で等しく承認されている基本的価値観とに依拠した論拠を示しながら、結論を根拠づける、という能力が求められるわけである。

かかる推論ができず、単に、「こういった場合には、こうなる」という類の事例を、パターンとして覚えているだけであれば、それは、単なる先例の踏襲にすぎず、決して、応用はきかないであろうし、時代のニーズにもこたえられない。裁判所の営み（その中心は、判決）の正確な理解もできず、裁判所に対して、建設的な批判もできない。乱暴な「改革」ではなく、地道で現実的な制度改革こそ、よりよい社会の実現のために必要なことだと思われるが、そのためにも、このような、筋道立てた議論ができる能力が求められる。

法的推論の能力の欠如

では、はたして、今の大学の法学教育の中で、このような教育は充分なされているのであろうか。きちんとした実態調査をしたわけではないので、正確なところは、もちろん、わからない。だが、いくつか、悲観的にならざるをえないエピソードを紹介することができる。

ひとつは、先日、とある大学の教員からうかがった話である。不動産を譲り受けた場合、単に、もとの所有者との間で契約を結ぶだけでは、実質的には不充分で、不動産登記法に基づき、登記をしておく必要がある。さすがに、卒業を控えた学生ともなれば、その程度のことは知っている。そこで、その教員が、なぜそうなるのか、と尋ねた。「当事者間であれば、契約だけで所有権が移ることが、民法一七六条に書いてある。しかし、それでは、第三者から見れば、所有権が移ったのか移っていないのかわからず、思わぬ被害を受けるかもしれない。そこで、民法は、一七七条により、登記をしておかないと、所有権が移ったということを、第三者に対して主張できない（対抗できない）と規定している。だから、登記が必要です。」といった答えを、その教員は期待したわけである。しかし、誰も答えられなかったそうである。学生は、「不動産を譲り受けたときは、登記が必要である。」という、結論は覚えているのである。しかし、それだけであって、法律的に筋道立てて議論する力がない。実は、正確にいうと、常に登記が必要なわけではない。第三者に対しては登記が必要なのであって、第三者でない人、つまり、契約の相手方とかその相続人に対しては、登記がなくても、譲受人は、所有権を主張できる。また、判例で、民法一七七条にいう第三者の中には、背信的悪意者は除く、と解されているので、背信的悪意者に対しても、登記は必要ない。こういった応用問題は、基本的な考え方を押さえておけば、無理なく理解できるであろう。が、法律的な筋道を押さえることなく、単に、「不動産を譲り受けたときは、登記が必要である」という結論のみを覚えていたのでは、応用は、一切きかない。

ちなみに、いわゆる偏差値で言えば、そこそこ優秀な大学の学生の話である。また、地方公務員試験、それも、主要都市の試験に合格したそうである。「学生の就職がうまくいって、ゼミの教師としてはうれしいことであるが、筋道立てて法律的に考えることができない公務員であれば、杓子定規な対応はできても、応用がきかないであろうから、そんな人が行政を担っていると思うと、市民としては恐ろしくもあり、いささか、複雑な心境だ。」と苦笑いをしておられた。

基本的な法的知識の欠如

もうひとつのエピソード。とある全国紙の特集の中で、司法インフラについての不満として、以下のような事柄が紹介されていた。

「定期預金金利が年一%を下回る超低金利下で、年五%の「優遇金利」——相続紛争で銀行がよく悩まされるのがこれだ。遺産の定期預金の支払いを兄弟それぞれが主張すると『銀行を訴えてもらい、裁判所に白黒つけてもらうしかない』(大手銀行法務担当者)。銀行が敗訴すると、判決までの間の金利相当分五%を遅延損害金として支払わなければならない。」

この新聞社を批判することを意図しているわけではないので、あえて、出典は示さない。ともかく、私には、この不満が理解できない。低金利時代にもかかわらず、年五%の遅延損害金となるのは、民法四〇四条に規定されているためであって、言い換えれば、法律の問題、つまり、基本的には、立法府の怠慢である。その批判を司法府に向けられても、おそらく、司法府は、当惑するだけであろう。この点を別にしても、銀行側は、誰に支払っていいのかわからない場合は、供託することによって債務を免れることができる(民法四九四条)。そうすれば、わざわざ、銀行を訴えてもらう必要もないし、「優遇金利」を支払う必要もない。供託には、私の知らない実務上の難点があるのかもしれないが(ちなみに、数人の弁護士さんに尋ねたところ、思い当たる節はない、とのこと）、仮に、私の理解が正しいとすれば、この大手銀行法務担当者も、あるいは、司法制度の特集を行った全国紙の担当記者も、供託という基本的な制度をご存じなかったのではないか、と疑われる。

人権に対する無理解？

昨今、「被害者の人権」について、しばしば言及される。従来、あまり注目されることのなかった被害者の立場、特に、被害者の精神的苦痛の緩和をも視野に入れた議論が、それ自体望ましいことであることは、言うまでもない。「被害者の権利」は、もっと拡充されるべきであろう。もちろん、このことを、加害者を厳罰に処することによってのみ実現するのが望ましいか否か、むしろ、（他の問題においても貧弱な）民事司法の拡充に力を入れるべきではないか、といった点も、議論の対象になろうが、ここでは、この論点に、これ以上深入りしない。

問題にしたいのは、この文脈でしばしば問われる、次の問いである。「被害者に人権はないのか。」この問いに対する答えは、当然、「認められる。」である。人権とは、人間がただ人間であるということに基づいて当然に認められる権利であり、被害者も人間である以上、当然、人権が認められる。もっとも、このような形式論理を振り回してみたところで、「被害者に人権はないのか。」という問いを発する論者は、満足しないであろう。多くの場合、論者は、被害者の人権を強調することにより、従来、加害者の人権として認められたもろもろの権利を否定する意図を有していると思われる。このような理解に立脚して、「被害者に人権はあるか。」という問いに対して、単純に、「ｙｅｓ」と答えることには、躊躇を覚える。

先に述べた通り、私は、個別の問題につき、「被害者の権利」は、もっと拡充されるべきであると考える。また、加害者に認められてきた個別の人権につき、それが適切なものであるか否か、不断に検討の対象にすることも、当然である。ここで問題にしたいのは、こういったことを超えて、人権＝ただ人間であるということに基づいて当然に認められる権利につき、被害者の立場を強調することの意味である。

そもそも、なぜ、「人権」なる観念が強調される必要があるのか。権利＝（法的に）正当と認められるべき利益が、単に紙の上のことではなく、社会的に正当なものと認められ、実際に現実のものとなるためには、何らかの力がいる。それゆえ、力ある者＝社会的強者の利益は、比較的容易に実現されるのに対し、社会的弱者の利益は、なかなか正当なものと認められず、実現もされない。我々は、この現実から出発する必要がある。そこで、たとえ、社会的弱者であったとしても、そのひとが、ただ、人間というだけで、他の何らの要件をも必要とせず、認められるべきものとされた権利を、「人権」と観念し、尊重するようになった、と考えられる。そうだとすると、「人権」は、――むろん、社会的強者も含めて、すべてのひとに対して認められるべきものであるが――特に、社会的弱者、少数者のためにこそ、力を発揮すべきものであろう。

犯罪の被害者と加害者を対比した場合、もちろん、個別の事件によってさまざまであろうが、類型的にみると、被害者に対しては、世間の同情が集まるのに対し、加害者（と疑われたひと）に対しては、世間の憎悪を一身に浴びる、ということになるのが常である。そして、この意味で、加害者は、社会的弱者の立場におかれかねず、具体的には、冤罪で罰せられたり、実際に犯罪を犯していたとしても、必要以上に重く罰せられる、という危険にさらされる。これを防ぐために認められているのが、加害者の人権であろう。だとすると、一方で、被害者の権利を充分保障しつつも、同時に、加害者の人権も、充分尊重されることが必要となろう。少なくとも、「被害者の人権」なる言葉を、スローガンとして声高に叫ぶことによって、加害者の人権を否定することは、適切ではないのではないか（弁護士に対するアクセス等の関係で、実際には、社会的強者のみ、人権を享受している、という問題は、別論である）。

ここで問題にしたいのは、「被害者の人権」に関する具体論ではない。そうではなくて、「被害者の人権」が論じられるに際して、「人権」に対して、充分な理解のもとに論じられているか、ということである。筆者にとっても専門外であるので、結論めいたことを述べることは控えるが、読者の皆さんは、どのように思われるであろうか。

深みに欠ける問題分析

最後に。数年前、ある大手銀行のニューヨーク支店で不祥事があり、その結果、当該銀行のアメリカでの営業が禁止されることとなり、その銀行は、多大の損害を被った。その結果、株主代表訴訟が提起されて、当時の取締役に対して、数百億円の損害賠償を命じる判決が出た、という報道が、先日あった。それを聞いた識者の多くは、「そんな大金、払えるはずがないのに。」と、同情的だった。しかし、仮に、数百億円の損害賠償の支払いを命じられたとしても、その取締役は、別に、死ぬまで、支払い続けなければならない、などということになるわけではない。確かに、現在持っている資産、家や土地、車、銀行預金、株式等は、生活に必要な最低限のものを除き、すべて、手放さなければならない。しかし、そうすれば（＝破産すれば）、残りの損害賠償義務については、原則として、免責され、債権者から強制的に取り立てられるということは、基本的にはなくなる。

あるいは、すべての財産を投げ出さなければならない、ということ自体、お気の毒だ、ということなのであろうか。もちろん、個別の事情が分からないので、何とも言えないが、その取締役の不注意（怠慢）のために、莫大な損害が生じ、結果、激しいリストラが断行され、職を失った多くの元行員（中には、失意のあまり、自殺された方もおられたかもしれない）のことを考えると、やむを得ないことのようにも思える。たまたま、同時期に、佐賀バスジャック事件の加害少年の両親が、被害者に対する賠償のために、すべての財産を手放すことになった、という報道があった。要するに、この大手銀行の元取締役は、この少年の両親と同じことをしなければならない、ということに過ぎない。私には、報道されていることを前提にする限り、そのことが、その取締役にとって、特別、お気の毒なことだ、とは感じない。

ただ、ここで問題にしたいのは、その取締役が気の毒かどうか、ということではない。そうではなくて、数百億円の損害賠償の支払いを命じられた際、実際には、どの程度の負担を負うことになるのか、言い換えれば、破産免責という基本的な制度を、どの程度の人がご存じだったか、ということである。報道等をみる限り、破産免責を視野に入れたコメントには、おめにかかれなかった。

国民的議論のための基盤

司法制度は、極めて重要なものだと思う。そして、司法改革につき、国民的議論を行う必要性も痛感する。しかし、骨太な国民的議論を行うためには、社会の中堅層に、議論の基盤、すなわち、司法制度、あるいは、法、法律というものに対する基本的知識、理解が必要不可欠ではないか、と思う。今の日本には、それが欠けているのではないか、と思えてならない。確かに、ここにあげた例は、いずれも、断片的なものに過ぎない。あるいは、私は、無い物ねだりをしているのかもしれない。が、司法府は、外部勢力からの不当な弾圧に対して脆弱であることからすると、司法制度改革に対する国民の目がしっかり注がれていないと、一部の声の大きな議論に引きずられて、ゆがんだ形になることを、私は、恐れている。そこで、そうならないための基盤整備の必要性を、あえて、ここで、強調しておきたい。

社会の中堅層に、国民的議論を行う基盤を作るためには、何といっても、国民の多くに、司法制度に対して関心を持っていただく必要がある。そのためには、初等中等教育の中で、司法制度に触れ、法律を学ぶこと、それも、刑事法や憲法のみならず、民事法も含めて、司法制度に親しむことが必要なのではないか。そして、例えば、裁判所は、決して、しかられるためのところではなく、自分の考えを主張するところだ、と、多くの国民が認識できるよう、教育の場での配慮が必要だと思う。それに加えて、大学の学部段階での法学教育の充実が求められる。今回の司法制度改革の流れの中で、法科大学院が設置され、毎年、四、〇〇〇人程度の学生の育成が行われるようになりそうであるが、同時に、狭義の法律専門家のみならず、普通の一般社会人の中で、法的素養、法的思考のできる人が充分存在することが、健全な司法改革のためにも、健全な社会の発展のためにも、必要なのではないか、と思う。

六　息の長い国民的論議

司法制度改革は、急がなければならないと、私も思う。しかし、司法制度の現在の姿は、決して、一日や二日で生まれたものではなく、長い月日の結果、このようになったわけである。病気に例えるならば、急性の疾患ではなく、長年の不摂生による生活習慣病、といったところであろう。だとすれば、本来は、一朝一夕で治癒するものではなく、根気よく、改めていかなければならない。

もちろん、適宜適切な外科手術の有効性も否定できない。例えば、裁判官の任用に関して、裁判官の給源の多様化を図ることが必要である、とされ、さらに、判事の指名にあたって、国民の代表を含む機関の意見を反映させることが提言されるようである。これが、法曹一元にまで進むのかどうか、それはわからないが、仮に、実質的に、法曹一元にまで進むとすれば（そのような、ラディカルなことを、ある一定期間でもおこなわないと、裁判官の給源の多様化を図ることは難しいように思われる）、これは、いわば、外科手術である。その場合には、国民に対するインフォームド・コンセントが、充分なされる必要があろう。さもなくば、国民が、外科手術の副作用に対して、過剰に反応し、司法制度に対する信頼を落とすことになりかねない。

このような、ラディカルな改革も重要であるが、この機会に、時間をかけて、じっくりと、司法制度を改善していく決意、基盤整備をこそ、この際、行っておくことが、司法改革のために必要なことではないか、というのが、本章の主張である。そのために必要と思われることを、いくつかあげると、第一に、マスコミの役割である。国民が、司法の現状を知るのは、ほとんどの場合、マスコミを通じてであろう。また、国民に対して、分かりやすく語る専門家の役割も、強調したい。地域の公民館等で行われている社会教育の中に、法の専門家が、もっと入り込んでいくことの重要性も説かれている。私自身は、まだ実践できていないが、賛成である。そして、何といっても、しっかりした法学教育によって、社会の中堅層、それは、司法制度の利用者であると同時に、司法制度に対する批判者でもあるわけだが、その社会の中堅層を育てていくことが必要であると思う。そのためには、学部教育の改革が求められるが、その際、一般の社会人として、どのようなことを教育すべきか、ということを、大学は、自覚的に検討しなおすことが必要となろう。

なお、本章に言う「普遍的な原則」に依拠する思考方法を身につけさせることは、同時に、その場のムードに追随し、自らの属する中間集団に埋没するのではない、二一世紀に求められる人材を育成する、ということでもある。その意味でも、法律実務家養成ではない法学教育の重要性をも、強調したいと思う。さらに、粘り強く改革を進めるためには、「何のために、司法制度を改革しなければならないのか。」ということを、常に、自覚的に反省する必要がある。

このような形で、息の長い国民的論議がなされることにより、優れた司法制度を作り上げていきたいものである。

〈参考文献〉

兼子一・竹下守夫『裁判法〔第四版〕』有斐閣、一九九九年

和田仁孝『民事紛争処理論』信山社、一九九七年
馬場健一「司法改革の動き」『法律時報』七二巻一三号
奥博司「民事手続における実体権に関する若干の考察」『ジュリスト』一〇二一号

第九章　何のための司法改革か——日本の構造改革における司法の位置

井上達夫

一　冷戦期型二項対立図式の呪縛——「規制緩和論」対「弱者保護論」

司法改革はこれまで法曹三者なる「業界」内で永年論議されてきたが、遅々として進まなかった。しかし、従来の行政主導型システムの破綻に対する危機意識と構造改革の必要性の自覚が不十分ながらも芽生え、司法の役割に対する関心と期待や要請が「法曹業界」を超えた広い社会から寄せられてきた現在、司法改革は現実化への圧力をもって政治的アジェンダに載せられ、少なくとも表面的には新たな高揚を示している。この問題に従来関心をもたなかった（むしろ敬遠さえしていた）財界・自民党が積極的かつ迅速に司法改革論議のイニシアチヴをとりはじめたのに対して、在野法曹・研究者・市民運動家らが批判的警戒心と改革実現の政治的好機への戦略的期待というアンビヴァレントな関心を抱きつつ、半ば対抗的、半ば便乗的に改革プロセスに参与し、方向決定に自己のベクトルを合成させようとしているという論議の構図が見える。

しかも、財界・自民党の動きを大企業などの「強者の利益」に奉仕する司法制度の追求と疑う人々も、司法予算の増大、弁護士だけでなく裁判官の増員、法曹一元制度、陪審・参審制、法律扶助の拡充、被疑者段階からの国選弁護制などについて、「在野」の要求と「支配層」の改革論議が形の上では接点をもつことを承認している（渡辺洋三・他［一九九五］二八一頁以下参照）。行政訴訟の勝訴率の低下を挙げて司法の行政追随を批判したり、人権保障強化のために憲法裁判所制度の導入を提言したりする声さえ、財界から上げられている（経済同友会［一九九四―六月］、同［一九九四―七月］参照）。

このような状況を見ると、「保守」対「革新」、「資本の利益」対「人民の利益」というような冷戦期型の二項対立図式を超えて、「何のための司法改革か」という問題を虚心坦懐に考え直してみる必要があるだろう。結論から言えば、司法改革は日本社会における「法の支配」の確立のために貫徹さるべきである。こう言うだけなら、誰も反対しないかもしれない。しかし、「法の支配」とは何か、そして、それを要請する現代日本社会の問題状況は何かについて、的確な理解が共有されているかとなると、事態はそれからは程遠い。残念ながら、現在の司法改革論議でも、この根本的な問題が十分詰められているとは言えない。冷戦期型二項対立図式では対処できない問題状況に我々の社会は直面しているにも拘わらず、改革の理念を語る言葉は依然、この図式に支配されている。

すなわち一方では、「行政による事前規制から司法による事後規制へ」ということが決まり文句のように唱えられている。行政指導に象徴されるような不透明・非公式な裁量的介入による利害調整を通じて、事前に紛争を防止するシステムが種々の綻びを見せたいま、競争と自己責任の原理を貫徹する透明なルールに立脚し、司法手続を通じて事後的に紛争処理・破綻処理・責任糾明を行うシステムに移行すべきであるとされ、かかるシステムにおいて増大する司法の役割を十分果たしうるよう、現在の「小さな司法」の容量の拡充と質の改善を抜本的に図る必要が主張される。

もっとも、「事前か事後か」という対比はこの立場の意図の表現としても雑ぱくに過ぎる。行政の介入は事前にも事後にもなされ、「対応が後手後手に回る」ことも少なくなかった。バブル崩壊後の問題処理の先送りが日本経済を破綻させたプロセス（本書第一章参照）は「事前行政」がいかに看板倒れであったかを如実に示している。他方、司法に期待される役割としては「差し止め」のような「事前」の救済もある。事前規制を紛争予防という意味に限定したとしても、この対比は的確でない。不透明性・裁量性の強い行政的介入は「ごねれば（泣きつけば）何とかしてもらえる」という期待を抱かせて紛争を誘発し、「尻拭い」的事後処理への需要を再生産する面もあるのに対し、ルール志向の強い司法は事実上の先例拘束性をもった判例形成により紛争処理を定型化し、規制態様の予見可能性を高めることで、人々が事前の交渉・調整により紛争誘因を縮減することを可能にするという機能も果たしているからである。

上記のようなスローガンを掲げる立場の基底にあるのは、「事前規制から事後規制へ」という「規制時点の転換」よりもむしろ、行政の過剰なパターナリズムが日本経済の停滞を招いたとする規制緩和論の流れに沿った「規制の総量規制」という問題把握であり、司法改革の理念としての法の支配を、私的自治の原理に基づく市場社会秩序の確立として捉えるものである。「大きな政府のための小さな司法」から「小さな政府のための大きな司法」への移行を要請するものと言ってもよい。

他方には、かかる規制緩和論的司法改革論を弱肉強食のレッセ・フェール的競争社会への回帰とみなして反発する人々がいる。この観点からは、司法改革の目的たる法の支配の確立とは弱者の権利保障の強化である。サラ金業者の債権回収の容易化をも含意しうる単なる紛争処理の迅速化ではなく、国賠・抗告訴訟などにおける行政追従傾向、憲法訴訟における司法消極主義、環境権訴訟など現代型訴訟において求められた新しい救済手段に対する拒否的姿勢などに見られるような、従来の日本の司法の「保守性・反動性」を克服し、「支配層・大企業のための司法」から「弱者・民衆のための司法」へ転換することが司法改革の基本理念とされる（渡辺・他［一九九五］二八八―二九一頁参照）。

このような規制緩和論的司法改革論と弱者保護的司法改革論の対立は、資本主義対社会主義という冷戦期型二項対立図式の先進産業民主主義社会における変奏というべきリバタリアン的「小さい政府」論と平等基底的福祉国家論の対立に規定されている。しかし、私は、この二つの言説がいずれも十分的確に捉えていない病理が現代日本社会を蝕んでおり、それに対する処方の一つとして、司法改革を通じて確立すべき法の支配の意義も理解さるべきだと思う。

二　現代日本社会の病巣――中間集団の専制による個人と国家の無力化

その病理とは、中間的共同体ないし中間集団の専制であり、それと絡まった弱者―強者関係のねじれ、そして権力の無答責化・没公共化である。個人と国家の間に介在する様々な中間集団が組織票・集金力などを梃子に政治過程を壟断し、種々の特殊権益をゴネ得的に享受し、そのコストは政治過程から疎外された未組織公衆に転嫁する。国家はかかる集団に公共性の規律を課す力をもたず、それらの既得権の調整役に堕する。ときには「中請一本化」などに見られるように、調整責任さえ業界に委ねる。さらに、それぞれの中間集団内部では批判的・異端的な個人に対してインフォーマルな社会的専制圧力（村八分、職場八分、業界八分などなど）が加えられ、国家はこれを放任することで秩序維持コストを節減する。（国家・市場・共同体から成る「秩序のトゥリアーデ」の均衡喪失の異なった形態として、全体主義的専制、資本主義的専制、共同体主義的専制を区別し、現代日本社会の病理の特異性を共同体主義的専制の観点から説明するものとして、井上達夫［一九九八］四二一―六二頁参照）。

かかる中間集団は自己の特殊権益の維持拡張に関しては、国家（行政権力と、族議員政治のような行政化した立法者の権力）に、甘えをずるずると受容する保護者の役割を演じさせながら、他方で、自集団内部における個人への人権侵害に関しては、それを救済する国家（司法権力）の介入を、団体自治あるいは「部分社会」の自治の名の下に排除する。国家に対するこの依存と自立の身勝手な使い分けは、個人権や一般社会の公共的利益よりも特殊集団利益を優先させる集団的エゴイズムの身勝手さという同じメダルの両面を示すものである。この集団的エゴイズムの更なる問題性は、それが「個人の私利ではなく、我々みんなの共同利益」という擬似公共性の仮面によって合理化されているため、個人のエゴイズムよりも一層御しがたい放縦性をもつ点にある。

日本社会の特質としてパターナリズムを挙げる人は多いが、この性格規定は必ずしも的確ではない。上記のような中間集団の放縦を許してきた戦後日本の国家は、保護する代わりに支配を貫徹する「厳父」のイメージからの隠喩である「パターナリズム（父権的干渉主義）」の主体たる国家とは、似て非なるものである。戦後日本の国家と中間集団の関係はむしろ、子に厳格な躾をせず尻拭いをし続ける「慈母」のイメージを喚起するものであり、「マターナリズム」という隠喩が適切かもしれない。（念のために言えば、この対抗隠喩を示唆するのは性別ステロタイプを固定するためではなく、戦後日本の国家にしばしば結び付けられる「パターナリズム」という言葉のミスリーディングな含意を払拭するためである。問題は後見的役割の二つの類型の機能的差異であり、役割の担い手の性差ではない。現代では父が「慈母」化し、母が「厳父」化するという現象も少なからず見られる。）パターナリズム国家は保護と支配の責任主体であるのに対し、マターナリズム国家においては明確な支配の責任主体は存在しない。放縦と依存に浸る保護客体たる中間集団は政治過程を壟断しながらも、支配主体としての自覚と責任意識はない。保護主体たる国家の方もまた、絶えず干渉しながらも「依存されることに依存する」という「共依存」に陥っており、保護客体の放縦な要求に引きずられて被規定意識を鬱積させ、支配の責任主体としての自己意識も支配の規律を貫徹する能力も萎えさせてしまう。ここで支配の主体をあえて挙げるとすれば、共依存的な関係性そのものである。

このようなシステムの下では、個人が無力化されているだけでなく、実は国家も無力化されている。規制緩和論が想定するのとは逆に、行政権力は強すぎるのではなく、弱すぎるのである。特殊集団のエゴイズムを公益の観点から規制するという行政本来の力は乏しい。縦割り行政を官庁間の政策競争を促進するものとして擁護する議論もあったが、それが意味するものは、省益あって国益なし、局益あって省益なしなどと言われるように、管轄する業界などの特殊利益に行政が分断されている実態である。天下りは官僚が規制対象たる利益集団に構造的に取り込まれていることを示し、彼らの強さではなく、実は弱さの象徴である。中央集権の強さを示すものとして「三割自治」が語られてきたが、支出規模から言えば「七割自治」であり、必要性や費用と効果の適合性の疑わしい公共事業の多くは地方でなされ、地域エゴ・地元業界エゴを規律する力が中央官庁にあるわけではない。利益誘導の「パイプ役」を務める政治家にそのような力を期待できないのは言うまでもない。さらに言えば、この種の公共事業が企業の長期雇用慣行や福利厚生と並んで、福祉国家的セイフティ・ネット機能をいびつな形ではあるが肩代わりしてきたため、社会保障支出に関しては、日本は欧米の先進産業民主主義諸国と比べて、むしろ「小さい政府」だったのである（神野直彦［一九九八］参照）。

したがって、「大きい政府から小さい政府への転換」よりもむしろ、「弱い政府から強い政府への転換」こそが課題であろう。誤解を避けるために急いで付言すれば、「強い政府」というのは「ファッショ的権力国家」ではなく、公共性の規律を貫徹する倫理的筋力をもった「毅然たる法治国家」である。それは法の支配を貫徹させるが、その法の支配の理念は普遍主義的な正義理念と人権原理を核にしたものである。すなわち、それは国家が、特殊集団権益を超えた万人の基本的人権として普遍主義的に正当化しうる権利はこれを政治的に無力な個人や孤立し分散した少数者にも等しく、否むしろ、政治的に疎外された個人や少数者にこそ実効性をもって保障する一方、かかる普遍主義的正当化が不可能でコストを一般公衆に不正に移転している特殊権益や既得権は、受益集団の強い政治的組織力に抗して断固これを排除しうるような統治機構の再編を求める。

三　「毅然たる法治国家」における政府と司法の役割

この「毅然たる法治国家」においては、何よりもまず、企業や様々な中間集団内部での社会的専制による人権侵害から諸個人を保護するために、司法が憲法の私人間適用などの形で積極的に介入することが要請されるが、それだけでは足りない。立法府と行政もまた公共性の担保者として積極的な役割を果たさなければならない。市場的競争の活性化は、反公共的な特殊権益の跋扈を解消し、個人の自律の条件としての人生経路の多様性を保障するためにも必要であるが、これは規制緩和と契約・所有権・不法行為などの私法的ルールの執行で片付く問題ではない。市場秩序はレッセ・フェールの体系ではなく、正統性を認知されるためには、競争条件を公正化しなければならず、そのためには単なる形式的な機会の平等を超えて、競争手段を公正化する種々の規制や、競争資源の初期分配を公正化する前市場的再分配措置が前提条件として要請され（井上達夫［二〇〇〇］参照）、さらに、利益誘導あるいは「レント・シーキング」を求める政治力の有無に依存せずに、万人が人間的尊厳を維持するのに最低限必要な生活保障を受けうるようなセイフティ・ネットの市場外的再分配による確保も必要となる。

すなわち、独占禁止法の強化だけでなく、能力開発機会や資金調達機会を貧困者や新参者にも公正に確保するための支援措置の配備、搾取的・差別的手段による競争優位の追求を抑止するための労働基準法や雇用差別排除立法の強化、消費者保護・環境保護を口実にした新規参入排除に代わる安全性確保・環境保全のための無差別公正な予防的規制の強化などが必要だが、かかる規制を実効化するには公正取引委員会・労働基準局・環境省その他種々の監督機関の権能強化・組織拡充・新設が要請される。現在、人権擁護推進審議会で検討中の司法を補完する行政的な人権救済活動、特に「自主的解決が困難な状況にある被害者の積極的救済」のための諸措置の充実強化も必要である（法務省人権擁護

推進審議会［二〇〇一］三三―四三頁参照）。

また、市場原理の浸透は、諸種の保護・利益誘導と引き換えに企業・業界・地域共同体に肩代わりさせてきたインフォーマルな生活保障機能を解消させるため、政治力の有無強弱に依存しない普遍主義的公平性をもった社会保障システムへのセイフティ・ネットの張り替えが必要になる（神野直彦・金子勝編［一九九九］参照）。福祉国家が肥大化しすぎたから市場を再生するという八〇年代以降の欧米の状況と異なり、現在の日本においては市場的競争原理を貫徹するためにこそ、公正な福祉国家の本格的建設が要請される。活力ある市場的競争メカニズムの確立と公正な福祉国家の構築とは、現代日本にとって同時遂行課題なのである。地方への財源移管と規制権限や社会保障の分権化も要請されているが、これは政府機能の中央と地方との間での適正配分の問題であり、政府機能の総体的縮小を意味しない。

既得権調整に代わるこのような政府の公共的規制機能の強化は規制権限の濫用の危険を当然孕むから、その公共性を制度的に担保するために、司法は「公正な審判者」として積極的な役割を果たすことを要請される。要するに、「行政の機能が減る分だけ、司法の機能が増える」のではなく、行政府・立法府という政治部門の公共的規制機能の強化に比例して、その怠慢や権限濫用を合法性・合憲性のチェックにより統制するために、司法の審査機能・救済機能の強化と政治部門に対する独立性の確保が必要になるのである。「小さな政府を肩代わりする大きな司法」ではなく、「強い政府の統治の公正を確保するための強い司法」が毅然たる法治国家における司法の位置である。

四　弱者保護の歪みの是正――「弱者の強者化」から「分配帰結の公正化」へ

日本社会の病理に対する以上の診断と処方は、弱者保護的司法改革論の政治的意義についても反省を迫る。従来の日本型システムにおいて対内的・対外的に強固な統制力をもつ中間集団は、しばしば皮肉にも自らを弱者として理解している。

例えば、農民は戦後日本の急速な工業化・都市化の過程で取り残されてゆく少数者としての危機感から結束し、農協などを通じたその組織的な集票力・資金供給力によって、政治過程に大きな影響力を行使してきた。平均年収がより低いサラリーマン層から、より高い農民層への逆向きの再分配がこれまで行われてきたこと、住専処理における公的資金の導入が、圧倒的な世論の反対を押し切って農協系金融機関の救済のためになされたことなどが象徴するように、農民は圧倒的多数派たるはずの未組織大衆をしのぐ政治力を有している。戦前の天皇制下における被弾圧者としての自己規定をもちつつ、戦後政界に進出し、共産党支持者よりも平均年収の低い低所得者層を組織した創価学会も、近年の政界再編過程においてキング・メイカー的な政治的実力を示した。公共事業は「地元の弱小業者」が談合で落とし、大手ゼネコンに「上請け」させ、ときには「丸投げ」で労せずして中間搾取の旨みを貪る。

これらの例に限らず、弱者意識あるいは被差別者意識さえもつ集団が実態においては政治的強者であるという逆説は、現在の日本社会の様々な局面に見られる。かかる集団の権力性は弱者意識によって隠蔽ないし合理化されているだけ一層、批判的統制に服しにくい。このことは、保護さるべき「弱者」とは誰のことか、適切な保護の在り方は何かについて再考を促すだろう。

人権保障の砦としての司法の役割の強化が司法改革の柱であるべきこと、そして保障さるべき人権はとりわけ弱者・少数者の人権であることに私は異論はないが、その意義は従来の日本型システムにおける弱者保護・少数者保護の歪みを是正する方向で理解されなければならない。これは弱者保護のための規制に対する評価視点の転換という政策査定の次元の問題だけでなく、政策形成の場たる民主的政治過程の構造改革というより大きな問題を孕む。まず前者の問題から見ておこう。

規制の当否をめぐる論議においては、「弱肉強食の市場的競争か、弱者保護のための競争制限か」という誤った対立図式を捨て、利害が対立する弱者の間の公正の確保という観点に立って諸種の規制の機能を分析評価する必要がある。現代日本社会においては、一部の特定の「弱者」を保護する規制がそのコストを、より広範な、またはより無力な弱者に不可視化された仕方で転嫁していることがあまりに多い。

例えば、大店法の出店規制は小規模商店を保護する以上に、先行進出した大型店を他の大型店との競争から保護して地域独占利益を享受させ、そのコストは生活必需品を含む商品の一般的な高価格化という形で消費者大衆に転嫁され、この規制が保護しようとする「弱者」たる小商店主らよりはるかに深刻な生活苦に悩む経済的弱者の家計を圧迫してきた。家主の契約更新拒否権を制限した借家法による借家人保護や、裁判所が判例形成を通じて承認してきた日照権なども、既存の借家人や先住者に強い保護を与える一方で、そのコストを同様な、あるいは一層切実な借家需要や居住空間需要をもつ人々に不公平な形で転嫁していないかという観点から、規制の合目的性と正当性を再検討されるべきものである。(私見では、借家人保護は更新拒否制限ではなく賃料補塡など市場外の再分配措置に委ねる方が、日照権は先住者の個別的権利主張に委ねず、低層地域と高層地域・集住地域を区分けする全般的な都市計画規制によって調整する方が、より公平である。)

このことは、効率主義的観点からではなく分配帰結の公正化の観点から、弱者保護の規制目的と規制手段の整合性を審査するために、裁判官も規制の経済的帰結への感受性を身につけるべきであることを意味している。もっとも、この「感受性」は高度に専門的な経済学的分析能力である必要はなく、まことしやかな規制目的に隠された特殊権益保護の「うさん臭さ」を嗅ぎ取り、規制主体に規制の公共性の立証をより厳格に要求するような「公正感覚に根差した帰結感受性」で足りる。

例えば、違憲審査に関して、厳格な審査と合理性審査の中間の審査基準の一つとして、「より制限的でない他の規制手段」の不在を要求するＬＲＡ基準があるが、これは単に規制の「合理性」の証明をより厳格に要求するという意義だけでなく、まことしやかな「公共的目的」を掲げる規制が隠蔽する特殊権益保護という不純な政治的動機を吐き出させるという意義をもつ。建前とされた目的を制約性がより少ない方法で実現できるにも拘わらず、不必要な規制手段を採用する立法はこのような「不純な動機」を隠蔽しているのが通常だからである。最高裁の数少ない違憲判決の対象となった薬事法の距離制限などは、公共性を偽装した特殊権益保護動機をＬＲＡが吐き出させうる規制の典型例である。この判決は、公衆浴場法の同様な距離制限への合憲判決が様々な業界の同種の既得権保護要求を招いた状況にあわてた最高裁が自分の蒔いた種を刈っただけという分析もある（奥平康弘［一九九一］四二七―四三〇頁参照）が、裁判所が今後ＬＲＡ基準のこの機能を主体的・積極的に活用することは、弱者保護を建前にしながら特定集団の既得権を政治的に無力な弱者にコスト転嫁して保護するような種々の規制を、分配帰結の公正化の観点から司法的に統制するための重要な方途の一つとなるだろう。この種の規制については、より制限性が少なく、かつより公正な弱者保護のための代替的規制手段が存在するからである。

五　司法改革と政治改革の統合——批判的民主主義に向けて

弱者保護・少数者保護の歪みの是正は、政策査定の次元を超えて政治過程の構造改革の問題に我々を導く。弱者の強者化を可能にした主な政治的条件は、戦後日本政治がコンセンサス型民主政をそれなりに確立してきたことにある。五五年体制は自民党一党支配ではなく、基本的には、国対・裏国対などを通じた与野党間の妥協により利益調整を図るシステムであった。連立時代はこのコンセンサス型民主政の実体をより可視的にした。このシステムは談合政治と批判されるが、経済成長により衰退する社会層に「利益の均霑《きんてん》」をして不満をガス抜きし、急速な経済発展と政治的安定とを両立させたという「貢献」は認められる。

しかし、このシステムは高度成長の終焉により機能不全に陥りつつあるだけでなく、民主政と少数者保護との適正な統合に失敗している。すなわち、それは一定の閾値以上の組織力をもつ少数派集団には強力な政治的拒否権を付与して専横なゴネ得も許すと同時に政治的答責性を主体的にも主題的にも曖昧化する一方、「サイレント・マジョリティ」を政治過程から疎外するだけでなく、政治的資源を欠く孤立分散した個人や真にマージナルな少数者には人権侵害圧力に対する保護すら与えないという不公平性をもつ。違憲審査制によって政治的に無力な個人や少数者のための人権救済の砦としての役割を付託されながら、司法消極主義に固執してこの役割の果敢な遂行を怠ってきた日本の裁判所は、この歪んだ政治システムの共犯者であった。

このシステムにおける民主政の機能不全と少数者保護の歪みを是正するためには、まず種々の政治勢力の野合による権力共有から、異なった整合的政策体系の競争と試行錯誤的淘汰を促進する権力交代への政治過程の改革が必要である。すなわち、種々のクライエントに奉仕し雑多な政策的立場を包摂する自民党のような派閥連合体ないしメタ政党（諸政党の党）ではない「政策集団としての政党」に、野合を排した政策論争と支持獲得競争をさせ、そのうちの比較第一党に単独で政権を担当させて、その政治的答責性を明確化し政権交代を促進するような相対多数者支配型に政治的意思決定システムを転換して、コンセンサス型民主政の下で「強者化した弱者」たる組織的利益集団が享受するような政治的拒否権を除去すべきである。このシステムは「勝者独占型（winner-take-all）」と評されるかもしれないが、そこでは「勝者」は権力だけでなく責任も「独占」し、政策の失敗の責任を他に転嫁することができない。「悪しき為政者の首を切る」という民主政の批判的自己修正機能を活性化させることで、「勝者」の地位を主体においても政策体系においてもラディカルに交代・変容させることがその眼目である。

しかし政治過程のかかる改革と同時に、政治的拒否権付与による少数者保護に代えて、政治力の有無強弱に関わりなく万人に基本的人権を公正に保障する司法審査制の強化充実によって少数者保護を図ることが必要不可欠である。違憲審査制のような司法審査による人権保障の強化は、相対多数者支配型の政治的意思決定システムが「多数の専制」に暴走する危険を制度的に抑止するという意味においてだけでなく、少数者保護の場を民主的政治過程の外部に移すというまさにそのことによって、特殊権益集団の支配から民主的政治過程を解放し、その公共性形成機能を活性化させるという意味において、民主政の健全化のための不可欠の条件をなす。組織的集団の特殊権益は排除する一方、基本的人権は政治的に無力な個人や少数者にも保障する点で、少数者保護の在り方としてもそれは従来のシステムの歪みを正す公正さをもつ。司法改革はこのような視点から政治改革と連結させなければならない。

権力共有ではなく権力交代による代替的政策体系の競争的淘汰を促進する方向への、民主的意思決定システムの転換を図る政治改革。特殊権益を超えた普遍主義的な正義理念や人権原理に立脚して、少数者保護と民主的プロセスの公正性を確保する司法の機能を強化するための司法改革。この二つは別個のものではなく相補的・相互依存的な内的結合関係にある。このような視点の基盤をなす民主主義のモデルを、私は「反映的民主主義」に対置された「批判的民主主義」として別著で構想しているので、より立ち入った説明についてはそこでの議論の参照を乞いたい（井上達夫［二〇〇一］第三部参照）。ここでは、この視点が、現在の日本の論議状況においては盲点に置かれていることについて一言触れておきたい。

政治的意思決定システムをコンセンサスによる権力共有から権力交代と政策競争を促進する相対多数者支配型――ウェストミンスター型とも呼ばれる――に転換する政治改革の必要性を承認する人々は、組織的少数者への政治的拒否権付与を批判するが、それと違憲審査制のような司法的人権保障による少数者保護を明確に区別せず、後者の少数者保護を強化するための司法改革がかかる政治改革と不可分一体であることを自覚してその必要性を強調するに至らないため、「多数の専制」の容認者とみなされることになる。小沢一郎流の政治改革が挫折した戦略的要因は何であれ、その構造的要因はここにある。

他方、司法的人権保障の強化を求める人々は日本の裁判所の司法消極主義を批判し、司法改革の必要は強調するが、それを政治改革とは切り離して論じる傾向がある。中間集団による人権抑圧が放置されている現状を批判して、個人権保護のために中間集団の内部自治に司法的に介入する国家の役割の重要性を鋭く指摘する樋口陽一のような憲法学者でさえ、五五年体制とその惰性的再編たる連立政治に通底するコンセンサス型民主政の在り方を積極的に称揚しないまでも、比較政治学的にはノーマルな「待ちの政治」として受容する姿勢を示している（樋口陽一［一九九六］一五三—一五六頁参照）。

しかし、現代日本における中間集団の専制は個人権侵害という内部的専制としてだけでなく、強力な政治的拒否権行使による反公共的特殊権益の追求という外部的専制としても深刻化している。中間集団の内部的専制と外部的専制は、前者に対する処方箋としての司法的人権保障の強化と、後者に対する処方箋としてのコンセンサス型民主政の悪弊を克服する政治改革とを統合することによって、同時に克服される必要がある。

二つの処方箋自体、単独では本来期待されている効能を発揮できないのである。政治的に無力な少数者の人権保障を強化する司法改革は、政治的組織力をもつ少数者の横暴を阻止する政治改革なしには、普遍主義的正義理念と人権原理に立脚して少数者保護の歪みを正す法の支配の理念を実現できないし、後者の政治改革は前者の司法改革なしには、既得権の壟断による民主政の自己変革能力の衰弱という持病を克服しても、「多数の専制」の狂気という別の病の危険に対して民主政を脆弱にし、民主政の健全化を実現できない。

司法改革と政治改革のこのような統合が盲点に置かれてきたことの理論的要因の一つとしては、比較政治学の支配的パラダイムとなっているA・リップハートの民主政モデルの影響が考えられる。彼は民主政のウェストミンスター・モデルとコンセンサス・モデルを対置して、前者を単純無制約な多数者支配型と規定し、少数者保護機能を専ら後者の特性にしている。しかし、彼のモデル論は民主政を人々の選好への応答性という観点のみから評価して、人々の選好を私的利害関心から公共的価値関心へと変容させる熟議機能を捨象している結果、ウェストミンスター・モデルが熟議促進機能においてもつ優位性を無視している点、および司法的人権保障による少数者保護と政治的拒否権付与による少数者保護との機能的差異を無視し、前者とウェストミンスター・モデルとの相補的・相互依存的な結合関係を無視している点において、重大な欠陥をもつものである。先に触れた反映的民主主義と批判的民主主義という二つの民主主義モデルを対比的に構成した私の議論は、リップハートのモデルのこのような欠陥を是正する狙いも含んでいる（リップハートの議論の批判的検討として、井上達夫［二〇〇一］第四章参照）。

ウェストミンスター・モデルと親和的な議院内閣制を採用すると同時に、硬性憲法と司法部の違憲審査制に担保された人権保障により少数者保護を図る日本の戦後憲法の立憲民主主義体制は、リップハートのモデルからすれば理念型から逸脱したキメラのごとき「異例（anomaly）」ということになる。しかし、本章の議論を踏まえるなら、我々の立憲民主主義体制は、無原則な妥協を排した政策論争と野合を排した権力交代による政策体系の競争的淘汰と司法的人権保障による少数者保護の公正化を原理的に統合する民主政（批判的民主主義）の可能性を示すことにより、彼の理論モデルの盲点と限界を明らかにする「反例（counterexample）」を提供していると言える。残念ながら、談合政治と司法消極主義が癒着した戦後日本の憲政史の実態は、戦後憲法が秘めたこの潜在的可能性の現実化を阻んだだけでなく、可能性そのものを不可視化してきた。現在の我々の課題は、戦後憲法のこの潜在力を正当に評価して、それを発展させるために司法改革と政治改革を遂行することである。

六　機能改革としての司法改革

以上、司法改革論議を日本の政治経済システムの大局的な改革構想に接合するための、規制緩和論と弱者保護論の二項対立を超えた代替的視角の提示を試みた。現在の司法改革論議で中心的論題とされる一般的な民事紛争処理能力の改善や刑事司法の改善はもちろん必要であるが、本章で検討したような現代日本社会の病理を克服するという観点から特に優先性をもって求められる司法の機能強化の焦点は次のようなものである。

(1)　人権保障における司法消極主義の呪縛からの脱却　「公共の福祉」や「立法裁量」などを盾にして人権侵害立法に対する違憲判断を回避してきた戦後日本の裁判所の司法消極主義は「悪名高い」が、これを単に裁判所の「イデオロギー的反動性」によってのみ説明し糾弾するだけでは問題は解決しない。司法消極主義には民主的正統性原理への敬譲という、「進歩派」を自任する人々も無視できない思想的護符があったのである。それに加え、五五年体制以来のコンセンサス型民主政における「利益の均霑」の実践が、「経済発展から取り残される弱者」としての自己意識をもつ組織的利益集団の既得権保護という形で少数者保護を政治過程の内部で図ってきたことも、少数者保護のために民主的立法に立憲主義的制約を課すという違憲判断の役割と正統性基盤に日本の裁判所を鈍感にさせた要因になったと思われる。

しかし、本章で論じたように、従来のような少数者の政治的保護は少数者保護として不公平であるだけでなく、民主的政治過程の公共性形成機能を阻害する。これに代えて、違憲審査を通じた司法的人権保障を活性化させることは民主政を阻害するどころか逆に健全化する条件であり、かつ少数者保護の歪みの是正に導く。民主的政治過程と司法過程とのこの連関を理解することが、司法消極主義の強い思想的呪縛力からの解放の不可欠の条件をなす。司法消極主義を克服するための制度改革としては、最高裁事務総局による個別裁判官統制の抑制、最高裁判事の給源の多様化・脱官僚化と支援スタッフの充実、国民審査制の改善、憲法訴訟への国民の関心を高めるとともに裁判官の顔（過去の裁判実践とその基底にある憲法思想）が見えるようなメディアの司法報道の充実など、様々な方途が従来提唱されてきた。かかる制度改革を検討し推進することはもちろん急務であるが、根本的に重要なのは、一見迂遠に感じられるかもしれないが、司法消極主義の執拗な思想的呪縛力の淵源を解明し、それを除去する視点を開示して、違憲審査制の担い手たちをその呪詛から解放することである。

⑵　行政の公正性に対する司法的コントロールの強化　　行政が不透明でインフォーマルな既得権調整から、公正な市場的競争秩序の確立と普遍主義的公平性をもつ福祉国家的セイフティ・ネットの確保を同時遂行するための公共的規制機能の強化を要請されるのに応じて、行政の怠慢や権限濫用に対する司法的統制への要請も高まることを見た。行政指導に象徴されるような従来のインフォーマルな行政的介入は、その広汎な裁量性と処分性の曖昧性ゆえに、うなぎのように司法的統制をすりぬけてしまう傾向があったが、新たに求められる公共的規制機能を果たすためには行政作用自体がルール化されなければならず、行政の司法的統制は必要性だけでなく可能性もまた高まる。

この可能性を現実化するためには、包括的委任立法や要件が過度広汎な規制に対する司法審査の厳格化や、行政手続法の活用・強化などにより行政のルール化・透明化を促進する一方、行政追従批判への弁解の余地のないほど行政訴訟の原告勝訴率が低下している現状を改善するために、行政に対する司法の独立性を強める必要がある。この点でまず是正さるべきは「判検交流」であろう。これを裁判官の知見と視野の拡大に資するとして擁護する向きもあるが、訟務検事として行政事件・国家賠償事件で国側の弁護をしていた者が裁判官としてこれらの事件を裁き、また担当裁判官の同僚裁判官だった者が訟務検事として国側の代理人を務め、原告の前で担当裁判官になれなれしく慰労の言葉を送るような実践を続けながら、行政統制における司法の独立性と公正性への信頼を要求することは不可能である（毎日新聞社会部［一九九二］一九五—二〇八頁参照）。国賠事件の一審で国側の代理人であった訟務検事が当該事件の控訴審の陪席判事になるという事例さえあり、判検交流を擁護する裁判官の中からさえ疑問の声が上がっているほどである（倉田卓次［一九九五］三二〇—三二四頁参照）。

なお、行政の専門性を理由に司法の審査能力を疑問視する立場もあるが、行政が「専門的権威」をもつかに見えるのは、行政機関が行政情報を独占していることによる。情報公開法の活用・強化や訴訟手続における証拠や争点関連情報の開示の拡充などを通じて行政機関にレレヴァントな情報を吐き出させることが、この種の「専門性神話」を突き抜けて行政に対する司法統制を実効化する方途となる。参審制を「国民の司法参加」だけでなく（あるいは、それよりむしろ）「専門家の司法参加」のために導入する必要性も近年論議されている（田中成明［二〇〇〇］二五六頁、および青山・他［二〇〇〇］

一七頁の田中発言参照）が、行政統制において経済的・医学的・工学的分析など専門的分析能力が必要になる場合に、必要な専門家を裁判に参与させて司法の審査能力を向上させる方途として、参審制を活用することも考えられてよい。

(3)　民主的政治過程の公正性に対する司法的チェックの強化　裁判所が自己に託された違憲立法審査機能を厳格に遂行することは、少数者保護を政治過程から外部化することによって民主政の公共性形成機能を再生させるためだけでなく、一般市民の政治的権利（参政権や言論・集会・結社の自由など）の保障を強化し、民主的政治過程の公正性の制度的保障を強化することによって民主政を健全化するためにも不可欠である。この両面は実は不可分である。

この点でまず挙げられるべきは議員定数不均衡に対する司法審査の厳格化だろう。参院で五倍を超え、衆院で四倍を超えるような投票価値の格差をも事情判決の法理などにより認容して「過疎化する地方の過剰代表」を許してきた従来の実践は、まさに「弱者意識をもった集団の政治的強者化」というコンセンサス型民主政の少数者保護の歪みと直結していると同時に、参政権の平等を茶番化し、民主的政治過程の公正性を著しく損なうものである。それは、主として自民党の支持基盤となった地方の保守的組織票の支配力を固定して政権交代を阻害するとともに、中央との政治的パイプを太くして補助金・交付税・公共事業配分等で利益誘導するという形で地方の依存体質を高めることにより、その自立的発展をむしろ阻害してきた。一人一票原則という確たる原理に司法が忠実であるなら、合憲として許容しうる投票価値格差は最大限二倍である。これは誰の票も「二重算入（double counting）」されてはならないという一人一票原則の含意を最大限「寛大」に解釈した帰結であるが、民主的政治過程の公正性確保の使命を党派的意味での司法の政治化や民主的権力の司法による簒奪と混同して尻込みする日本の裁判所には、この穏当な良識でさえ「過激」に響くだろう。しかし、これより大きな格差を許容する場合の方が、裁判所は「どこで切るか」について原理的根拠をもった基準を示し得ず、自己を放縦な政治的裁量に惑溺させ党派的利害の影響に対して無防備化してしまうのである。（一人一票原則の厳格な貫徹こそが、司法の政治介入を最小化することについては、イリィ、ジョン・H［一九九〇］一九三—一九八頁参照。）

選挙制度の公正化に関しては、与党多数派が政権保持のために行う党略的選挙区改変（いわゆるゲリマンダー）に対する司法統制も必要である。政権党の政策に対する世論の評価の変化を増幅して議席数に反映する小選挙区制は、本来、政権交代を通じた政策体系の競争的淘汰という既述の政治改革の理念に適合したものであるが、ゲリマンダーが許されると小選挙区制の下でかえって政権交代が阻害されることになる。一九七〇年代前半の保革伯仲期に田中角栄首相の下で自民党政権延命のために小選挙区制の導入が試みられ、世論の強い反発で挫折した。それ以来、わが国には小選挙区制に対する猜疑心が根強く残っているが、不公正さは小選挙区制自体よりもむしろ、田中首相の名をとって「カクマンダー」と呼ばれた露骨な党略性をもつ選挙区の区割りにあったのである。諸政党の利害対立と議会における勢力均衡が党略的選挙区改変を抑止する状況は常に保障されているわけではない以上、司法が何らかのチェック機能を果たさなければならない。かかる司法審査を実効化するための抜本的改革としては、選挙制度の公正を確保するための基本的ルールを時々の与党多数派が操作できない憲法規定にすることが考えられるが、それができないまでも、例えば、定数不均衡に関する既述の一人一票原則の最大限寛大解釈に対応して、得票率に対する議席配分率の割合が二倍以上となるような政党が現出した場合には、その党の得票を二重算入とみなして当該選挙を違憲無効とすることが可能だろう。

民主的政治過程を公正化する司法の役割としては、以上のような選挙制度の公正確保だけでなく、一般市民の自発的政治参加を保障するために、諸個人の言論・集会・結社の自由や思想・良心の自由を、国家機関による侵害に対してだけでなく部分社会のインフォーマルな圧力（例えば、会社ぐるみ選挙に協力しない従業員の解雇や冷遇）による侵害から実効的に救済することも当然含まれる。公共性を偽装した特殊権益保護立法に対する司法的統制の方途としてLRA基準の活用の可能性に先に触れたが、これもまた組織的利益集団による政治過程の壟断に立憲主義的制約を課す点で、民主的政治過程の公正化のために司法が果たしうる（かつ果たすべき）重要な役割であると言ってよい。

(4)　裁判の公共的フォーラム化　民事紛争処理や刑事司法の改善に関しては、従来の司法改革論議で論点がほぼ出尽くしている感があるので、ここでは立ち入らないが、公共性の規律を貫徹する毅然たる法治国家の確立という本章の視点から、一点だけ強調しておきたい。それは、裁判の目的は単なる紛争処理ではなく、正義と法に適った公正な紛争の解決をめぐる公開の論争の場という意味での、公共的フォーラムの確保にあるということである。普遍主義的公平性と人権を尊重する公共的な政治文化を我々の社会において培っていくためには、民主政の公共性形成機能を蘇生させると同時に、裁判をかかる公共的価値をめぐる討議に社会の関心を喚起するためのフォーラムとして再生させる必要がある。イェーリングがつとに指摘したように、「権利（主観的意味における法＝Recht）のための闘争」としての訴訟は単なる「私権」や「私益」を守る闘争ではなく、公共的秩序（客観的意味における法＝Recht）を形成する過程に参加する責任を市民が遂行する場でもある（イェーリング［一九八二］参照）。司法改革への外圧には紛争処理の迅速化の要求も含まれているが、現在の日本の裁判実務は、異常に長期化した事件を例外的に含むものの、平均的処理時間に関しては、欧米諸国と比べても大きな遜色はない（伊藤眞・他［一九九九］五九―六二頁参照）。問題はむしろ、紛争処理の迅速化が公共的フォーラムの確保という裁判の役割を犠牲にして追求されている点にある。

書面を提出するだけで終わってしまうような口頭弁論の形骸化の実態は、争点整理手続などを充実させたとされる最近の民事訴訟法改正の後も未だ大きく改善されたとは言えない。さらに、憲法訴訟における司法消極主義と対照的に、交通事故の損害賠償事件のような大量に発生する紛争において日本の裁判所は紛争処理を定型化・迅速化し判決の予見可能性を高めるために、逸失利益算定基準などのルール形成を積極的に行っており、これが「日本型司法積極主義」と呼ばれ一定の積極的評価を受けることもあるが、この日本型司法積極主義は、司法的に形成された紛争処理ルール自体の公正性を争い、その批判的再吟味を求める当事者の権利を制約することで成立しているという負の面がある（逸失利益算定基準の性別格差を例に、日本型司法積極主義の問題性を剔抉するものとして、野崎綾子［一九九九］参照。なお、二〇〇一年三月八日の東京地裁判決は交通事故死した女児の逸失利益を全労働者平均賃金に基づいて算出し、基準見直しへの一歩をやっと踏み出したが、男性被害者については男性単独平均賃金が依然として適用されるとみられ、逸失利益の性別格差の完全な解消には至っていない。『朝日新聞』二〇〇一年三月九日、一四版、一、三九面参照）。ＡＤＲ（裁判に代替する紛争処理手続）も充実の必要がある反面、日本ではこれが公共的フォーラムとしての裁判へのアクセスの改善をバイパスする方途として利用される危険性も有している（田中成明［二〇〇〇］二四三―二四六頁参照）。

刑事については事情はやや異なるものの、基本的には同様な問題がある。微罪処分や起訴猶予など警察・検察の裁量的事件処理の結果として刑事裁判の有罪率が異常に高くなっている現状が問題視されているが、誤った有罪判決の確率の最小化や事件処理の迅速化の観点からは、この実践を一概に批判できないかもしれない。むしろ問題は、実質的裁定が警察・検察の裁量に委ねられて刑事裁判が

「ラバー・スタンプ」化することで、公共的フォーラムの確保という裁判の機能が形骸化してしまう点にある。被疑者国選弁護制度はぜひ必要であるが、警察・検察の裁量的事件処理で裁判以前に実質的に事が決するという現状を追認する口実としてそれが利用されないような配慮も同時に必要である。

陪審制――これは民事にも関わるが――についてこの文脈で付言すれば、事実認定の正確・公正を期する上ではそれは長所短所を併有する。（この面で陪審制を理想化する人々には、最近の米国でのシンプソン事件の想起を促したい。）しかし、陪審制の採用は公開の場での弁論の活性化につながり、裁判の公共的フォーラム化の促進の条件として、その採用が検討さるべきものである。さらに言えば、トクヴィルが洞察していたように、陪審制は市民が「公共の事柄」への参加により自己統治能力を陶治する場の一つである（A・トクヴィル［一九八七］（中）二〇九―二一八頁参照）。「市民が成熟している」から陪審制が可能になるのではなく、「市民を成熟させる」ために陪審制が求められるのである。対立競合する主張・立証を考慮して紛争を公正に裁定するプロセスへの参加を通じて、市民が公平感覚や公共的責任感など、「公民的徳性（civic virtue）」を構成する資質を陶治する場として、陪審制は（証拠評価の明白な誤りや歪曲への防御装置を組込んだ上でならば）日本においても重要な役割を果たしうる。

現在の司法改革論議では司法の紛争処理能力・事件処理能力を改善するために、法曹人口をはじめ「司法の容量」の大幅な拡充が求められている。「容量」拡充が必要なのはもちろんだが、その中心的眼目は、今後さらに増加が予想される法的紛争処理需要の単なる効率的充足ではなく、それへの「公正な応答」に置かれなければならない。そのために、公共的フォーラムを確保するという裁判の機能を蘇生させ、このような裁判への実効的なアクセスの保障を、多様なADRを含む紛争処理システム全体の正統性の前提条件として位置づけることが肝要である。（紛争処理システムの多元化の必要を認めつつ、この意味での裁判の基盤的位置を強調するものとして、田中成明［二〇〇〇］参照。）

以上、司法改革の目的となるべき司法機能強化の優先課題を提示した。このような目的を実現するための手段となる制度改革については簡単にしか論及しなかったが、日本の政治経済システムの全般的な改革構想の中に司法改革を的確に位置づけるために「何のための司法改革か」の論議の深化を求める本章の問題関心からすれば、司法改革論は制度改革論である以前にまず機能改革論でなければならない。改革目的論＝機能改革論の改革手段論＝制度改革論に対する先行的重要性はある意味で自明であるはずだが、この点は現在次のような理由で改めて強調されるに値する。

第一に、現在、司法改革の現実化をあせるあまり、多種多様な具体的制度改革事項がアジェンダに載せられているが、改革目的論が深化していない結果、それらの相互連関と優先順位が明確になっていない。「千載一遇の好機」とばかり様々な要求が目白押しに噴出し、アジェンダが「総花」化している。この事態は改革へのエネルギーを分散させ、結局「政治的抵抗の弱いところから手をつける」というお馴染みの方便に導き、改革を彌縫的で整合性のないものにしてしまうだろう。司法改革は日本のシステム改革のグランド・デザインと連接させなければならないが、このことは総花的な司法改革を求めるものではなく、むしろ、司法改革の目標と焦点を明確に絞り込んで、そこに改革エネルギーを集中投入する必要を含意している。

第二に、制度改革をしなければ司法改革にならないという焦りは、制度改革さえ実現できれば司法改革が成就したかのような、制度改革の自己目的化を生みかねない。このような態度は司法改革の目的はあくまで司法の機能改革であり、それは一時期の集中的な制度改革で終わるものではなく、求められた機能改革をもたらしているか否かという点から新たな制度を絶えず吟味し、必要なら再修正し続ける持続的なプロセスであることを忘却させる。さらに、制度改革は機能改革の促進条件であるが絶対的必要条件では必ずしもなく、本章で示唆したような機能改革は現制度の下でも、その意志さえあれば、かなりの程度遂行しうるものである。制度改革なくして司法改革なしという態度は、制度の欠陥を機能改革をさぼる口実にしてしまう危険がある。

七　まず裁判所から変えよう――裁く者たちの人間的解放のために

このような留保の上で、制度改革に関し一点だけ付言して本章を締め括りたい。上に挙げたような司法の機能強化を促進するための条件として最も重要なのは、担い手たる裁判所の改革である。一九六〇年代後半の全逓中郵判決・都教組判決や青法協問題などに苛立った自民党による司法の「左傾化」批判に端を発して進行してきた司法部の内部統制の強化は、いまや「日本野鳥の会」への入会でさえ政治性を疑われることを心配させるほど裁判官の独立性と自由を蝕む「凍結効果（chilling effect）」をもつに至っている（日本裁判官ネットワーク［一九九九］一一一―一三一頁参照）。最高裁事務総局による裁判官統制は、会同・協議会を通じた事務総局見解の浸透、モデル試案提示、レファレンス制度などの形で、判決内容への統制力も強め、裁判官協議会執務資料の文面をおうむ返しする「丸写し判決」を生み出すような土壌を形成している（毎日新聞社会部［一九九二］二一七―二三六頁参照）。

「真綿で首を締める」ような隠微な内部統制圧力で独立性を侵食されてきた現在の日本の裁判官は、「逞しき例外」はあるにせよ、上記のような司法機能の強化の役割を期待するには、担い手として弱すぎるというのが一般的実情である。毅然たる法治国家のための「強い司法」とは、党派的意味において政治化された司法ではなく、左右を問わず政治力を不公正な形で濫用する集団や社会勢力に対して、人権保障を実効化し行政と民主的政治過程の公正性・答責性を確保するために公共性の規律を貫徹する司法であるが、かかる司法を担う裁判官には行政権力や支配的政治権力の圧力に抗して、自己の法律家的良心のみに基づき正しいと信じる裁定を下しうる確固とした独立不羈の精神が要求される。司法の内部統制の強化は「上の意向を伺う」メンタリティを裁判官たちの間に醸成し、この独立性の気概を腐食させるとともに、「上に卑屈、下に傲慢」という抑圧の委譲の論理により、裁判の当事者たる市民に対する高圧的で権威主義的な態度を助長してしまうのである。司法の内部統制は司法を一体化し、司法部全体の組織的独立性を高めるという議論もありうるが、これは裁判の主体は裁判官自身であり、裁判の独立性はそれを担う人間としての裁判官の精神的独立性なしには不可能であるという基本的真理を看過している。さらに、司法の内部統制強化は、司法の組織的独立性の強化ではなく、逆に自民党政府の意向への自粛的順応をもたらしてきたことは歴史的に実証されている（この実態を裏付ける計量分析として、ラムザイヤー、J・M＝ラスムセン、E・B〔一九九八〕参照）。

現在、このような司法の内部統制強化の元凶として裁判官のキャリア・システムが問題視され、それに代えて法曹一元制度を導入することが提唱されているが、これに対しては、裁判官の給源となるべき弁護士が現時点の日本では質量においてなお劣弱であるなど、条件未整備の問題も指摘されている（棚瀬孝雄〔二〇〇〇〕、青山善充・他〔二〇〇〇〕二二一―二四頁参照）。しかし、問題は「キャリア・システムか法曹一元か」ではなく、キャリア・システムの在り方だろう。同じくキャリア・システムをとると言われるドイツでは、統合以前から、裁判官は組合活動やデモ参加さえする政治的自由の享受や、上級審の先例に反する違憲判断をも回避しない積極性に象徴されるように、日本の裁判官よりはるかに強い独立性を保持しており、この独立性が、司法を人間の尊厳を重視し市民により開かれたものにするための、裁判官自身のイニシアチヴによる種々の司法改革実践を生み出す条件となってきたことが指摘されている（木佐茂男〔一九九〇〕参照）。

この相違の背景には日独の裁判所機構の種々の相違があるが、日本の裁判官は昇進・昇給・配置転換など定期的人事異動による小刻みで恒常的な統制に服しているのに対し、ドイツでは欠員補充のため特定ポストが公募されるだけで、定期的人事異動がないという点が特に重要だろう（木佐［一九九〇］八三－一四三頁参照）。日本の裁判所法四八条は「その意思に反して免官、転官、転所、職務の停止又は報酬の減額をすることはできない」と定めて、裁判官の身分的独立を一応は保障しているが、昇進・昇給や任地ローテーションなどにおける格差付けによって「柔順でない裁判官」を不利に扱う人事統制を排除していない。裁判官人事に外部の意見を反映させるような人事改革なども現在提唱されているが、裁判官の独立性の保障という見地からは、定期的人事異動の廃止や大幅な制限と自動化が望ましい。

いずれにせよ、裁判官の独立保障による司法の独立の再生と法曹一元は直結していないことを自覚する必要がある。弁護士数を著しく制限するギルド的特権に固執し、自分を「先生」と呼ばせてエリート意識に浸っている日本の弁護士が裁判官になったところで、その権威主義的性格がキャリア裁判官の場合より飛躍的に改善される保障はないという法曹業界外部からの批判に、弁護士界はまず謙虚に耳を傾けるべきである。しかし、この点は措くとしても、法曹一元制を採用しても任官後の人事統制が強ければ、「在野精神と人権感覚の豊かな弁護士」も「柔順な官僚裁判官」に変身するだろう。さらに米国のように任官後統制に代えて任官前統制を強くする場合にも、司法の独立が別の形で政治的圧力にさらされる危険性はある（棚瀬［二〇〇〇］六〇—六一頁、ラムザイヤー＝ラスムセン［一九九八］一四六頁参照）。他方、法曹一元を採らなくとも、上述のようにキャリア・システムの改善によって裁判官の独立性を高めることは可能である。

裁判官の給源の多様化は望ましいが、司法の独立は裁判官の給源の問題には還元できない。現在、法曹養成に関して「点からプロセスへ」という発想転換の必要が言われているが、裁判官の独立精神の陶冶も生涯にわたるキャリア形成プロセスの自律性を必要とする。「給源」の多様化は望ましいとしても、「給源」が何であるかに裁判官の独立性保障の決定的条件を求めるのは「点」の発想を引きずるものだろう。序でに言えば、裁判官の給源の多様化は法曹一元制導入の論拠になりうるが、この場合には、弁護士のギルド的独占権益を廃止ないし大幅に縮小して、弁護士の給源を拡充し多様化することが前提になる。

最後に、一つのありうべき懸念に答えて筆を擱こう。裁判官の独立を強化し、「強い司法」を実現するというが、これは結局「司法専制国家」を生まないか。理論的次元では本章はこの疑問に既に答えている。本章が求めるような司法機能の強化は民主的政治過程の健全化と相補的・相互依存的関係にある。では、司法がその権限を理論的に想定された本来の役割を超えて濫用したらどうなるのか。我々の立憲民主主義体制は、この実際上の危険に対して、裁判官弾劾制度と最高裁判所裁判官に対する国民審査制を制度的防御装置として配備している。しかし、完璧な失敗耐性をもつ制度（fail-safe system）は現実の世界には存在しない。権力分立原理は「番人の番人を誰がするか」という無限背進問題を、誰もが番人として監視すると同時に番人によって監視されるように番人連鎖を循環的に閉じることによって解決しようとするものだが、番人連鎖の円環がどこかで断ち切れ、他からの監視と抑制のくびきを解かれた主体が専制化する危険を制度的防御装置だけでア・プリオリに排除することはできない。最後の保障はかかる防御装置を実効的に作動させる我々人間の「危機管理能力」である。

よき制度が我々を守るというのは真理の半面にすぎない。いかによき制度といえども、我々が制度を守らないかぎり、制度は我々を守りえないだろう。司法改革を制度改革の自己目的化に陥らせず、あくまで機能改革として捉え、あるべき政治経済システムの全体構想の中に司法を的確に位置づけることによって、それが果たすべき機能を明確に同定し、現実の司法の実践をそれに照らして絶えず批判的に吟味する必要があるという本章の主張の基礎にあるのも、古来よりあまたの立法家がその挫折により我々に伝えてきたこの教訓である。

〈引用文献〉

青山善充・小島武司・田中成明・野田愛子・松尾浩也・松尾龍彦「座談会　司法制度改革に何を望むか」『ジュリスト』二〇〇〇年一月一・一五日合併号
イェーリング、R（村上淳一訳）『権利のための闘争』岩波書店、一九八二年伊藤眞・大江忠・加糖信太郎・神垣清水・酒巻匡・中山隆夫・更田義彦・本田守弘・山本和彦「特別座談会　司法制度改革の視点と課題」『ジュリスト』一九九九年一一月一五日号
井上達夫『現代の貧困』岩波書店、二〇〇一年
同「公正競争とは何か――法哲学的試論」金子晃・根岸哲・佐藤徳太郎監修『企業とフェアネス――公正と競争の原理』信山社、二〇〇〇年
同「自由の秩序」井上達夫編『自由・権力・ユートピア』（新・哲学講義7）岩波書店、一九九八年
イリィ、ジョン・H（佐藤幸治・松井茂記訳）『民主主義と司法審査』成文堂、一九九〇年
奥平康弘「司法審査の日本的特殊性」東京大学社会科学研究所編『現代日本社会5　構造』東京大学出版会、一九九一年
木佐茂男『人間の尊厳と司法権――西ドイツ司法改革に学ぶ』日本評論社、一九九〇年
倉田卓次『続々々裁判官の書斎』勁草書房、一九九五年
経済同友会『現代日本社会の病理と処方――個人を活かす社会の実現に向けて』（提言　一九九四年年六月）
同『新しい平和国家をめざして』（提言　一九九四年七月）
神野直彦『システム改革の政治経済学』岩波書店、一九九八年
神野直彦・金子勝編『「福祉政府」への提言』岩波書店、一九九九年
田中成明『転換期の日本法』岩波書店、二〇〇〇年
棚瀬孝雄「法曹一元の構想と現代司法の構築」『ジュリスト』二〇〇〇年一月一・一五日合併号
トクヴィル、A（井伊玄太郎訳）『アメリカの民主政治』（上・中・下）講談社、一九八七年

日本裁判官ネットワーク『裁判官は訴える！　私たちの大疑問』講談社、一九九九年
野崎綾子「日本型「司法積極主義」と現状中立性――逸失利益の男女間格差の問題を素材として」井上達夫・嶋津格・松浦好治編『法の臨界1　法的思考の再定位』東京大学出版会、一九九九年
樋口陽一『転換期の憲法?』敬文堂、一九九六年
法務省人権擁護推進審議会「人権救済制度の在り方に関する中間取まとめ」『ジュリスト』二〇〇一年三月一五日号
毎日新聞社会部『検証・最高裁判所――法服の向こうで』毎日新聞社、一九九一年
ラムザイヤー、J・M＝ラスムセン、E・B（河野勝訳）「日本における司法の独立を検証する」『レヴァイアサン』二二号（一九九八年春）
渡辺洋三・江藤价泰・小田中聰樹『日本の裁判』岩波書店、一九九五年

［後記］　本稿は旧稿「何のための司法改革か――司法改革の政治的理念」（『法社会学』五二号（二〇〇〇年）一五一―一五六頁所収）を五倍近く拡充し、修正したものである。基本主題は共通しているが別論文とみなして頂いてさしつかえない。

あとがき

　金融破綻事件を経た、現在日本の有力な論調のひとつは、抵当権がついた土地の売却をスムーズに行うという当面の問題解決のために、司法サービスを充実させるべきだというものである。しかし、目の前の問題を解決するだけのために、司法というような国家の柱となる制度を無原則にいじくることは慎むべきである。むしろ、いまこそ、まず今後の日本社会のあり方を検討し、その枠内で司法のあり方を論じる必要がある。

　司法改革論議において、「行政の事前指導から、司法による事後解決へ」であるとか、「個人中心の自己責任社会になる」、あるいは「法化社会」などの言葉が用いられているが、どうも、ほとんど枕詞的に、最初に触れられるだけのことが多い。今回の司法改革論議は、経済界を震源地としており、かつての業界内の議論とは違うと解説される。しかし、産業界は、かつてのように、行政に頼ることも、総会屋に頼むこともできなくなったから、弁護士にもっと自分達のために働いてほしいだけではないのかとの疑いさえある。それに、実際、議論が白熱しているのは、法曹一元、ロー・スクール、司法試験改革、弁護士・裁判官の増員など、業界内での関心事が多い。また、法曹一元や陪審制導入などにからんで、「国民のための司法」「弱者のための司法」など、イデオロギッシュな論議もされているが、政治的存在意義を横に置けば、空回りしている印象がある。結局、司法改革論議は、狭い議論中心となって、日本の将来像と結びついた論議は、不足していると懸念する。

他方、日本の将来像を語ること自体は、最近流行っているかにみえるが、司法に言及したものはみあたらない。そこで、司法の役割を鍵として、日本の将来像を探求することを企画した。ただし、司法予算の独立性など重要な論点で触れていない問題はいくつもあり、本書での検討をもって、網羅的なものと主張するつもりはない。また、各論者の意見も厳密に一致しているわけでもない。本書の一番のねらいは、議論を喚起することにある。制度改革は形式上はかなり進んでいるのであって、肝心なのは、各プレーヤーが、それらの制度改革の意味づけを理解していること、換言すれば、改革の方向性、日本社会の将来像を共有できていることである。現在、一般国民の啓蒙であるよりも、まず、各界のリーダー格の人々、報道する側が理解を深める必要があることを鑑みれば、教育制度改革よりも、質の高い討論の喚起こそが最良の処方箋である。

実は、本書は、合意形成研究会の活動によって生まれたものである。約三年前一九九八年より、日本型システムの崩壊をテーマに、司法、経済、政治、社会について、月一回研究会を開催し、また合宿討論会を行ったなかから、司法改革を中心にまとめたというのが本書出版の経緯である。そのため、執筆者は、研究会で発表はしていただいたがメンバーではない坪井明典氏を除けば、全て、当研究会のメンバーからなる。合意形成研究会について、簡潔に紹介しておきたい。

日本は戦後、生活水準の向上と国際社会における地位の回復をめざし、それらはある程度達成された。世界では冷戦が終わり、国内では五五年体制が終わった。今まさに、新たな目標あるいは理念の確立が求められている。そういう認識にもとづいて、私たち合意形成研究会は、経済学、法学、政治学、哲学、社会学などの研究者、さらにはジャーナリスト、実務家までもが集まって、日本における「合意形成」について研究してきた。それは、これからの日本社会のあり方に対する合意、という合意の内容的なもの、さらには、合意を形成する方法論も含めた学際的アプローチであった。その成果は、まず『カオスの時代の合意学』（一九九四年　井上達夫、大澤真幸、小澤太郎、桂木隆夫、岸井成格、蔦信彦、曽根泰教、田中茂範、谷尚樹、永山博之、深谷昌弘、藤原帰一、前田博、以上コアメンバー）並びに、外部パネリスト四名（牛尾治朗、榊原英資、田中秀征、鷲尾悦也）を招いた第一回シンポジウム「民主社会と合意」において公表した。

さらに、九七年一一月、外部パネリスト三名（竹内佐和子、林紘一郎、渡辺達郎）を招いて開催した第二回シンポジウム「ネットワーク社会と合意——政治と生活は変わるのか」並びに、「日本社会の新たな合意形成を求めて」中央公論九九年七月号の特集において、ＩＴの普及が、合意形成に与える正負ともの影響を論じた。

そして、今回は、日本型システムの崩壊の後、日本の将来像はいかなるものになるのか、司法の役割を中心に検討した結果を世に問うものである。眼前の結論にとらわれず、長期的な視野をもって討論していくことが今ほど大切なことはない。それも、業界ではなく、国家を中心とした考察が求められている（その意味では、本著は、体制改革というより國體変造を正面から論じたものである。復古調の議論と混同されることがなければ、むしろこの語のほうがタイトルにふさわしいと考えている）。裁判官や弁護士のあり方ではなく、司法の、国家における役割こそが論じられるべきであると信じる。さもなくば、日本社会は、旧態依然とした業界と変化が急速に進む業界に、引き裂かれる事態を招くであろう。

合意形成研究会世話役　河合幹雄

230-233, 240-251, 265, 282, 286, 318-319, 323
法曹基本問題懇談会 ……………………3
法曹人口，増員…………7-9, 247, 286, 313, 323
法曹養成制度等改革協議会 …………3
法治国家 ……………19, 202, 204, 206, 292-294, 311, 316
法的サンクション …………………201
法的思考 ……………………………272
報道，マスコミ ……22, 214-215, 255, 280, 282, 306, 324
法の支配…………19, 183, 286, 292, 303
方法論的共同体主義 ………………223
法務省 ………………………231, 232
法律扶助 ……………………………5, 262
ボ　ス ……………………215, 216, 217

ま　行

マニュアル ……………………270, 272
民事再生法 ……………………122, 128
民主化 ………………………228, 233
民主主義 …………………257, 303-304
メイン・バンク，母体行……3, 17, 57, 82, 121-123, 127-128, 141, 181-183
持ち株会社解禁 ……………………129

や　行

郵政三事業の民営化 ………………178
与党審査………149-150, 158, 159, 161, 164, 177-180
予　防 ………………………………200

ら　行

リーダーシップ，リーダー …………161, 165-166, 175, 176, 178, 180, 206, 216, 217, 218, 257
利益団体，利益集団 ……159, 166, 181, 291, 301, 305, 310
臨時司法制度調査会 …………231, 246
倫理教育 …………………219, 222-225
ルール……17-19, 31, 43, 53, 76, 80, 99, 104, 120, 123, 135, 142, 181-182, 190-197, 216-217, 222, 266, 287
ルール化 ……18, 20, 72, 146, 167, 189, 204-205, 213, 306-307
労働基準局 …………………………293
ロー・スクール …………6-14, 172, 217-225, 227, 323

体制改革 ……………………15-17, 18, 24
体制の変革 ……………………101, 107
大店法 ……………………………296
大統領経済諮問委員会（ＣＥＡ）
……………………………175, 176
大陸型立法過程 ………………153-155
地域性，地域集団，地域共同体
……………………223-225, 294
逐条審議 …………………………148
知的所有権 ………………………220
中間集団 ………21, 189, 197-198, 204,
206-207, 210-214, 215, 216,
223, 283, 289-292, 295, 302
忠実義務 ……………107, 110, 112, 115
長期契約 ………………118-119, 193
超低金利政策…………………40-41, 76
デファクト・スタンダード ………191
手持ち事件数 ………………234-235
答責性 ……………18, 22, 299, 300
投資家保護…………………………80
統治行為 …………………………184
道徳教育 …………………………223
都教組判決 ………………………316
土　地 ……………………………46-51

な　行

内閣機能の強化 ………………174, 179
内閣法制局 ………………………184
内部処分，内的非法的処分 …200-201
日　銀 …36, 59, 61-62, 75-76, 181-182
日照権 ……………………………297
日本型立法過程 ………149-151, 155
日本人の「自信」 …………………30
日本統合 ………………204-205, 228
日本版金融サービス法
……………72, 78, 92-94, 95, 99, 109
日本版金融ビッグバン…………70, 74,
80-90, 100
日本弁護士協会 …………………249
日本弁護士連合会，日弁連…230, 232,
233, 237-239, 245-247, 251
年功序列……………………………82
農　協 ……………………………295

は　行

陪審制 ……………………5, 286, 313
パターナリズム ………………288, 290
幅広い知識 ……………………219-222
判検交流 …………………………307
判事補 ……………………………237
判　例 ……………………266, 267
ＢＩＳ規制 ………………………52-53
普遍的な原則 ……………………271
プラザ合意……………………33, 46, 67
不良債権 ………3-4, 54-58, 68, 70, 80,
121, 169, 171, 263
プルーデントマン・ルール ………106
プロ・ボノ …………………………8
文教族………………………………11
紛争処理，紛争解決，紛争
………4, 183, 196-199, 259-260, 287
ペイオフ解禁 ………………58, 64, 147
弁護士 ………7-10, 116-117, 136-137,
221, 231-232, 240, 243, 249, 250,
257, 258, 268, 286, 317, 319
弁護士任官 ………………………244
法　化 ………159, 202-204, 215, 323
法学教育…………11-14, 217-225, 269,
273, 281, 283
法曹一元 ………23, 173, 217, 225-228,

……………………172, 198, 208, 271
司法官僚制………21, 230, 232, 233, 240
司法機関 ……………………………196
司法研修所, 司法研修
………………217, 221, 225, 227, 243
司法試験制度, 司法試験
……………………6-14, 243, 323
司法省 ………………………………207
司法消極主義, 行政ベッタリ,
行政追従……207, 210, 265, 267, 268,
288, 299, 302, 304, 305, 306, 307, 312
司法制度改革審議会………3, 178, 183,
215-217, 220, 231, 247, 248, 251, 255
司法制度改正審議会 …………245, 246
司法制度特別調査会 ………………231
司法積極主義 ……………189, 207, 312
市　民 ……………………………4-5
自民党司法制度調査会 ……………178
社会的弱者 ……………………277-278
社会保障制度, 社会保障システム
……………………183, 291, 294
弱者保護論, 弱者
………22, 285, 288, 289, 295-298, 323
借家人保護 …………………………297
従業員退職所得保障法（ERISA 法）
…………………………………101, 106
終身雇用……………………………82
首　相 ………1, 59, 158-159, 161, 170,
175, 178-179, 184, 217
首相公選 ……………………………180
商慣習 ………………………………119
少子高齢化社会……………………89
情報開示, 透明性, 公開性……61-62,
69, 111-112, 128, 133, 146, 157,
161, 167, 212, 216, 241, 307
情報公開法 …………………………307
職域拡大 ……………………………247
初等中等教育 ………………………281
人　権 ………………………276-278
人権保障…………5, 286, 296, 300, 302,
303, 304, 305, 316
人権擁護推進審議会 ………………293
信託（フィデューシャリー）
………78, 101-102, 107, 109, 110-115
ストック・オプション ………128-133
生活者主権………………72, 78, 99-102
政治改革…………1, 170, 171, 176, 207,
252, 299-304, 309
政治主導 ……………21, 162-166, 173,
174-180, 183
青法協問題 …………………………316
政府委員制度 …………………144, 176
セイフティ・ネット
……………86, 88, 291, 293, 294, 306
政務調査会 …………………………149
責任回避, 無責任…1, 16, 68, 159-161,
166, 183, 185-186, 199
石油汚染防止法 ……………………113
全国裁判官懇話会 ……………236, 239
全逓中郵判決 ………………………316
専門家……106, 109, 113, 115, 211-213,
220, 228, 254, 256, 282, 307-308
総会対策, 総会屋 ………136, 203, 213
創価学会 ……………………………295
造反投票 ……………………………145
総務会 ………………………………161
そごう ……………………121-125, 127

た　行

大　衆 ………………………257, 269

警察不祥事 ……………………………200
刑事罰，刑事介入，刑事処分
……………93, 185, 201, 208, 210, 214
契約社会 ………………………………118
月刊司法制度改革 ……………………255
決算承認制度 ……………………38-39
検察事務官 …………………………226
検　事 ……………………………221, 226
建設業界 ………………………………197
憲法裁判所 ……………………184, 286
憲法調査会 …………………………172
合意形成研究会 ………………324-325
公職選挙法改正 ……………………170
公正取引委員会 ……………………293
公正なルール …………………………4
公設弁護士事務所 ……………………8
公務員倫理法 ………………………208
コーポレート・ガバナンス
……………………134-135, 142, 181
国　体……………………………16, 326
国民審査制 ……………………306, 320
五五年体制 …………150, 299, 302, 305
護送船団
…………3, 44, 57, 72, 81-86, 181, 204
国　会 …………144-168, 176, 179, 184
国会審議活性化法 ………144-145, 176
国家基本政策委員会 ………………144
国家経済会議（ＮＥＣ）……………176
国家主導 ………………………198, 204
国家中枢 ………………208, 209, 229
雇用の最大化 ……………………83-84
コンセンサス …15, 159-161, 166-167,
301-303, 305, 308
コンプライアンス，「法令遵守」
………………77-78, 93-94, 100, 109

さ　行

財界，経済界
……3-4, 215, 230, 233, 285, 286, 323
最高裁事務総局，最高裁
…………21, 225, 232-233, 235-236,
237-239, 298, 306, 316
最高裁事務総局事務総長 …………239
最高裁調査官 ………………………243
財政赤字 ……………………………170
裁判官……211-213, 215, 221, 223, 224,
227, 231-232, 233-250, 257,
258, 270, 282, 297, 306, 323
裁判官弾劾制度 ……………………319
裁判官統制 …………237-239, 240, 316
裁判官任命諮問委員会 ……………244
裁判官のメンタリティー ……266-268
裁判所，司法…206, 207, 210, 214, 224,
260, 261, 264, 267-268, 272, 294,
299, 305, 315-320, 324, 325-326
裁判所書記官 ………………………227
裁量行政
………44-53, 57, 68-69, 146, 287, 306
参審制 ………5, 173, 213, 286, 307-308
産業活力再生法 ……………………129
事件処理数一覧表 …………………235
事実認定能力 ………………………241
市場ルール …………33, 61, 63, 66, 67,
68, 142, 173, 182
司法改革………3, 68-69, 141-143, 147,
171, 173, 178, 183, 215-229, 230-251,
254-256, 269, 272, 281-282, 285, 288,
298-304, 314-315, 320, 323-324
司法改革宣言 ………………………230
司法解決，司法処理，法的処理

事項索引

あ　行

ＩＴ革命 …………95-98, 131, 169, 325
赤字会社の上場 ……………………130
アメリカ化 ………………191, 194, 204
暗黙の了解…………………22, 120, 127
イギリス型立法過程 …………151-153
違憲立法審査権 ……………………184
意思決定システム………16-21, 22, 32, 54-66, 158, 161, 163, 215, 230, 300, 301
医師，医者，日本医師会 ……111-112, 203-204, 212-213, 223
一括採決 ……………………………148
一般教養 ……………………………219
ＥＵ統合 ……………………………205
医療過誤 ……………………212, 220
失われた10年 ……………2, 22, 29, 169
エリート，国家エリート ………………132, 218-219, 228, 239
ＬＲＡ基準 ………………297, 298, 310
大蔵省……………36, 38-43, 44, 48-51, 54-66, 181-182, 208

か　行

外国為替管理法 …………………70, 74
会社更生法 …………………………122
会同・協議会 ………………………316
ガイドライン ………………146, 203
瑕疵担保特約 ……………………125-127
合併手続 ……………………………129
株主代表訴訟 …………4, 135, 142, 279
過労死 ………………………………214
環境省 ………………………………293
議員定数不均衡 ……………………308
議員立法 …………………145, 177, 263
企業法務 ………116, 118-120, 128, 141
基礎法学 ……………………………219
キャリア制度，キャリア・システム ……224, 232, 240-247, 250, 317-319
教育改革 ……………………………170
業界団体，業界，職業集団…195, 215, 217, 224, 229, 255, 258, 285, 289, 294, 323, 326
行政改革 ……1, 174-175, 178, 182, 207
行政裁判所 …………………………184
共同体………………194-199, 204-205, 222, 224, 289
業務停止命令 ……………………38-39
銀行取引約定書 ……………120-121
金融監督庁………41, 70, 76-77, 94, 182
金融再生委員会 …………………41, 95
金融システム改革法…………74-75, 80
金融庁 ……………………………94-98
金融破綻 ………34-40, 169, 171, 181-182, 323
組合運動 ……………………………136
グローバル化 ………32-34, 43, 80, 86, 189, 190-194, 204
経済活動のリスク ……………82-88, 103, 135, 137-139
経済財政諮問会議………………42, 175
経済団体連合会，経団連 ……231, 232
経済同友会 …………………………286

〈**編者紹介**〉
井 上 達 夫（いのうえ・たつお）
現　在　東京大学大学院法学政治学研究科教授
河 合 幹 雄（かわい・みきお）
現　在　桐蔭横浜大学法学部助教授

体制改革としての司法改革
――日本型意思決定システムの構造転換と司法の役割

2001年（平成13年）5月10日　第1版第1刷発行

編　者　井 上 達 夫
　　　　河 合 幹 雄
発行者　今 井 　 貴
　　　　渡 辺 左 近
発行所　信山社出版株式会社
〒113-0033 東京都文京区本郷6-2-9-102
電　話　03（3818）1019
ＦＡＸ　03（3818）0344

Printed in Japan.

印刷・製本／松澤印刷・大三製本

ISBN-4-7972-2205-0　C3332

山田泰弘著

『株主代表訴訟の法理——生成と展開』

株主代表訴訟は、昭和二五年に初めて我が国に導入された当初、アメリカ法との比較において精力的に研究が進められた。その時点でもっともこれを深く研究したのは、北沢正啓博士である。その後も注目に値する論文等がいくつか発表されたが、現実に株主代表訴訟が提起されることは多くなかったことを反映して、研究面でも日本法の立場に即した分析が特に深められることは少なかった。平成五年の商法改正は、この状況に大きな変化をもたらした。訴訟を手がける実務弁護士が依頼人の立場を守るのに好都合な新しい見解を発表し始め、その影響下に判例が新たな展開を見せ、あるいは従来十分に想定されていなかったような実務処理が進められるようになった。このような状況を受けて、訴訟法学者も会社法学者も、目前の諸課題につき活発に見解を発表するようになり、いくつかのテーマをめぐって鋭く論争が繰り広げられる事態となった。さらに、解釈論を工夫するだけでは取締役が窮地に陥るのを妨げないと懸念する立場か

500509
栞第1刷
2000・12①

信山社
東京都文京区
本郷6-2-9-102

総合的な株主代表訴訟論

浜田道代
（名古屋大学法学部教授）

会社法と民事訴訟法との境界領域に位置している株主代表訴訟制度は、取り組み始めると止めどもなく疑問が深まるばかりになるような難問をいくつも孕んでいる。本書は、この難問に正面から取り組んで、包括的総合的に深く掘り下げた成果を収めたものである。とりわけ、代表訴訟制度を法的構造論との関係で解明しようとしている点に、本書の最大の特色がある。これは、これまでなされてこなかったことが不思議なほどに基礎的な取り組みであり、これによって解釈上・立法上の諸問題を考察する前提となる大きな構造論を成り立たせたという点で、本書の理論的な寄与は大きい。

ら、議員立法による立法的な手当が目論まれるようになった。近時の法務省法制審議会商法部会による商法の大幅見直し計画の中でも、代表訴訟制度の見直しが一つのテーマとして検討されることになった。

このような状況下で、本書はこのテーマに最も総合的包括的に取り組んだ本格的な研究である。とりわけ次の諸点において、高く評価される。

第一に、比較法的観点からアメリカ法に加えてイギリス法を丹念に辿った。これまで我が国においてはアメリカ法について研究の蓄積があるものの、イギリス法には余り目が向けられてこなかった。イギリス法を視野に取り込んだことは、これがアメリカ法のさらに源流をなしているという事実と、一九世紀以降イギリスの株主代表訴訟がアメリカとは異なる方向へと進んだという事実ゆえに、本書の考察を多角的で幅のあるものとするのに役立っている。

第二に、株主代表訴訟が日本に導入された昭和二五年商法改正前後の状況もまた丹念に辿っている。イギリス・アメリカの制度との比較に加えて、旧制度から新制度へ何がどのように変わったかを明らかとすることにより、日本の代表訴訟制度を構造的に分析しうる視点を獲得している。

第三に、訴訟の現場から突きつけられている解釈問題のうち主要なものをもれなく取り上げて、統一的な視点から議論を展開している。関連する数多くの判例・決定例や論文・判例評釈を渉猟し、それらを踏まえた上で、それぞれの論点に関する自らの見解を矛盾を来さない形で提示することに成功している。しかも、それぞれに提示されている結論は、現実の要請に十分な考慮をしながらも、代表訴訟の構造分析に基づく論理的体系的思考を重視したものとなっている。現実の都合を優先させて理論的矛盾を抱え込むことをいとわない利益衡量的な解釈論や立法論を厳しく廃している点に特徴がある。

第四に、取締役の責任は誰がどのように追及するものとすべきかにつき、考え得るモデルとその折りに遭遇するであろう問題点を列挙し、各国の制度を手がかりにしつつ、理論的総合的な分析を試みている。その分析成果を基礎に、日本の代表訴訟制度に一定の評価を下し、今後の制度改革の方向性を示している。

第五に、親子会社・株式交換の問題へと研究を広げ、多重代表訴訟の問題につき本格的な議論を展開している。この視角からアメリカ法を詳細に分析したものは、これまで我が国に見られなかった。しかもその分析を基礎に、日本法の下で、多重代表訴訟に関する新たな解釈論を提示している。

以上により、本書は学界レベルの最先端を切り開く最も意欲的な業績の一つに数えられるべきものとなっている。

山田氏は、株主代表訴訟が活発化する機縁となった平成五年商法改正時において、学部の三年次生として、私の商法演習に参加した。この株主代表訴訟制度を分析すれば、今日の日本社会を成り立たせる本質的な要素を解明することにつながるとの直感を得て、学部学生時代からこのテーマと真剣に取り組み始めた。学部卒業後は大学院へと進学し、五年の歳月をかけてこの課題と格闘してきた。そのようにして、注ぎ込まれた努力が本書として実を結んだ。

今後株主代表訴訟のあり方について考察を深めようとする者にとって、必読の書となるに違いない。

［著者紹介］山田泰弘（やまだ・よしひろ）

一九七二（昭和47）年生まれ
一九九五（平成7）年3月 名古屋大学法学部卒業
一九九七（平成9）年3月 名古屋大学大学院法学研究科博士課程（前期課程）修了
二〇〇〇（平成12）年3月 名古屋大学大学院法学研究科博士課程（後期課程）修了
高崎経済大学経済学部経営学科講師・博士（法学）

2003 民事手続法の基礎理論 民事手続論集 第1巻 谷口安平著 近刊
2004 多数当事者訴訟・会社訴訟 民事手続論集 第2巻 谷口安平著 近刊
2005 民事紛争処理 民事手続論集 第3巻 谷口安平著 A5判上製 11,000円 新刊
2006 民事執行・民事保全・倒産処理（上）民事手続論集 第4巻 谷口安平著 12,000円
2007 民事執行・民事保全・倒産処理（下）民事手続論集 第5巻 谷口安平著 近刊
2166 明治初期民事訴訟の研究 瀧川叡一著 4,000円 新刊
163 日本裁判制度史論考 瀧川叡一著 6,311円 ４６変 341頁 上製箱入
628 裁判法の考え方 萩原金美著 2,800円 ４６変 320頁 並製
789 民事手続法の改革リュケ教授退官記念 石川 明・中野貞一郎編 20,000円
2118 パラリーガル 田中克郎・藤かえで著 2,800円 Ａ５変 256頁 上製カバー
2125 法律・裁判・弁護 位野木益雄著 8,000円 Ａ５判変 336頁 上製カバー
419 近代行政改革と日本の裁判所 前山亮吉著 7,184円 Ａ５変 336頁 上製箱入カバー
850 弁護士カルテル 三宅伸吾著 2,800円 ４６変 211頁 並製ＰＰ
575 裁判活性論 井上正三ディベート集Ｉ 井上正三著 9,709円 Ａ５変 35頁 上製箱入り
605 紛争解決学 廣田尚久著 3,864円 Ａ５変 402頁 上製カバー
2157 紛争解決の最先端 廣田尚久著 2,000円 四六判 184頁
9013 民事紛争をめぐる法的諸問題 白川和雄先生古稀記念 15,000円 Ａ５変 660頁
5018 図説判決原本の遺産 林屋 礼二・石井 紫郎編 1,600円 Ａ５ 102頁 並製カバー
102 小山昇著作集（全１３巻セット）小山昇著作集セット 257,282円
28 訴訟物の研究 小山昇著作集1 37728円 菊変 504頁 上製箱入り
29 判決効の研究 小山昇著作集2 12,000円 菊変 382頁 上製箱入り
30 訴訟行為・立証責任・訴訟要件の研究 小山昇著作集３14,000円 菊変 380頁
31 多数当事者訴訟の研究 小山昇著作集４ 12,000円 菊変 496頁 上製箱入り
32 追加請求の研究 小山昇著作集５ 11,000円 菊変 310頁 上製箱入り
33 仲裁の研究 小山昇著作集６ 44,000円 菊変 645頁 上製箱入り
34 民事調停・和解の研究 小山昇著作集７ 12000円 菊変 328頁 上製箱入り
35 家事事件の研究 小山昇著作集８ 35,000円 菊変 488頁 上製箱入り
36 保全・執行・破産の研究 小山昇著作集９ 14,000円 菊変 496頁 上製箱入り
37 判決の瑕疵の研究 小山昇著作集１０ 20,000円 菊変 540頁 上製箱入り
38 民事裁判の本質探して 小山昇著作集１１ 15,553円 菊変 345頁 上製箱入り
39 よき司法を求めて 小山昇著作集１２ 16,000円 菊変 430頁 上製箱入り
109 余録・随想・書評 小山昇著作集１３ 14000円 菊変 380頁 上製箱入り
898 裁判と法 小山昇著作集 別巻１ 5,000円 Ａ５変 336頁 上製箱入り
1794 法の発生 小山昇著作集 別巻２ 7,200円 Ａ５変 304頁 上製カバー
55 訴訟における時代思潮 クライン F.・キヨベェンダ G.著 1,800円 ４６変 172頁
62 日本公証人論 植村秀三著 5,000円 Ａ５変 346頁 上製箱入り
1791 やさしい裁判法 半田和朗著 2,800円 Ａ５変 232頁 並製表紙ＰＰ
96 民事紛争解決手続論 太田勝造著 8,252円 Ａ５変 304頁 上製箱入り
103 比較訴訟法学の精神 貝瀬幸雄著 5,000円Ａ５変 312頁 上製箱入り
172 体系アメリカ民事訴訟法 グリーン M. 小島武司 他訳13,000円 Ａ５変 452頁 上製箱入り
374 要件事実の再構成（増補新版）三井哲夫著 13,000円 Ａ５変 424頁 上製箱入り
904 司法書士のための裁判事務研究・入門 日本司法書士会連合会編 5,000円
552 民事紛争交渉過程論 和田仁孝著 7,767円 Ａ５変 300頁 上製箱入り
814 民事紛争処理論 和田仁孝 著 2,718円 Ａ５変 29頁 並製カバー
569 多数当事者の訴訟 井上治典著 8,000円 Ａ５変 316頁 上製箱入り
630 民事訴訟審理構造論 山本和彦著 12,621円 Ａ５変 430頁 上製箱入り
685 国際化社会の民事訴訟 貝瀬幸雄著 20,000円 Ａ５変 640頁 上製箱入り

中東正文編著
〔日本立法資料全集〕
『商法改正〔昭和25年・26年〕GHQ／SCAP文書』

戦後の会社法の骨格を作った昭和二五・二六年改正

中京大学学長
名古屋大学名誉教授
弁護士
北澤正啓

昭和二五年商法改正は、戦後の会社法の骨格を形作ったという点で、現在までの最も重要な改正である。それにもかかわらず、これまで改正の経緯に関する資料については、関係者の回顧録などがあるにとどまり、学術的な分析が十分になされてこなかった。

このような状況のもとで、しかも商法が明治三二年の制定一〇〇周年を迎えた年に、昭和二五年と翌二六年の改正に関するGHQ／SCAP文書が、ほぼ完全な形で刊行されることは誠に意義深い。これによって、少なくともGHQ側の資料はほぼ完全に出揃い、他方、日本側から提出された資料も少なからず明らかにされたから、占領当局との折衝過程も相当程度明らかになった。

昭和二五年と二六年の改正について、いつの日か誰かがこのような研究をしてくれることを私自身期待していたが、名古屋大学で私の最後の講義を聞き、浜田道代教授の薫陶を受けている新進気鋭の中東正文君がこれを完成されたことは、欣快至極である。

今後の商法の発展を考えるに当っては、会社法の歴史を確認することが不可欠である。本書は、会社法の研究者のみならず、実務家にとっても、必読の書物といえよう。

500510
栞第1刷
2001・3①
信山社
東京都文京区
本郷6-2-9-102

第二回大隅健一郎賞受賞の論文を核に
GHQ／SCAP文書を収集・分析

名古屋大学大学院
法学研究科教授
浜田道代

本書は、第二回大隅健一郎賞の対象となった論文を核として、資料集としてもいっそうの完全を期したものである。栄誉ある大隅賞が授与されたものであるだけに、会社法の来し方行く末を考えてみる上で、不可欠の文献となっている。

歴史的な研究は、地道で着実な努力を要する割には、労力に見合った成果を得ることが極めて困難なものである。しかし、中東正文氏は、その鍵が収められている昭和二五年・二六年の商法改正につき、その鍵が収められているGHQ／SCAP文書に正面から取り組み、膨大な資料の収集および分析に総力を結集した結果、実に実り多い成果を導き出すことに成功した。上述のように学問上も高い評価を与えられるべき著作にまとめ上げることができたという点で、本書は、歴史的研究としては希有なほどに幸せな部類の研究に属するといえるであろうが、それもすべて、彼の着眼点のよさと分析力の確かさと注ぎ込んだ情熱の大きさのなせるわざである。

中東氏の本研究は、もとをたどれば、北澤正啓先生の古稀祝賀論文集『日本会社立法の歴史的展開』（商事法務研究会、一九九九年）の企画の一環としてなされたものである。この古稀祝賀論文集の企画にあたっては、執筆分担を適材適所でお願いしたところが、編者としての私の会心の部分である。それぞれの方に最も似合いの箇所の担当をお願いしたがゆえに、各自充実感を感じながら執筆していただけたのではないかと自負している。そこでは、熱心に取り組むうちに次第に深く入り込んで詳細な研究を成し遂げた者が続出したが、この中東氏の研究こそ、その最たるものであった。

ＧＨＱ体制下で進められた昭和二五年・二六年の商法改正は、わが国の戦後の様相を大きく規定したものであり、日本会社立法史上最大級の意義を有するものであったことはいうまでもない。そのような重要な課題に取り組んで、これほどまでによく消化し、学界に多大な還元をなし得る学術的成果に結実させたのは、中東氏の抜きん出た能力と着実な努力があってのことである。ＧＨＱに関する資料が比較的まとまった形で存在しているであろうことは、北澤先生も期待されていたようであるが、これほど膨大な資料を取り扱うことになろうとは、当初は想像もできなかった。五〇年前の資料とはいえ、読みとることすら困難な資料が多かったようである。それを読み込み、系統的に整序する作業は一段と難しく、並大抵の努力をもってしては行いうるものではない。

近時は会社法の改正を巡る動きも一段と目まぐるしく、それに伴って会社法研究も目前にある問題を直接的に取り扱うものが多くなっている。それ自体必要であり、有意義であるには違いないが、このような時代環境にあるだけに、現在の問題のルーツがどこにあるのかを探求することが欠かせなくなっている。その意味でも、本書の意義は、様々な立法提案がなされる現代にあって、古くて新しい視点を提供するものである。

中東氏の意欲的な労作が、会社法の研究者のみならず、法の運用や立案に携わる各界の人々に活用されることを期待してやまない。

［編者紹介］ **中東正文**（なかひがし・まさふみ）
名古屋大学大学院法学研究科助教授
一九六五年　三重県伊勢市で生まれる。
一九八九年　名古屋大学法学部卒業、一九九一年　名古屋大学大学院法学研究科博士課程（前期課程）修了。同年　名古屋大学法学部助手、一九九三年　中京大学法学部専任講師、一九九六年名古屋大学法学部助教授、一九九九年に改組により現職。
一九九二―一九九三年　カリフォルニア大学バークレー校ロー・スクール客員研究員、一九九八年　ビクトリア大学法学部客員研究員。
一九九七年　第二回大隈健一郎賞を受賞